国家出版基金项目
NATIONAL PUBLICATION FOUNDATION

"十三五"国家重点出版物出版规划项目—构建和谐劳动关系理论研究丛书

产业升级中的和谐劳动关系构建
——以广东为例

Construction of Harmonious Labor Relations in Industrial Upgrade:
Taking Guangdong as an Example

李 敏 蔡惠如 著

中国工人出版社

图书在版编目（CIP）数据

产业升级中的和谐劳动关系构建：以广东为例 / 李敏，蔡惠如著.
—北京：中国工人出版社，2020.4
ISBN 978-7-5008-7405-8

Ⅰ.①产… Ⅱ.①李… ②蔡… Ⅲ.①劳动关系－研究－广东
Ⅳ.①F249.276.5

中国版本图书馆CIP数据核字（2020）第059645号

产业升级中的和谐劳动关系构建——以广东为例

出 版 人 王娇萍
责任编辑 罗荣波 许小凡
责任印制 栾征宇
出版发行 中国工人出版社
地　　址 北京市东城区鼓楼外大街45号 邮编：100120
网　　址 http://www.wp-china.com
电　　话 （010）62005043（总编室）
（010）62005039（印制管理中心）
（010）82075935（工会与劳动关系分社）
发行热线 （010）62005996 82029051
经　　销 各地书店
印　　制 天津嘉恒印务有限公司
开　　本 880毫米×1230毫米 1/32
印　　张 10.25
字　　数 230千字
版　　次 2020年6月第1版 2020年6月第1次印刷
定　　价 80.00元

目　录

绪 论

2003年10月，中共中央召开十六届三中全会，决议文件首次提出“科学发展观”的思想，即“坚持以人为本，树立全面、协调、可持续的发展观，促进经济社会和人的全面发展”。随着经济社会发展，产业转型升级对劳动关系产生了巨大影响。本书以中国产业升级典型地区——广东省为例，分析产业升级与构建和谐劳动关系之间的联系。2007年12月，广东省在全国率先落实“科学发展观”，广东省政府提出了“双转移”（“产业转移”与“劳动力转移”）的战略目标，指出“淘汰落后产能”、“腾笼换鸟”是转型升级的核心。这个决策本身不仅符合产业发展的内在规律，及时启动了广东产业智能化升级的第一步，而且具有战略意义，即从中央提出转型升级的“科学发展观”思想到广东开始落实行动的十五年之后，面对中美贸易摩擦，人们不由赞叹，广东先行一步主动进行产业的转型升级，争取到了难能可贵的转型提前期。可以说，从广东开始的、延伸到全国的产业转型升级，不仅为中国在中美贸易摩擦中取胜奠定基础，而且为广东发展区域经济、实现经济社会跨越发展、甚至为建设粤港澳大湾区和响应“一带一路”倡议做好了前期的铺垫。

回想当时中央和广东省政府战略决策的情境，恰逢国内经济遇到瓶颈，“人口红利”开始出现消退的征兆。从2003年春季开始，广东的就业市场首次出现“民工荒”现象，报纸媒体报道之后，马上引起了中央的重视，同年的秋天就及时提出“科学发展观”。经过几年的调查研究，2007 年，广东要求产业和企业开始转型升级，包括生产模式和管理模式的转型，具体表现形式为生产现场的技术升级、关闭工厂、撤资到其他国家或者向国内其他地区转移工厂。2008 年爆发的全球金融危机，更加凸显出广东经济发展中外贸依存度过高的问题，数据显示 2006 年全国外贸依存度为顶点的 66.85%，而广东排在全国第一，乃至广东在 2008 年受到金融危机的冲击最大。因此，更加坚定了广东加速产业转型升级的决心。

然而，任何变革都会改变既有的利益格局。在西方各国的工业化进程中，每一次产业的转型升级，都带来较多的工人行动、破坏机器设备、社会动荡等，因为劳动者的劳动权益必然在企业变更经营模式、改变企业地址等转型中受到影响并可能受损，广东也是如此。十多年来，企业的转型升级步伐促使传统劳动密集型企业的泰勒制科学管理模式向技术密集型企业的新型管理模式转变，同时，也导致广东企业劳资纠纷大幅增加。调研显示自 2011 年以来，深圳、东莞等珠三角城市部分劳动密集型企业在搬迁、转型、股权变更过程中，因新旧企业变更、企业性质变化、经营生产变动触发员工集体要求经济补偿金、买断工龄、提高工资福利待遇等诉求，由此引发了一些集体怠工事件。

在过去十多年的转型升级过程中，广东企业的劳动关系呈现出如下特征：第一是劳动者主体和诉求多元化。既有在传统产业就业的老一代农民工，也有在新兴产业就业的新生代知识青年，他们的劳动权益诉求有所区别；既有劳动权利之争的大量个别劳动争议，又有不少的混合权利和权益之争的集体劳动争议，它们的处理过程和影响程度有所不同。第二是政府呈现出开放和与时俱进的规制态度。面对传统产业的劳动争议增加、国际金融危机带来的经济困境，中央政府及时在2007年颁布了《劳动合同法》（2008年1月1日生效），并加强规制。广东省政府无论是对个别还是集体劳动争议，均直视现实，依法处理并完善地方法律法规；针对新兴产业的、没有法律法规依托的劳动纠纷也进行研讨和个案处理。第三是企业劳动关系管理呈现中国特色。在转型过程中，劳动管理的所有制度和实践都要求合法合规，企业开始转变观念，积极组建工会。同时，在企业内部建立党支部，劳动关系的现场管理呈现出中国情境的特色。总之，转型升级中出现了大量的劳动争议，但与西方不同的是，这些劳动争议控制在可控范围内，不仅促使企业的人力资源管理水平提升、劳动制度更加完善、劳动者的维权意识不断提高，还形成了整个社会构建和谐劳动关系的氛围。

本书的研究从多元的角度分析传统产业转型升级、新兴产业成长中的劳动关系，其中既有新生代产业工人与第一代农民工在劳动关系中关注焦点的多元化，也有劳动关系权利冲突与利益冲突的多元化。对传统产业工作现场的劳动关系冲突研究，重点在于研究其生产模式和管理模式转型中带来的冲突；对新兴产业工作现场的劳动关系冲突研究，重点在于分析技术进步所带来的劳动关系变化、新生代员工对工作现场的期望实现程度的判定以及期望实现程度对其态度和行为倾向的影响。

面对劳动关系的冲突，从政府的角度，规制是最有效的手段。作为劳动关系三方机制中的政府一方，可以从法律法规和政策入手，规范劳方与资方的行为。在产业转型升级中，广东省政府积极贯彻中央有关构建和谐劳动关系的决议，首先在全国规范了集体劳动合同，鼓励资方与劳方进行工资集体协商，取得了较好的成效。对新兴产业的政府规制，也在不断调研，开展前期的学术研究和个案处理。

而从企业管理的角度观察，资方提升企业劳动关系管理水平至关重要。由于资方处于企业经营决策的地位，可以调配各种资源，因此，在构建和谐劳动关系过程中握有主动权。在广东传统产业转型升级背景下，企业工作现场的劳动关系争议管理内涵、表现形式和管理策略都与改革开放之初相比发生了较大的变化，政府的规制促使企业不断与时俱进地思考成熟有效的冲突管理办法，包括执行政府规制的力度、提高企业人力资源管理水平、改善员工关系等，以不断适应员工的需求变化，有些民营企业和外资企业不断加强工会与党组织的建设，以适应中国的投资环境。

根据广东产业转型升级的背景、基本状况，本书目的在于研究广东产业转型升级对企业劳动关系冲突的影响，以及政府、工会、员工和资方各自的行为和认知变化。全书内容分为六章，依循转型升级的动因、就业与劳动关系、三方关系的中国特色、传统产业的企业和谐劳动关系管理、新兴产业的企业劳动关系新问题以及党建带工建的“构建和谐劳动关系与中国特色”思路展开研究。主要观点如下：

第一，广东产业转型升级是一个战略决策。根据国际贸易的产品生命周期理论，某些制成品的生产地点会随着这些产品经历生命周期的不同阶段而发生变化，在产品进入成熟期后，市场需求会趋于平稳，生产开始标准化，价格成了重要的竞争手段，企业有动力将生产线转移到发展中国家，广东的产业快速发展恰恰是其满足了很多产品成熟期对制造基地转移需求而带来的。但是，随着外部环境的改变，例如土地资源减少、“人口红利”降低、环境保护标准提高等，以及 2008 年全球金融危机爆发，凸显广东产业结构过于依赖海外市场的问题，迫使广东进行产业转型升级。与此同时，中央政府也提出了“科学发展观”，对 GDP 的追求不是唯一的地方政府发展目标，以指导产业转型升级的方向。幸运的是，新工业革命出现，以互联网、人工智能技术为代表的第三次、第四次工业革命为广东产业转型升级提供了技术条件。在传统制造产业转型升级过程中，劳动关系冲突因劳动主体的年轻化、知识化而呈现出新的现象和特征；新兴产业的兴起也带来了新的就业形式，其劳动关系管理面临新的挑战，尤其是非典型劳动关系的出现促使人们思考规制和管理的新问题。

第二，转型升级中劳动者的劳权得到了较好的保护，但出现了新兴产业发展所带来的新问题。广东产业转型升级与工业 4.0、互联网经济为特征的新工业革命几乎同时启动，政府既要促进就业，也要保护劳动者的合法劳动权益，更要关注劳动者参与企业利益分享的诉求。产业转型升级的一个特征在于生产技术的升级，而自动化水平提高必定伴随着就业岗位的减少。西方在工业化进程中，每一次工业革命都引发了大量的就业岗位改变，导致被技术进步改变的旧产业逐渐萎缩，其中的工作岗位被减少甚至取消，从而引发了工人的集体行动，以致于社会动荡不断发生。要避免产业转型升级可能引发的就业问题，政府就要加强对劳动者的劳权保护，重点保护劳动的权利即就业权，以及报酬权、休息休假权、社会保险权、劳动安全卫生权、职业培训权、劳动争议提请处理权等与劳动有关的社会权利。从中央的宏观角度，颁布并实施了《劳动合同法》，从广东省的地方政府层面，颁布并实施了《广东省集体合同条例》，这些措施有力化解了转型升级中传统产业可能升级的劳动关系冲突。但转型过程中新兴产业的劳动关系多元化问题还在进行时，有待于政府在未来完善劳动关系的规制体系。

第三，产业转型升级中，劳动关系的协调既有国际惯例的三方协调机制在发挥作用，还有中国特色的“共建共治共享”添砖加瓦。劳动关系是社会关系的重要组成部分，涉及不同的利益相关者，但最关键的是三方，即资方、劳方与政府三个方面，根据国际惯例，三方组成劳动关系协调制度的“三方协调机制”，针对中国的实践，转型升级过程中重点改革了工会，加强了雇主责任和雇主品牌建设。但在产业转型升级过程中，中国除了完善已有的三方协调机制之外，还创新性地提出社会治理机制，即从“共建共治共享”的角度去构建一个社会治理的网络结构，把三方机制之外的其他利益相关者全面纳入一个系统的、有目标导向的“共建共治共享”体系。尤其是中央政府于2015年出台的10号文件，第一次以政府文件的形式提出了和谐劳动关系建设的重大意义、指导思想、基本原则、目标任务和政策措施，为转型升级中政府、工会、企业和社会组织等共同构建和谐劳动关系提供了纲领性工作文件。

第四，广东传统产业在转型升级过程中，企业层面的劳动关系管理加强了个别劳动关系和集体劳动关系的管理，成效显著。广东产业转型升级启动之时，恰逢《劳动合同法》生效，企业劳动争议在2008年爆发，两年之后，集体劳动争议也开始增多。在本书研究中除个案分析之外，还采用了问卷调查的方法，收集了137家企业、2565位员工的嵌套数据验证研究模型。总体分析，从个别劳动关系评价，广东企业的整体思路是遵纪守法，大部分企业不断完善企业的人力资源管理体系，并加强人文关怀；从集体劳动关系评价，广东企业积极开展工资集体协商探索，构建和谐的劳动关系氛围。从个案发现，工会对公司的绩效有积极的正向作用。值得注意的是，问卷数据显示员工参与对企业的绩效有积极的贡献，表明尊重员工的发言权、鼓励员工民主参与是未来构建和谐劳动关系应该被强调的，促使企业资方参与劳动关系管理。

第五，新兴产业中的劳动关系与传统产业有明显的区别。首先是新就业模式中劳动属性的内涵发生了变化。2012 年 12 月召开的第十一届全国人民代表大会常务委员会第三十次会议决议，修改了《劳动合同法》中有关劳务派遣的条款，但企业一方面执行新的制度，另一方面采用劳务外包合同改变整个经济活动的属性，从而规避用工规制的限制。其次是新兴产业从业者的劳动保障问题目前处于争议之中。例如网络平台的服务业如滴滴打车、美团外卖等，从业者多为产业链低端、以体力劳动为主，他们的劳动保障问题未得到劳动关系规制制度的保护。为此，本研究专门问卷调查了互联网产业的年轻人就业期望实现的程度、他们在工作现场有关员工关系管理的感知状况以了解新兴产业就业者的劳权实现情况，为未来管理新兴产业劳动关系冲突、保障劳动者权益提供依据。

第六，在产业转型升级中，中国共产党在和谐劳动关系构建中起领导作用。2006 年 10 月，党的十六届六中全会通过的《中共中央关于构建社会主义和谐社会若干重大问题的决定》明确提出："构建社会主义和谐社会，关键在党。必须充分发挥党的领导核心作用，坚持立党为公、执政为民，以党的执政能力建设和先进性建设推动社会主义和谐社会建设，为构建社会主义和谐社会提供坚强有力的政治保证。”而坚持党的领导，是中国《工会法》的规定，对比西方国家的工会运作，可以说是中国的“特色”，有别于西方国家的三方协调关系。理解工会的“构建和谐劳动关系与中国特色”，需要从历史的角度去理解，因为中国工人的抗争对象一直是“三座大山”而非民族资本家，中国共产党创立之初就定位在“工人阶级的先锋队”。

本书定稿之时，中美贸易摩擦进入了白热化阶段。从国力看，中国有信心也有底气打持久战。更重要的是，中国可以在劳动关系领域找出未来中国企业深化转型升级、实施“一带一路”倡议进程中的和谐劳动关系管理对策，这一切可以在广东先行一步，因为广东有着改革开放、产业转型升级中的丰富经验。

第一章

产业转型升级的战略思考

第一节　产业转型与产业升级的概念界定

广东省作为中国改革开放前沿地区，是中国产业转型先行地区，积累了较多相关经验。自 1978 年实施改革开放政策后，一直到 2008 年之间的 30 年，广东及时抓住西方产业技术的转移和扩散机遇，充分把生产要素纳入全球要素分工体系之中，发展外向型经济，实现了经济的快速增长。但是，广东工业化的传统发展道路，带来了不平衡、不协调以及对资源环境过度消耗和损害的不可持续问题。多年的发展后渐渐发现，在相关行业的利益链条中，中国企业只是一个打工者，丰厚的利润被西方公司的研发和海外市场的销售拿走了。例如，中国贴牌生产的芭比娃娃，美国市场上售价 10 美元，在中国的离岸价格却只有 2 美元，其中 1 美元是管理费和运输费，0. 65 美元支付来料费用，剩下的 0. 35 美元才是中国企业所得。尤其是 2008 年的金融危机爆发、2010 年开始逐年增加的集体劳动争议，使得广东产业发展面临了转型升级的巨大压力。在讨论具体问题之前，有必要界定清楚“转型”和“升级”的涵义。

一、产业转型的概念界定

自 2000 年开始，“转型”在中国的学术界就开始成为一个热点问题。在中国知网数据库以“转型”为关键词，检索到上万条文献。对比各年发表的文献数量，发现在2000年之前，每年都是逐年缓慢增加，如1999年为864篇，2000年则大幅增加为1318篇。此后每年增加475至7503篇之间，最高峰为2010年，比前一年增加7503篇。2017年开始比前一年减少。

何谓“转型”？韦氏字典的定义为：是指事物或者人在形态、结构等方面完全或者主要改变。另外，查找维基有关“转型”的定义，发现有不同的学科使用Transformation作为专业术语。无论哪一个定义，都用了根本性、主要改变这两个关键词。在经济学研究者眼中，“转型”与经济紧密关联。例如，在传统的发展经济学中，厉以宁认为从1979年起，中国经济进入了双重转型阶段，即从农业社会向工业社会的转型和从计划经济体制向市场经济体制的转型，后者为前者的实现道路，并且是双重转型的重点。中国从20世纪50年代到70年代末的实践表明，依靠计划经济体制转向工业社会是一条不成功的道路，因此，发展转型的关键是选择正确的转型道路，体制转型成为关键环节。与此同时，制度经济学的一个分支“转轨经济学”在20世纪80至90年代兴起，重点研究计划经济体制向市场经济体制的转轨过程。这个转轨过程有着明确的目标模式，实质是制度转轨。直至今天，关于经济制度转型的讨论依然是热点讨论之一，例如，吴敬琏、马国川曾指出现有的体制具有很强的过渡性质，市场化改革尚未完成，权利寻租和贫富分化变得日益严重，唯有重启改革议程，才能解决“中国向何处去”的问题。

自2008年的全球金融危机之后，中国的学术界在关注经济制度转型的同时也关注经济结构的转型以及涉及中国经济市场化的深入改革问题，包括国有企业与民营企业关系的结构调整、国内需求结构的改变，还涉及金融市场制度和结构的改革等。

因此，目前中国的经济转型研究侧重两个内容：经济体制转型和经济结构调整。中国在改革开放中的“转型经济”指的是从计划经济体制向有中国特色的市场经济体制转变的过程以及经济结构的调整过程。经济体制转型的内涵是：在国家发展转型的工业化进程中，一方面，经济体制和经济结构由计划经济向市场经济转变；另一方面，社会结构、文化形态、价值观等也发生了不同制度下的转变。

一般来说，产业转型体现为产业结构与布局的合理、优化，而本书所研究的产业转型的内涵是：改变经济发展方式，尤其是建立起以内需和“一带一路”倡议为主导的全球价值链。2008 年爆发的全球金融危机对中国的经济产生了巨大冲击，表面上是对经济增长速度的冲击，实质上是对不合理的经济发展方式的冲击。历经 30 年，广东制造产业作为典型的外向型产业日益依赖全球产业链，极其容易被跨国公司主导的产业链长期“俘获”而处于低端，甚至更容易被西方政府以“国家安全”的理由掐断其与产业链高端的链接，这种发展方式已经到了迫切需要改变的状态。

二、产业升级的概念界定

在中国知网数据库以“产业升级”为关键词，总共发现 1985 至 2018 年的所有文献近 7 万条。第一篇属于摘要性文献，发表在 1985 年的《计划经济研究》杂志第 3 期，标题为“日本通产省在技术革命中是怎样发挥宏观管理作用的”，介绍了日本战后恢复经济、振兴贸易、引进技术、促进产业结构升级的具体措施。通产省采取了四个战略措施：协助职能部分“知识化”和“专业化”；推动日本经济“脱毛换羽”；建立从基础到应用的技术开发体系；加速科研成果向生产力转化。通过这些措施，日本完成对产业技术水平的升级，从“贸易立国”转向“技术立国”。日本政府自 1985 年开始实施的产业升级战略恰恰与第三次新技术革命浪潮相呼应。有意思的是 1985 年、1986 年都只有一篇文献，此后直到 1992 年刊发的文献也只有个位数的增长。1993 年开始是两位数的增长，1999 年开始出现三位数的增长，2008 年则出现了大幅增长，此后每年都保持着大幅度增长。

仔细研读 2013 至 2016 年间在产业研究方面的权威杂志——《中国工业经济》上发表的六篇关于产业升级的论文，发现这些文献所研究的“产业升级”内涵为四个：从第一产业向第二、第三产业依次转移；国民经济各产业部门的升级；行业结构升级；同一产业内部企业升级。无论哪一个涵义，都离不开技术升级，这一点与之前所介绍的日本通产省 1985 年的产业升级战略类似。

第二节　广东产业转型升级的背景

一、广东助力中国成为世界工厂

广东作为先行一步的改革开放试验区，率先进行了经济、社会转型，因此，要讨论产业转型升级，有必要先回顾其转型的经济、社会背景因素。

1978年12月18日至22日，中国共产党召开了十一届三中全会，全会决定把全党的工作重心转移到“经济建设”上来，决策结果是提出了“对内搞活、对外开放”的初步设想。然而，当时经济发展面临三大困境：资金短缺、技术落后、劳动生产率低下。发展生产力的必备要素中，引进技术所需的资金缺口巨大。国家外汇管理局网站的数据显示，在新中国成立后的近30年间，广东的外汇储备都非常少，因此，在当时如果需要购买国外的先进设备或引进先进技术，资金将成为制约因素。为此，1979年4月，邓小平同志首次提出要开办“出口特区”，目的在于充分利用经济全球化的背景，把国外的技术和资金与本国的廉价劳动力结合起来，通过出口贸易解决资金短缺、技术落后的问题，同时积累外汇储备。当时，中央决定在广东、福建两省实行“特殊政策、灵活措施”，政策核心是希望两省抓住有利的国际形势，先走一步，把经济尽快搞上去。同时，中央决定在深圳、珠海、汕头、厦门试办“出口特区”。1980年5月，中共中央和国务院决定将广东的深圳、珠海、汕头和福建的厦门四个出口特区改名为“经济特区”，同年8月26日，第五届全国人民代表大会常务委员会第十五次会议批准了《广东省经济特区条例》，对外宣布“在深圳、珠海、汕头三市划出一定区域，设置经济特区”。至此，广东有三个经济特区，标志着广东的改革开放开始走向全国前列。

广东自1980年被中央批准成立三个经济特区、试行市场经济制度之后，尝试各种政策，政策创新之处一直引领改革开放，受到全国乃至世界的关注。在20世纪80年代和90年代，广东省各级政府大力招商引资，一方面通过“三来一补”方式，发展对外贸易，赚取外汇收入；另一方面通过各种优惠政策，吸引外商直接投资，促进工业化的发展。1978 年，广东省的国内生产总值是 184.73 亿元，第一、第二、第三产业占比重分别为 29.9%、46.4%、23.7%，发展到 1995 年，其国内生产总值是 5381.72 亿元，第一、第二、第三产业占比重分别为 16.1%、51.8%、32.1%，从中可以看出，广东的产业结构发生了较大变化。

进入 21 世纪，日本《产经新闻》、新加坡《海峡时报》、美国《华尔街日报》《美国新闻周刊》、韩国《经济先驱报》等媒体纷纷发表文章，认为中国制造业的发展速度越来越快，中国已经成为制造业领域的世界工厂。而广东作为助力中国成为世界工厂的重要基地，按照钱纳里的划分标准，2007 年广东人均 GDP 已经超过 4000 美元，处于工业化阶段后期。自 1989 年超越江苏之后，广东省的 GDP 占国内总 GDP 排名第一，此排名一直维持到 2017 年，连续 29 年居国内首位。表 1.1对比显示了 2001 至 2017 年之间广东省的 GDP 占国内总的 GDP 比重和排名情况。

此外，广东省的对外贸易也一直居全国首位。根据海关总署广东分署统计，2017 年广东省全年实现货物贸易进出口总值 6.82 万亿元，相比于 1978 年的外贸出口总额 13.88 亿元，在 40 年之间增长了近 5000 倍。2017 年中国国内货物贸易进出口总值 27.79 万亿元，广东占比为 24.5%，接近四分之一。可以说，中国是世界工厂，广东则是世界工厂的龙头老大。尤其是在 2017 年，广东对“一带一路”国家的进出口达到了 1.5 万亿元，增长 14.9%，引领国内各省，可以预计广东在未来也将继续是世界工厂的重要基地。

表 1. 1　2001 至 2017 年之间广东与国内 GDP 比较

年份	广东 GDP（亿元）	国内 GDP（亿元）	广东 GDP 排名	广东 GDP 占比
2001	12039	110863	1	10. 9%
2002	13502	121717	1	11. 1%
2003	15845	137422	1	11. 5%
2004	18865	161840	1	11. 7%
2005	22557	187319	1	12. 2%
2006	26588	219439	1	12. 1%
2007	31777	270232	1	11. 8%
2008	36797	319516	1	11. 5%
2009	39483	349081	1	11. 3%
2010	46013	413030	1	11. 1%
2011	53210	489301	1	10. 9%
2012	57068	540367	1	10. 6%
2013	62475	595244	1	10. 5%
2014	67810	643974	1	10. 5%
2015	72813	689052	1	10. 6%
2016	80855	744127	1	10. 9%
2017	89879	827122	1	10. 5%

数据来源：中国统计年鉴，中国统计出版社，2001—2017。

二、广东产业发展的三个阶段和三个特点

在广东外向型经济发展的过程中，社会各界一直保持清醒的头脑，针对各种统计数据展开分析，其中重点关注三个方面：产业结构优化、环境保护、外商投资依赖。

早在20世纪90年代，一批经济学家和管理学家就意识到广东的经济发展与产业结构调整问题。1978年开始的改革开放是一个全面的经济、社会体制性转型，即从计划经济体制转型为有中国特色的市场经济体制，受限于当时的各种条件，例如基础设施和技术落后、资金缺乏，唯一具有优势的生产资料是庞大的廉价劳动力和较充沛的土地资源，因此，广东在20世纪80和90年代重点发展劳动密集型产业。根据丁家树（1998）的研究，1995年之前广东的经济可以划分为三个大跳跃阶段。

第一个大跳跃阶段是在1979至1984年。得益于农村经济体制的改革和搞活流通的改革推动，农业生产力得到大解放，加上社会对农产品需求极其旺盛的拉动，广东在六年之内第一产业增长了65%左右。在搞活流通的改革方面，广东走在全国前列，其结果是推动了工业的高速发展，六年内第二产业增长了近一倍。

第二个大跳跃阶段是在1985至1988年。四年之间GDP增长了80%左右，拉动增长的是第二、第三产业。虽然第一产业在四年之间总共增长了24%，但第二产业在四年之间增长了近一倍，第三产业增长了一倍多。增长的原因是国内市场对工业消费品的需求非常旺盛，投资需求也相当热。而广东拥有毗邻香港的区位优势，以及拥有的“特殊政策、灵活措施”——对外开放方针开始成为推动经济增长的重要力量。这个时期，从香港涌入珠江三角洲的资金、技术、订单，产生了大量的“三资企业”。仅仅是“三资企业”的出口就由1984年的9351万美元迅速增长到1988年的120218万美元，为中国成为世界工厂打下了基础。在这个阶段，广东的民营企业，例如科龙、美的等引进外资和技术，改变了“广货”的刻板印象，加上新一代“广货”在内地市场也占有一定的市场份额，广东 GDP 最终在 1988 年超越山东、1989 年超越江苏，成为内地排名第一的省份，直至 2017 年依然是排名第一。

第三个大跳跃阶段是在 1992 至 1995 年。1989 至 1990 年期间，由于经济过热、通货膨胀等因素，广东的经济发展与全国一样进入了经济低潮期。1992 年初邓小平同志南方谈话之后，得益于对外开放和私营经济的发展，广东经济在 1992 至 1995 年三年间增长了一倍。而且外资进入房地产产业和基础设施建设，使得这个时期的建筑业在广东的经济增长中起到特别大的作用。

回顾以上三个经济阶段，呈现出三个特点。

一是依靠大量资本、土地和劳动力等资源投入的粗放式增长。首先从资本和劳动力的投入分析。1979 至 1995 年，广东的固定资产投资总额累计达到 9663.38 亿元，居于全国首位。期间，广东吸收的外来民工达到 500 万人以上，结果是 1995 年广东全社会从业人员比 1978 年增加了 50%，超过了人口的自然增长率。其次从土地分析。1980 至 1995 年，全省的耕地面积减少了 650 公顷，较原来的耕地面积减少了 16%，这种经济大跳跃是以环境资源的大量支出为代价。水资源的大量耗费、工业废水和生活污水未经处理大量排入江河，使水资源受到严重的污染，城市用水出现了不足。同时，大气受污染的程度也逐渐严重，水土流失出现了严重问题。此外，人员大量流动和生活方式的变化，使当时的社会治安状况也出现了恶化的倾向。可以说，广东十几年的经济发展是一种典型的大量耗费资源的增长方式。

二是依靠大量外资企业的发展。1979 至 1995 年，广东利用外资累计为 1371.17 亿美元，几乎达到同期广东全省固定资产投资的一半，截至 1995 年末，“三资企业”工商登记 59582 户，外商不仅带来技术、资金，而且开发了国外市场。仅仅 1995 年，“三资企业”产品出口达到 246.67 亿美元，占广东全省出口总额的一半。这说明广东在经济增长中，除了国有、集体和私营企业的努力之外，相当一部分成就是依靠外资。

三是产业结构不均衡。1978 年广东经济结构的一个显著特征是重工业弱、轻工业较强，当年近 200 亿元的工业总产值中，轻工业占比 55% 左右。广东依据土地优势和劳动力优势，承接了国际发达国家转移的劳动密集型产业，重点发展轻工业。因此，1984 年，轻工业占工业总产值的 66%；1988 年，占 70% 以上。与 1995 年的出口产品结构相对应，在 556.67 亿美元的出口总额中，轻纺产品为 391.45 亿美元，占了 70% 以上，而这些轻纺产品所提供的就业岗位也基本上是劳动密集型的，面向外来民工。

三、产业结构与就业结构调整

从 20 世纪 90 年代中后期开始，如何调整广东的产业结构就开始成为政府和企业的一个核心话题。

（一）产业结构的调整成效

1992 年，董伍伦、李理发表了第一篇研究广东产业结构的论文，重点分析了广东产业结构存在的问题。即广东产业结构存在五个问题：基础工业滞后；农业投入不足、生产成本上升，粮食生产难以为继；第三产业中的交通、教育部门落后；

企业技术素质低，技术开发能力弱；产业组织结构不合理，生产专业化程度低。这些看法与丁家树（1998）分析广东产业三阶段的结论基本一致。为了解决这些问题，广东省政府在每一次的五年规划中都将产业结构的调整列入重点工作之中。例如1994年8月31日，广东省人民政府办公厅发布通知，突出“九五”计划期间发展重点，其中第一点为：调整优化产业结构。“九五”计划期间，经济能否再上一个新台阶，很大程度取决于能否提高产业层次。必须稳定提高第一产业，切实加强第二产业，大力发展第三产业和海洋产业，积极发展高新技术产业，培育经济增长新的生长点，提高产业技术含量和经济效益，促进新的优势形成。

政府的每一次五年规划的实施效果是明显的。截止到2005年，罗必良归纳出四大表现：支柱产业带动效应明显；重工业化趋势明显加快；高技术制造业创新能力增强；企业组织结构不断优化。但转型升级中也存在偏差和问题，在罗必良的研究中，特别指出要与国际经验进行对比，发现广东产业结构的构成呈现不协调的状态，而且不同结构呈现不匹配的情形。其中，2004年产值结构与就业结构显著偏差，即低端收入的就业人口占比偏大。

在中央提出“科学发展观”、广东省提出产业“腾笼换鸟”政策之际，另一位著名学者毛蕴诗的研究，较全面地分析了广东产业转型升级的实践。研究发现，截至2007年，广东产业的发展呈现出七大特点：1. 第一、第二、第三产业比重趋于合理，但缺乏现代意义上的服务业。2. 重工业化和信息产业化倾向明显，产业结构进一步优化。3. 外向型经济格局不变，仍以加工贸易出口为主。4. 处于“微笑曲线”底部，附加值低。5. 港资仍处于外商投资主导地位，引资结构和质量有待改善。6. 自主创新能力不断提升，但推动企业创新的体制环境有待改善。7. 珠三角仍占主导，山区工业高速前行，东翼地区快步跟进。

（二）劳动者素质和就业岗位制约产业转型升级

在政府实施广东产业转型升级之际，一个必要的生产要素——劳动力素质成为制约因素。根据前文“产业升级”的四个涵义，无论哪一个升级，都要求技术创新，对应的是劳动者素质升级。当时就职于广东省计委经济研究所的研究员陈杰意识到劳动者的素质会制约广东省产业的转型升级，他运用1990年广东省人口普查数据，对劳动力素质、就业结构与产业结构调整相适应情况做了分析，发现了三个主要问题：在广东就业的人员素质低，不能适应产业结构调整的需要；与韩国类似阶段相比，劳动力素质偏低；劳动力存量素质明显落后于经济发展的要求。

（三）劳动者权益的保护

早在1978年实施改革开放政策起，广东就按照中央要求，在改革开放中先走一步，对劳动领域的各项制度进行了一系列有益的改革探索。尤其是在深圳被设定为经济特区之后，深圳依照国际惯例，对正式工、季节工和临时工均采取“契约式”的管理办法，给予企业人事管理的权限，企业被允许选择不同的用工形式，劳资双方享有解聘、辞职的权利，由此开启了劳动关系市场化转型的变革。截止到2014年，广东的劳动关系规制制度已经基本健全。

但不可否认的是，在2008年广东省确立产业转型升级政策之前，广东企业的劳动者权益保护问题一直在全国乃至在世界都广受关注，即使在2008年之后，其劳动关系仲裁的数量也一直高居第一位。李敏、黄嘉文回顾了1978至2014年这37年间广东经济社会转型期企业劳动关系中劳资政三方的博弈，收集并分析统计年鉴的相关数据发现：1. 1995至2012年，广东省各级劳动争议仲裁委员会受理劳动争议案件的数量、涉及人数、集体争议案件数量总体呈现波浪式的增长。2. 经济利益矛盾成为劳动争议的焦点。3. 调解结案比例稳步提升，裁决结案比例总体保持不变。4. 劳动争议案件绝大多数由劳动者提起申诉。5. 劳动争议发生的地域差异明显，主要集中在珠江三角洲经济发达地区。

广东的外向型经济的一个主要生产要素是外来民工，相应地，各种劳动争议也更多地集中发生在外来务工人员之中。“农民工”群体的劳动权益保护不到位就会影响到社会的稳定。例如，截至1999年底，广东私营企业和个体从业人员占所有从业人员的比例已经达到27.6%，2001年在广东省就业的打工者总数达2800万人，占全省人口总数的三分之一，其中私营企业雇佣的劳工数占比达50%以上。根据李敏的研究，发现私营企业雇主法制观念淡薄、虐待或不公正对待员工的现象时有发生，部分企业劳资关系比较紧张，个别企业甚至发生一些严重侵犯职工权益的事件。1999年，全省企业劳动争议调解委员会和地方劳动仲裁委员会两级机构共受理劳动争议13891件，其中大部分是发生在非公有经济比较集中的经济特区和珠江三角洲的9个市，占73%，其余12个市的劳动争议件数仅占总数的27%。2000年和2001年，广东受理的劳动争议案件总量占全国的10%至15%左右。

这些案件冲突的焦点首先是在拖欠工资、解除劳动关系后的经济补偿、社会保险和工伤待遇方面。其次是加班加点工作。由于多数私营企业产品具有较强的季节性，企业为增加利润，增产不增加人手。对照国家规定发现，私营企业内员工工作超时现象较普遍，少则超时2至3小时，多则超时7至8小时。除加班时间超过国家规定之外，私营企业经常没有计发相应的加班费，对员工的身心健康造成严重影响，甚至引发工业意外。再次是劳动者参加社会保险的比率偏低。私营企业雇主经常把劳动者的社会保险看成是企业的负担，以员工流动性大为理由少报或瞒报员工人数，或者降低工资额来减少参保比例。最后是雇主随意解雇导致的一些违法冲突案件。由于企业不签订劳动合同，或在解除劳动关系中不按照规定予以补偿、扣留押金、证件和劳动报酬，进而引发了员工的过激行为和申诉。虽然这些事件最终得以解决，但私营企业劳资纠纷引发的不安定因素并未真正得到化解。

广东私营企业中雇佣关系冲突大多数不采取激烈的对抗形式，而是采用老板解雇工人或雇工主动离去的方式。解雇的理由有多种：完不成生产任务、违反劳动纪律、顶撞了老板等。但2000年之后，广东私营企业雇主与雇员间的激烈冲突个案渐趋增多，一旦有激烈的冲突发生，往往会涉及生命安全、影响社会的稳定。

回顾历史，劳动者权益没有得到有力保障的原因在于：1. 1995至2003年，政府将发展经济视为首要目标，这导致生产环境恶劣、工伤和职业病频发，工资低，克扣和拖欠工资，超负荷加班、劳动强度大、不尊重工人等现象频发。但工人的反抗往往是工人自己与管理者之间激烈的个体冲突，较少表现为集体抗争，媒体所报道的个案大多发生在外资企业。2. 2004至2005年，广东爆发了一轮停工潮，深圳为重点区域。停工潮中，工人的诉求聚焦在企业执行《劳动法》的力度，资方被要求遵守《劳动法》相关的工资规定，即工人停工的目的在于维护基本的法定权利。而且，工人的维权诉求、斗争策略较以前均有了明显的变化。

四、就业结构与产业结构的演进和匹配度

（一）就业结构与产业结构的演变过程

配第－克拉克定理认为产业结构的一般演进路径是按照农业产出为主到工业产出为主再到第三产业产出为主的方向发展的。自1978年改革开放以来，广东省的产业结构演进基本上遵循了同样的发展道路，产业结构调整成效显著，国民经济取得了令人瞩目的成功，GDP增长速度惊人。

为了考察广东的产业结构，本书统计了1978至2016年三类产业占国民生产总值的比重。图1.1显示第一、第二、第三产业占地区生产总值比重，能够更加直观地看出三类产业产值比重的变化。广东省第一、第二、第三产业的产值结构由1978年的29. 76：46. 61：23. 63调整为2016年的4. 65：42. 76：52. 59，其中第一产业比重大幅下降，下降幅度高达25. 11个百分点，而第二产业一直维系在40%以上的较高比重，第三产业则快速发展，2016年较1978年提高了28. 96个百分点，产业结构的演化与配第－克拉克定理较为吻合。

在广东产业结构升级转换的过程中，作为社会经济结构重

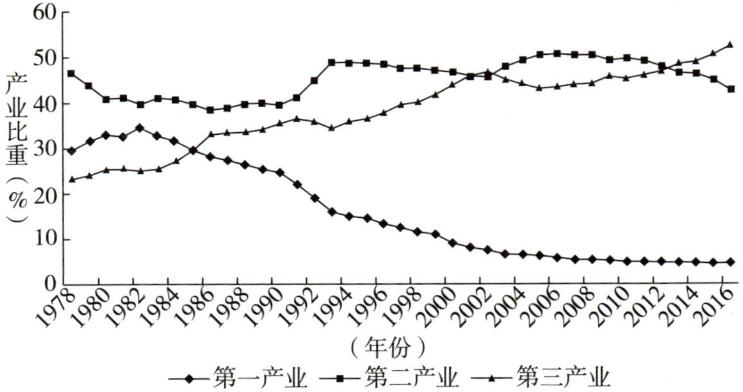

图 1.1　1978 至 2016 年广东三类产业产值占地区生产总值比重

要组成部分的劳动力就业结构也处在不断演进之中。图 1.2 显示广东省三类产业就业人员占总就业人数的比重，改革开放以来，就业结构的整体趋势是第一产业的就业比重持续下降，第二、第三产业的就业比重迅速上升。在 2004 年，第二产业就业比重首次超过第一产业，2006 年开始，第三产业就业比重首次超过第一产业，形成就业人员比重排序依次为“二、三、一”的结构。

（二）就业结构与产业结构的匹配度

为了进一步分析就业结构与产业结构的匹配度，此处将参照马建会、李萍（2008）等的研究用就业弹性和结构偏度进行分析。就业弹性指的是经济增长每变化一个百分点所对应的就业数量变化的百分比，主要强调经济增长对劳动力资源的吸纳能力。$e = \frac{\Delta L}{L} \div \frac{\Delta Y}{Y}$，其中 e 为就业弹性系数，L、Y 分别为劳动要素投入量和生产总值，ΔL 为新增从业人员人数，ΔY 为

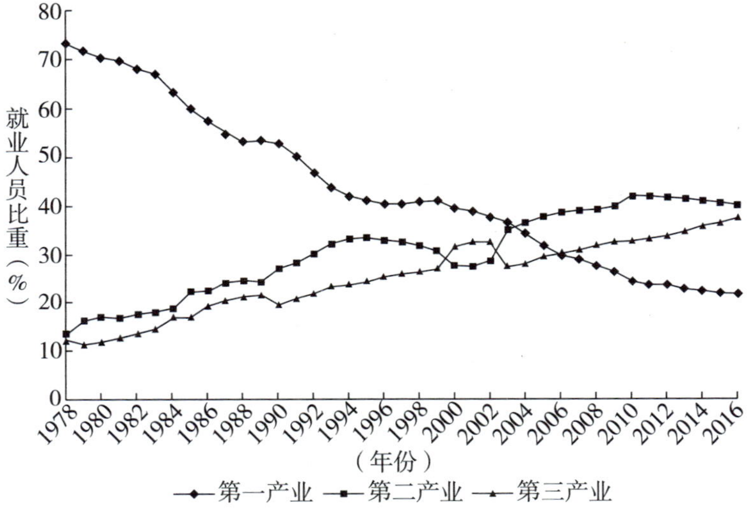

图 1.2　1987 至 2016 年广东省三类产业就业结构

产值增加值。一般来讲，当就业弹性系数为正时，弹性越大则说明经济增长对就业增长的拉动作用越大，弹性越小则表明经济增长对就业增长的拉动作用越小。当就业弹性系数为负时，经济增长对就业的作用分为两种情况：第一，经济为正增长就业却为负增长，表明经济对就业产生了“挤出”效应。此时，就业弹性系数绝对值越大，就业的“挤出”效应则越大，反之，就业弹性系数绝对值越小，“挤出”效应则越小；第二，经济为负增长就业却为正增长，表明经济对就业产生了“吸入”效应，此时，就业弹性系数绝对值越大，对就业的“吸入”效应也就越大。

根据就业弹性系数计算公式，利用 1979 至 2016 年广东三类产业产值和各产业就业人员总数分别计算此期间的总就业弹性系数及各产业就业弹性系数，结果如表 1.2 所示。

表 1.2 1979 至 2016 年广东三类产业就业弹性系数

年份	总就业弹性系数	第一产业就业弹性系数	第二产业就业弹性系数	第三产业就业弹性系数
1979	0. 15	-0. 18	5. 10	-0. 42
1980	0. 16	0. 07	0. 37	0. 42
1981	0. 26	0. 31	0. 10	0. 85
1982	0. 34	0. 12	0. 79	0. 94
1983	0. 26	0. 10	0. 26	0. 98
1984	0. 17	-0. 23	0. 46	1. 31
1985	0. 20	-0. 31	1. 13	0. 07
1986	0. 23	-0. 24	0. 47	0. 69
1987	0. 18	-0. 12	0. 38	0. 46
1988	0. 18	0. 02	0. 23	0. 51
1989	0. 22	0. 22	0. 06	0. 48
1990	0. 22	0. 16	1. 06	-0. 49
1991	0. 26	-0. 07	0. 42	0. 53
1992	0. 15	-0. 55	0. 30	0. 51
1993	0. 09	-2. 02	0. 24	0. 46
1994	0. 09	-0. 73	0. 20	0. 24
1995	0. 11	-0. 06	0. 12	0. 30
1996	0. 23	0. 11	0. 13	0. 63
1997	0. 15	0. 43	0. 00	0. 31
1998	0. 20	0. 75	-0. 02	0. 41
1999	0. 03	0. 33	-0. 26	0. 23
2000	0. 44	0. 53	-0. 47	1. 75
2001	0. 17	-0. 18	0. 14	0. 38
2002	0. 15	-0. 21	0. 46	0. 12
2003	0. 43	1. 28	1. 45	-0. 89
2004	0. 44	0. 07	0. 58	0. 75
2005	0. 52	-0. 16	0. 72	0. 87

续表

年份	总就业弹性系数	第一产业就业弹性系数	第二产业就业弹性系数	第三产业就业弹性系数
2006	0.21	-0.71	0.31	0.50
2007	0.21	0.00	0.25	0.36
2008	0.23	-0.58	0.29	0.58
2009	0.41	-0.17	0.62	0.55
2010	0.26	-1.15	0.59	0.32
2011	0.15	-0.13	0.15	0.29
2012	0.01	-0.16	-0.09	0.16
2013	0.30	-0.38	0.28	0.55
2014	0.14	-0.50	-0.01	0.53
2015	0.07	-0.16	-0.08	0.27
2016	0.13	-0.23	-0.02	0.35

注：根据《广东统计年鉴2017》中有关数据计算而得。

由表1.2中数据可以看出，改革开放以来，广东省的总就业弹性系数均保持为正值，呈先上升后逐渐下降趋势。第三产业就业弹性系数也一直保持为正值（除了1979年、1990年、2003年以外）；第一产业就业弹性系数基本保持负值，说明了第一产业的经济增长对于就业的增长没有拉动效果；第二产业表现为波动式的发展模式，某一时间段表现为正，而在另一时间段又表现为负。为了更直接方便地研究广东省三类产业就业弹性系数的变化趋势，根据数据绘出广东省三类产业就业弹性系数随时间变化趋势图，如图1.3所示。

第一产业就业弹性系数波动较大，呈波浪式变化状态，但总体呈逐渐下降趋势。特别是自2008年以来，第一产业就业弹性系数持续为负，且绝对值逐渐增大，而广东第一产业产值

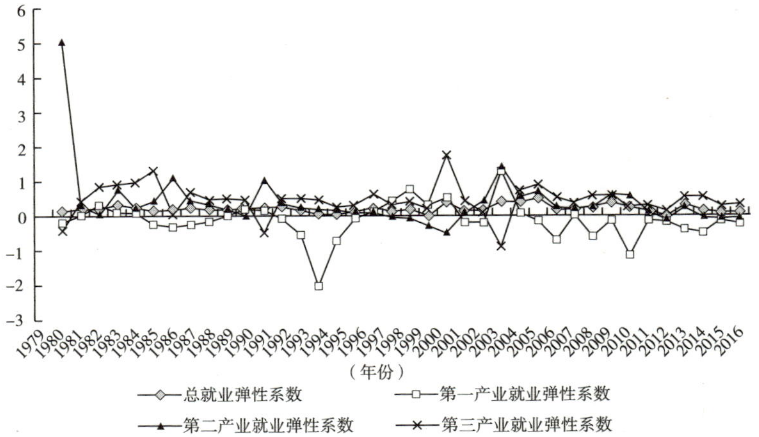

图 1.3　1979 至 2016 年广东省三类产业就业弹性系数变化趋势

却保持着逐年增长的发展趋势，这说明第一产业对就业具有“挤出”效应，且“挤出”效应越来越大，有大量的劳动力被“挤出”，有待转移到其他产业中。在今后发展过程中，随着农业技术化种植与产出方式的普及范围扩大，第一产业对劳动力的“挤出”效应仍会继续存在。

第二产业就业弹性系数在 1990 至 2000 年与 20 世纪 80 年代相比有较大幅度下降，在此期间第二产业就业弹性系数较小，并且在 1998 至 2000 年下降为负值。也就是说，随着第二产业的发展，该产业就业几乎停滞不前。这种情况的产生主要是因为，20 世纪 90 年代开始我国的产品市场发生了根本性的变化，市场上普遍出现了供大于求的情况。为了应对激烈的市场竞争，企业更多地采用资本密集型和技术密集型生产方式来提高竞争能力，资本劳动比率不断提高。同时，国有企业改革速度加快，企业大量冗员成为下岗职工，使得第二产业迅速增长的同时对就业的带动却越来越弱。随着国有企业改革的逐步推进和完善，第二产业就业弹性系数开始逐步回升，在 2001 年重新变为正值且逐步上升，显示出该阶段广东省第二产业吸纳劳动力能力开始逐步增强。但自 2010 年开始，第二产业就业弹性系数又逐渐下降，2012 年以后出现负值，主要是因为作为中国制造业大省，近年来广东各地区制造业基地着力从“中国制造”向“中国智造”转型升级，聚焦工业设计、大科学装置、机器人研发、信息技术等尖端领域，制造业的转型升级导致第二产业对就业产生了“挤出”效应。

第三产业就业弹性系数尽管也存在着总体下降趋势，但与第一产业和第二产业相比，其下降幅度要小得多，仍然维持在一个较高的水平上。第三产业在初始发展阶段属于劳动密集型产业，就业弹性本来就高，尤其像批发零售服务业、餐饮业和生活服务业这样的传统部门，更是具有较高的劳动密集程度。而且近年来随着金融保险业、房地产业、咨询业等新兴第三产业的兴起，从业人数剧增，使得第三产业近几年的就业弹性高于第二产业。总体来看，这一趋势还将继续保持，即第三产业在将来仍会继续保持对就业的大力拉动作用。

为了分析产业结构与就业结构的偏离程度，将用结构偏离度这一指标来反映产业结构与就业结构的不平衡状况。$d_i = Y_i \div L_i - 1$，其中 d_i 为某类产业结构偏离度，Y_i 为该类产业增加值占当年 GDP 增加值的比重，L_i 为该类产业从业人员人数占总就业人口的比重。当结构偏离度为零时，该产业的产业结构与就业结构达到均衡状态。结构偏离度越接近零，该产业结构与就业结构越合理。当结构偏离度大于零时，说明该产业 GDP 比重大于就业比重，产业的比较劳动生产率较高，应该吸收更多的劳动力，使产业的发展与就业吸纳能力相一致。当结构偏离度小于零时，说明该产业 GDP 比重小于就业比重，该产业的比较劳动生产率较低，存在大量需要转出的剩余劳动力。

根据 1978 至 2016 年广东产业结构及就业结构有关数据，计算出历年来广东省三类产业的结构偏离度，如表 1.3 所示。图 1.4 是根据表 1.3 绘出的三类产业结构偏离度变动趋势图。

表 1.3　广东省 1978 至 2016 年三类产业结构偏离度

年份	第一产业	第二产业	第三产业	年份	第一产业	第二产业	第三产业
1978	-0.60	2.39	0.88	1998	-0.72	0.48	0.52
1979	-0.56	1.65	1.12	1999	-0.74	0.51	0.53
1980	-0.53	1.40	1.10	2000	-0.77	0.67	0.38
1981	-0.54	1.45	1.01	2001	-0.79	0.64	0.40
1982	-0.49	1.25	0.83	2002	-0.80	0.56	0.43
1983	-0.51	1.31	0.74	2003	-0.82	0.35	0.63
1984	-0.50	1.16	0.57	2004	-0.81	0.33	0.56
1985	-0.51	0.77	0.77	2005	-0.80	0.32	0.45
1986	-0.51	0.69	0.71	2006	-0.81	0.30	0.41
1987	-0.50	0.61	0.62	2007	-0.82	0.28	0.41
1988	-0.51	0.60	0.57	2008	-0.81	0.27	0.37
1989	-0.53	0.63	0.58	2009	-0.81	0.22	0.39
1990	-0.53	0.45	0.81	2010	-0.80	0.17	0.37
1991	-0.56	0.44	0.76	2011	-0.79	0.16	0.36
1992	-0.60	0.48	0.62	2012	-0.79	0.13	0.39
1993	-0.63	0.51	0.48	2013	-0.79	0.11	0.39
1994	-0.65	0.45	0.50	2014	-0.79	0.12	0.35
1995	-0.65	0.45	0.48	2015	-0.79	0.09	0.37
1996	-0.66	0.45	0.47	2016	-0.79	0.06	0.39
1997	-0.69	0.45	0.51	—	—	—	—

注：根据《广东统计年鉴 2017》中有关数据计算而得。

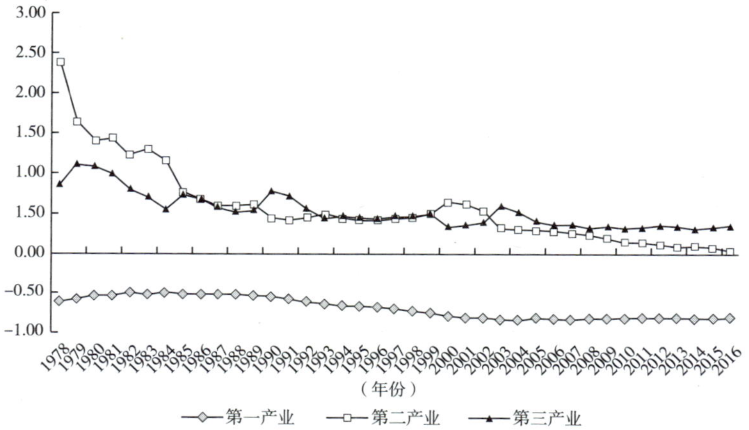

图 1.4　1978 至 2016 年广东省三类产业结构偏离度变动趋势图

综合有关数据，可以总结出现阶段广东省三类产业就业结构演变特点：

1. 广东省第一产业存在大量剩余劳动力。在改革开放初期，第一产业结构偏离度已达 -0.6，说明当时第一产业已存在大量剩余劳动力。随着改革的进一步深化，由于农村人口基数大、劳动力的素质不高，这就导致了劳动力流出受到限制，因此，产业结构偏离度不但没有向零值靠拢反而偏离零值越来越远，到 2016 年已扩大至 -0.79。这说明第一产业中的剩余劳动力不但没有减少，反而越来越多，劳动力转出的步伐过于缓慢，急需加大措施加快第一产业富余劳动力转移速度，未来广东潜在的就业压力将远远大于实际就业压力。

2. 第二产业结构偏离度最小，产业结构与就业结构逐渐趋向平衡。改革开放以来，第二产业的结构偏离度总的来说是下降的，到 2016 年产业结构偏离度下降为 0.06，这说明第二产业生产效率越来越高，未来能吸收劳动力越来越少。一是因为广东的产业发展逐渐走上了技术密集型和资金密集型道路，技术和资金会对劳动力有“挤出”效应，使相对劳动生产率大幅提高，对劳动力的使用量不会增加。二是第二产业要求其从业人员需要具有一定的职业技能，而从第一产业流出的劳动力初始时难以满足较高的技能要求。因此，为使第二产业能吸收更多的劳动力，关键在于提高劳动者的素质和技能。

3. 第三产业结构偏离度为正值且较大，2016 年时仍然达 0. 39，这说明该产业未来应该吸纳更多的劳动力就业。相对于第二产业，广东传统服务业资本含量与技术含量较低，对劳动者的素质要求也不太高，相对而言劳动力进入这些行业的门槛较低，从而可以吸纳大量第一产业剩余劳动力。目前，广东第三产业就业弹性较高、吸纳劳动力较强的行业主要是金融、房地产等新兴第三产业，而这些行业对劳动力素质要求相对较高。

综合而言，第一产业劳动生产率低下，且其劳动力数量有增无减，将对广东的就业产生压力；随着技术进步、生产效率提高，第二产业正在向均衡状态靠近，其吸纳空间也越来越小；第三产业的结构偏离度较大，是广东吸收劳动力最有潜力的产业。

第三节　产业转型升级的初始驱动因素

一、“人口红利”递减

有关“人口红利”的概念在 2003 年 2 月被引入中国。当年，学术界有两个报道。

一是发表在2003年第二期的《国外社会科学》杂志的一篇翻译稿，题目是“适时兑现经济发展中的‘人口红利’”，该文章介绍了国外学术界有关人口增长对经济发展影响的不同观点之间的争论。其中，联合国人口基金公布的一份报告，认为家庭规模的扩大和人口的快速增长阻碍了发展并导致了贫困。因此，该报告认为，如果世界各国在20世纪80年代控制人口，每千名妇女少生5个婴儿的话，现今世界面临的贫困问题可以减轻三分之一。由此，这份报告建议：要克服贫困，各国政府应采取措施解决人口问题，并与健康不良、生育过度、文盲众多和歧视妇女作斗争。这个观点与中国实施了20多年的计划生育政策相一致。但该篇翻译的文献也提到，人们对于人口是如何作用于经济发展的看法发生了变化，尤其是社会学家的观点被经济学家的观点取代为主流。经济学家的实证研究结论发现：经济增长的主要助推器是人力资本和技术创新，而不是物质资本的积累，人口压力最终将激起制度创新、技术创新和政策变化。即只要劳动力市场能够吸收更多的工人，人均产出就将增加。这就创造了“人口红利型”经济增长，使高储蓄和高投资成为可能。与此同时，生育的减少使得父母有更多的钱投资于孩子的健康和教育，创造一个更具生产力的劳动力人口。事实上，人口增长的源泉与其时机同等重要：在人口变迁的早期和晚期，当青少年和老年人快速增长的时候，经济增长将深受其累；只有在人口变迁的中期，即青壮年人口快速增长的时候，“人口红利”才会出现。

二是《人口与计划生育》杂志组织的一个专家笔会，该笔会由南开大学人口与发展研究所所长李建民教授为嘉宾主持，约请了四位学者，包括：中国社会科学院人口与劳动经济研究所研究员蔡昉，中国人民大学社会与人口学院院长翟振武教授，复旦大学环境科学系戴星翼教授，北京大学社会学系佟新副教授。笔会的背景为2003 年3 月召开的全国人大十届一次会议上，原国家计划生育委员会被更名为国家人口和计划生育委员会，推进人口发展战略研究。其中蔡昉教授提出一个问题：人口增长与经济增长之间究竟具有怎样的关系？其认为可以把所有不利于经济增长的人口因素看作是人口对经济的负债，而把那些有利于经济增长的人口因素看作是人口对经济的红利。由此，中国的学术界与政府看待人口问题有了一个新的视角。

与此同时，广东的就业市场由供大于求转变为供不应求。虽然2003 年就开始出现东部地区民工短缺的报道，但真正引起大家关注的是2004 年广东就业市场爆发的“民工荒”。检索中国知网数据库，以“民工荒”为关键词，最早的文献始于2004 年，其中大部分是报纸文献，2005 年的文献数几乎翻倍。查阅这些文献，有关“民工荒”的报道和研究，有以下几个特点。

第一，2004 年“民工荒”始于东南沿海地区，在广东发展为显著影响企业生产经营的事件，后蔓延至西部，显示全国的就业市场都发生了质的变化，即出现了20 年来首次大规模的劳动力供应短缺，打破了农村剩余劳动力“无限供给”的神话。2004 年春节之后，广东东莞官方首次确认农民工紧缺之后，“民工荒”迅速波及东南沿海地区。2004 年7 月19 日，《深圳商报》首先报道了珠江三角洲的“民工荒”，标题为“‘民工荒’背后的玄机”，但其背景却是《南方周末》报道的福建晋江市“缺工”苦恼。在珠江三角洲地区，“民工潮”已经慢慢褪去，取而代之的是企业对熟练工人难找的普遍抱怨。《深圳商报》的报道数据显示，珠江三角洲加工制造类企业的工人缺口高达200 万人。《中国经济时报》于2004年9月10日的专题报道“珠三角用工缺口已近10%”显示，过去在个别企业、个别地区出现的用工短缺在国内多个地区迅速波及，并演变为东南沿海地区的“民工荒”，尤其是珠江三角洲一些重点地区的用工缺口近10%。一些企业为了自身生存到其他企业或者周边地区“挖工”，从而使缺工问题迅速扩散，造成局部地区缺工矛盾激化。缺工导致生产规模下降，企业对送上门的订单不敢接受，开始出现一些企业计划将生产基地迁往内陆地区，以保持产品的低成本优势。

在东南沿海出现“民工荒”之后，有专家学者判断：从中长期看，严重缺乏工人的趋势最终将迫使一些纯粹的劳动密集型企业退出经营运作成本和劳动力成本攀升的沿海地区，向中、西部地区进行梯度转移。但没有预计到的是在西部的较发达地区和一些主要行业，“民工荒”不期而至。“迹象显示，‘民工荒’从东南部向西部蔓延，表明低成本扩张的粗放增长模式即便在西部，也进入了改进和升级阶段。”① 例如重庆沙坪坝区回龙坝镇的大街小巷，可以见到很多工厂都在门口挂了块牌子，写着“招织布工”的启事；有的老板直接在工厂外墙上写着招聘信息。

第二，“民工荒”出现的两个关键原因是经济增长依赖劳动密集型产业的模式遇上经济高速增长以及劳动者权益保护的力度不够。

从“民工潮”到“民工荒”，是大家没有意料到的现象。发生之后，人们忙着分析“民工荒”的原因，发现主要原因

---

① 郭立．“民工荒”开始“荒”向西部［N］. 新华每日电讯，2005－4－29.

有两个：一是生产边际收益的增加。例如，2004 年初中央一号文件的出台和农产品价格上涨刺激了农民种田的积极性，而对农民外出务工的积极性造成一定的影响。2004 年 7 月 19 日《深圳商报》的报道提到：江西省的许多农户都注意到了 2003 年 9 月以来的农产品价格上涨，并表示在 2004 年要把已经转包出去的农地拿回来自己种粮或者要把原来的单季稻改种成双季稻。二是企业工薪过低或拖欠薪水、劳动条件恶劣。农民工外出务工的待遇长期得不到改善，工作环境没有很大的改善，拖欠农民工工资现象甚至屡禁不止，导致 2004 年春节之后农民工选择待在家乡不外出打工。根据 2004 年 9 月 10 日的《中国经济时报》报道的数据，2004 年，在珠三角等一些地区，企业月平均工资在 700 元以下的普遍招工较难。缺工严重的主要是从事“三来一补”的劳动密集型企业，又集中在产品竞争较激烈的制鞋、玩具制造、电子装配、服装加工、塑料制品加工等行业，其中部分台资企业和中小型私营企业缺工更为严重。

2004 年 9 月 9 日《人民日报》的观点具有一定的权威性。根据其记者白天亮的报道，在 2004 年初出现“民工荒”之后，劳动和社会保障部立刻组织了专家调查组，研究为何珠三角、长三角等地出现长时间的“民工荒”。其发布的《关于民工短缺的调查报告》指出：工资待遇长期徘徊、劳工权益缺乏保障、企业用工迅速扩张、经济增长模式面临变革等原因，是造成我国部分地区出现“民工荒”的主要原因。其中，工资缺乏吸引力和劳动条件差是目前工人短缺最重要的原因。报告中的数据显示，珠三角地区 12 年来月工资只提高了 68 元，而这些年来消费物价总体水平已明显上升。企业欠薪等事件不断发生，侵害了劳动者的合法权益。一些企业劳动环境恶劣、加班时间长、不签劳动合同、不缴社会保险，也导致了员工的高流失率。

国家统计局的专家团队给出了更加权威的调查：尽管东部地区农民工的数量和名义收入在增加，但增长幅度相对较低，加上生活成本的快速上涨，中西部农民工在东部务工的实际收入是最低的，甚至低于在本地区务工的农民工的实际收入。总之，收入低是造成“民工荒”的根本原因，显示出农村劳动力无限供给正趋于下降，年轻农民工的数量和结构已经供不应求，“人口红利”进入下降趋势。

“民工荒”显示的“人口红利”下降趋势带来积极的影响：促使人们重新思考经济增长方式的适应性，推动沿海经济发达地区产业结构升级，同时，有利于让社会更加关注民工权益，以及促进劳务市场建设。劳动和社会保障部的专家就提出：东南沿海多年来的经济增长模式面临迫切转变的局面。长期以来技术含量低的劳动密集型产业不具有可持续性。即过去企业靠压低工资、减少改善劳动条件的必要投入以实现低成本的企业盈利模式不可继续鼓励了。

二、刘易斯拐点的出现

改革开放之初，由于进城务工的人口数量增多，为经济发展提供了相对便宜的劳动力，是中国特有的“人口红利”。“人口红利”的确为改革开放初期的经济增长作出了突出贡献。但“人口红利”总有一天会递减，不可能永远增长，因为存在“刘易斯拐点”。

诺贝尔经济学奖获得者、发展经济学的领军人物、美国经济学家威廉·阿瑟·刘易斯于1954年在《曼彻斯特经济和统计研究》上发表了经典之作《劳动无限供给条件下的经济发展》，系统地阐述了他的二元经济模型，阐述发展中国家工业化进程中的二元经济结构最终会出现的一个拐点。在这篇论文中，刘易斯认为，二元经济发展可以分为两个阶段：一是劳动力无限供给阶段，此时劳动力过剩，工资取决于维持生活所需的生活资料的价值；二是劳动力短缺阶段，此时传统农业部门中的剩余劳动力被现代工业部门吸收完毕，工资取决于劳动的边际生产力。由第一阶段转变到第二阶段，劳动力由剩余变为短缺，相应的劳动力供给曲线开始向上倾斜，劳动力工资水平也开始不断提高。经济学把连接第一阶段与第二阶段的交点称为“刘易斯转折点”，也称“刘易斯第一拐点”。

1972年，刘易斯又发表了题为《对无限劳动力的反思》的论文。在这篇论文中，刘易斯提出了第二个转折点的论述。当二元经济发展由第一阶段转变到第二阶段，劳动力由无限供给变为短缺，此时，由于传统农业部门的压力，现代工业部门的工资开始上升，第一个转折点，即“刘易斯第一拐点”开始到来；在“刘易斯第一拐点”开始到来后，二元经济发展到劳动力开始出现短缺的第二阶段，随着农业的劳动生产率不断提高，农业剩余进一步增加，农村剩余劳动力得到进一步释放，现代工业部门的迅速发展足以超过人口的增长，该部门的工资最终将会上升。当传统农业部门与现代工业部门的边际产品相等时，也就是说传统农业部门与现代工业部门的工资水平大体相当时，意味着一个城乡一体化的劳动力市场已经形成，整个经济——包括劳动力的配置——完全商品化了，经济发展将结束二元经济的劳动力剩余状态，开始转化为新古典学派所说的一元经济状态，此时，第二个转折点，即“刘易斯第二拐点”开始到来。

“刘易斯第一拐点”与“刘易斯第二拐点”的内涵是不同的，都具有标志性的象征意义，前者的到来为后者的实现准备了必要的前提条件，但后者的意义是决定性的。今天回顾这两个拐点理论，可以理解到我国政府战略决策的理论依据。

在2004年第一次出现“民工荒”的时候，是“刘易斯第一拐点”到来的时间，表明剩余劳动力无限供给时代即将结束，“人口红利”正在逐渐消失。在党的十九大报告中提及的2035年，预计是“刘易斯第二拐点”到来的时间，表明二元经济结构的消失，一元经济结构的出现。

回顾历史，因为“人口红利”的递减、“刘易斯拐点”的到来无可避免，中国经济发展在21世纪初面临着一场“重生”。那些粗放而低技术含量的增长点，是否应该让它升级；那些仅仅看重我们廉价劳动力的资本，是否应该鼓励转型；提高资源利用效率，提高产品附加价值，把传统制造业改造为先进制造业，提高核心竞争力，将成为一个需要中央政府做出决策的关键点。

2008年8月3日，暨南大学经济学院院长张捷在“全球视野下的广东现代化之路”学术论坛上提出了“‘刘易斯拐点’出现，让珠三角‘民工荒’提前了20年”这一观点，他特别提醒，广东实行产业转移时，调整要适度，以防过多密集型产业倒闭。

但需要强调的是，中国拥有世界上最大的劳动就业群体，就业是重要的政府决策目标。从前文的阐述中可以看出，“民工荒”实际上是“民工权利荒”，民工短缺实际上是权利和制度的短缺。政府应该将“民工荒”作为完善劳动力市场规制的契机和动力，改革劳动关系制度和社会保障制度，提供农民工子女就学、职业技能教育等公共服务。

同时，引导雇主重视劳动权益的保护，让利给员工。在劳动力无限供给的条件下，企业可以非常容易地获得所需要的劳动力资源，企业处于主动地位，而劳动者处于被动地位。在经济进入“刘易斯拐点”之后，劳动力资源逐渐变得稀缺，获取和维持必要的劳动力资源成为企业制胜的重要环节，这为提高劳动者地位、形成新的劳资关系提供了有利条件。

在新的劳资关系中，企业要想长期拥有自己需要的劳动力资源，就必须善待劳动者。当然，善待劳动者并不是仅仅有利于劳动者，而是能够达到“劳资双赢”的效果。可喜的是，2008 年 1 月 1 日开始实施《劳动合同法》，全面加强了劳动者权益的保护，虽然当时引起了雇主的抱怨，但今天来评价，政府的这个决策非常正确。《劳动合同法》的实施，促进了广东产业和企业的转型升级，提高了企业的竞争力，创造了劳资两利的新局面。

第四节　科学发展观与广东产业转型升级

2004 年出现“民工荒”之后，专家学者就开始提出珠江三角洲的产业转型升级对策，认为“民工荒”是产业升级的信号。根据统计部门的数据，2003 年珠江三角洲和长江三角洲通过吸引国际产业转移，增加了制造业的基建投资，仅 2003 年上半年投资就增长了 75.1%，制造业的投资增长了 59.5%，创下了近 10 年最快的增长速度，这两股力量成为吸纳民工的洼地，加大了用工需求，所以，2003 年广东首先出现了“技工荒”，然后2004年就出现了“民工荒”。[①] 珠三角处于劳动密集型产业向技术、服务密集型产业升级的阶段。

可以说，无论是外向型经济的“两头在外”所隐藏的危机，还是劳动者权益保护力度不够引发的各种劳动争议给社会稳定带来的隐忧，都进入了政府和社会各界的关注视野。最终，2003年10月，中共中央召开十六届三中全会决议文件首次提出“科学发展观”的概念，即“坚持以人为本，树立全面、协调、可持续的发展观，促进经济社会和人的全面发展”。由于广东是改革开放之后最先发展的区域，处处先行一步。2007年12月，汪洋同志就任广东省委书记之后就在全国率先落实“科学发展观”，于2007年12月29日发表在《人民日报》的文章中指出了广东发展中面临的挑战。为此，广东省委省政府提出了“双转移”（“产业转移”、“劳动力转移”）的战略目标，把珠三角劳动密集型产业向东西两翼、粤北山区转移；东西两翼、粤北山区的劳动力，一方面向当地第二、第三产业转移，另一方面其中的一些较高素质劳动力向发达的珠三角地区转移。该战略又称“腾笼换鸟”，即改变粗放型的增长方式，腾出空间，培育“吃得少、产蛋多、飞得远”的好“鸟”。

在中国开始实施“科学发展观”、广东率先落实产业转型升级的同时，《劳动合同法》也于2007年6月29日正式颁布，计划在2008年1月1日开始实施，其中新增加了保

---

① 姚之坦，彭纪宁．“民工荒”——珠三角产业升级信号［N］．中国工业报，2005-4-27.

护劳动者的条例，有助于构建企业和谐劳动关系。但短期内，许多企业都预计用工成本将上升，例如医疗保险、加班费的增加等。

但出乎意料的是，美国的次级房屋信贷危机爆发，投资者开始对按揭证券的价值失去信心，引发流动性危机，即使多国中央银行多次向金融市场注入巨额资金，也无法阻止这场金融危机的爆发。直到2008年9月9日，这场金融危机开始失控，并导致多个大型的金融机构倒闭或被政府接管。危机一直延续到2009年，并引发了迄今为止还没有消除的一系列后遗症。作为外贸大省、与国际市场融合最深的广东省，其经济发展受到严重的影响，例如2009年的外贸增长是最困难的一年，全年实现进出口贸易总额6111.2亿美元，比2008年下降了10.8%。[①] 到2015年，中国整体的经济增长速度开始放缓，下行压力增加，呈现出经济新常态的典型特征，广东省当年的进出口额同比降幅为3.9%。[②]

这里需要补充的信息是，在2004年“民工荒”出现之后，曾经有一个争论，即利用“人口红利”发展低技术含量的劳动密集型产业是否需要坚持，其代表人物是北京大学中国经济研究中心周其仁教授与旅美学者薛涌。此争论的发生始于当时的商务部长在2005年5月说的一句话：“中国卖出8亿件衬衫才能换回1架空客飞机。”周其仁认为：用获得小利的衬衫换来对方补贴的飞机，无疑是合算的买卖。中国不能只倡导

① 隋广军．广东对外经济贸易发展研究报告［M］．广东：广东经济出版社，2010—2011：2.

② 陈万灵．广东对外经济贸易发展研究报告［M］．广东：广东经济出版社，2015—2016：1.

高科技，高科技与低科技应该并行发展，多旋律并奏。从市场交易角度分析是平等的，但是对于平等的其他含义，例如生产空客的欧洲工人与制造衬衫的中国工人的薪资和福利水平、劳动和生活条件、受教育和训练的程度及机会、下岗的可能性以及社会保障待遇等，就是不平等了。尤其是从就业效果来看，把以亿计的农村人口转移到工业化和城市化之中就是一件很了不起的事情。但薛涌认为：人无远虑，必有近忧。中国为世界打工的好日子只有 15 年了，耗尽了“人口红利”的未来中国，如果只有单一旋律的打工者，经济发展如何能多姿多彩。薛涌不反对中国现在为世界打工，只是强调中国不能永远为世界打工。

但没有预计到的是，2009 年 9 月份，广东又出现“民工荒”。根据《21 世纪经济报道》记者钟良的报道：在外贸依存度高达 300% 的深圳，8 月份的就业岗位为 59 万，但求职人数为 47 万，用工缺口达到了 12 万。与此同时，在民工输出大省的江西省，2009 年很多原外出务工人员选择留在家乡就业，原因在于 2009 年珠江三角洲的农民工薪酬待遇低于其预期，于是选择离开珠江三角洲，这也导致 2009 年东莞约有 200 万至 300 万农民工流失到了长江三角洲地区。长江三角洲的经济异军突起，西部大开发、中部崛起等，过去“广东独秀”已被“全面取代”的局面打破，产业工人的流向由过去单向广东转变为“东西南北中”。在这种情况下，广东产业的转型升级变得更加紧迫了。

为应对金融危机之后全球经济缓慢发展的新状况，走新型工业化道路，在产业“双转移”的基础上，广东省委省政府及时做出应对。2011 年 3 月广东省委第十届八次全体会议决议和广东省两会明确提出了“加快转型升级、建设幸福广东”的核心任务，明确了加快推进企业转型升级是实现广东省经济社会跨越发展的重大战略决策，是促进产业集群、要素集聚、资源集约，实现“科技含量高、经济效益好、资源消耗低、环境污染少”的发展模式。

“淘汰落后产能”是转型升级的核心。在这种大环境之下，企业开始了转型升级，包括生产模式和管理模式的转型。在转型升级中，“中国制造”的本质在于转型，将从制造大国转型为制造强国。

第五节　第四次工业革命与新兴产业

与第三次工业革命类似，第四次工业革命不是单一技术或者模式的兴起，而是各种新兴技术集中出现。人工智能、无人驾驶、大数据、3D 打印、物联网、机器人、可植入技术、智慧城市……以互联网产业化、工业智能化、工业一体化为代表，以人工智能、清洁能源、无人控制技术、量子信息技术、虚拟现实以及生物技术为主的第四次工业革命正以前所未有的态势席卷全球。第四次工业革命，是继蒸汽技术革命、电力技术革命和信息技术革命后的又一次科技革命。新技术革命试图打破数字、物理、生物技术等的边界，相互融合和促进，演进和创造不可估量的技术前景。

第四次工业革命不仅带来新的技术，还带来新的产业和商业模式。在服务行业，利用大数据应用、移动互联网等技术的新经济模式蓬勃发展，有共享平台如滴滴打车、共享单车等，有整合小微企业的“O to C”平台如天猫、京东、饿了么等，还有“C to C”平台如主播平台“斗鱼”、视频平台“快手”等，经营模式创新不断，俨然成为平台经济。李克强总理于2014年11月出席首届世界互联网大会时鼓励“大众创业、万众创新”，接着在2015年3月5日上午十二届全国人大三次会议上，李克强总理在政府工作报告中首次提出“互联网+”行动计划，推动移动互联网、云计算、大数据、物联网等与现代制造业结合，促进电子商务、工业互联网和互联网金融健康发展，引导互联网企业拓展国际市场。中央政府在2015年7月提出积极促进“互联网+”的行动指导意见，目标在于提升全社会的创新力和生产力，形成更广泛的以互联网为基础设施和实现工具的经济发展新形态。经过三年多的发展，广东的“互联网+”发展迅速，腾讯、携程、阿里巴巴等知名公司的成长带动了以互联网为基础的新型产业的发展，为大量年轻人提供了互联网行业的工作岗位，甚至出现了一些新型的就业形式，例如滴滴打车等行业的自由职业者。

在制造业工业智能化、一体化成为发展趋势的背景下，李克强总理在2015年的工业和信息化座谈会上首次提出“中国制造2025”的目标，从2015年到2025年，制定我国实施制造强国战略第一个10年的行动纲领，加速制造业的转型升级。2017年7月，国务院发布《新一代人工智能发展规划》，构筑我国人工智能发展的先发优势，争取实现在第四次工业革命上的弯道超车。广东省也在2018年7月制定了《广东省新一代人工智能发展规划》，积极谋划新一代人工智能产业在时间和空间上的系统性战略布局，重点推进人工智能开放创新平台建设，在关键核心技术攻关、智能创新融合应用、产业园区创新发展、科技企业引进培育、产业生态系统构建等方面形成协同发展新动能，大力推进以人工智能为代表的新一代信息技术加速突破应用，加快推进人工智能与经济、社会、产业的深度融合发展，构建广东创新驱动发展新引擎，将广东打造成为国际先进的新一代人工智能产业发展战略高地。

与传统行业相比，互联网行业以年轻人为主，其在工作现场的利益追求与传统行业有所区别。因此，本书的研究内容既包括了转型升级过程中的传统产业，也包括了新兴产业中的企业工作现场劳动关系冲突以及相应的冲突管理对策。

第二章

新工业革命与
产业转型升级中的就业和劳动关系

回顾历史，西方工业化的发展和现代化成就得益于前两次工业革命。第一次工业革命是指18世纪60年代从英国发起的以蒸汽机技术为代表的技术革命，作为技术发展史上的一次巨大革命，它开创了以机器代替手工劳动的时代。① 19世纪60年代后期，第二次工业革命最为显著的特征是电器的广泛应用，开启了“电气时代”。这一时期，欧洲国家和美国、日本的资产阶级革命或改革的完成，促进了经济的发展。② 现今正在进行第三次工业革命，即以原子能、电子计算机、空间技术和生物工程的发明和应用为主要标志，涉及信息技术、新能源技术、新材料技术、生物技术、空间技术和海洋技术等诸多领域的一场信息控制技术革命。③

前两次工业革命，中国都没有赶上，但是第三次工业革命，中国融入其中了，同时在弥补第一、第二次工业革命落下的进程。也就是说，第一次工业革命之后，西方工业化国家造就了密集的城市核心区、拔地而起的工厂；第二次工业革命则催生了西方国家城郊大片房地产业以及工业区的繁荣；第三次

---

① 人民教育出版社历史室．世界近代现代史［M］．北京：人民教育出版社，2000：66.

② 人民教育出版社历史室．世界近代现代史［M］．北京：人民教育出版社，2000：108.

③ 人民教育出版社历史室．世界近代现代史［M］．北京：人民教育出版社，2000：106.

工业革命将会把每一栋楼房转变成住房和微型发电厂（里夫金，2012）。有意思的是，第三次工业革命还在进行时，第四次工业革命就出现了，其标志为工业 4.0，是在数字革命的基础上发展起来的，所呈现出的特点为：与过去三次工业革命相比，互联网无所不在，移动性大幅提高；传感器体积变得更小、性能更强大、成本也更低，人工智能和机器学习开始崭露锋芒（施瓦布，2018）。这一次工业革命，中国成为引领者之一。然而，无论哪一次工业革命，都会引发一个热烈讨论的话题：就业岗位是否减少？如何保障受影响的劳动者权益？

第一节　广东产业转型升级中政府对劳权的保护作用

一、产业转型升级与政府对劳权的保护

技术进步和产业内在规律性的发展，促进了人类社会的进步，其过程伴随着各种各样主动、被动的转型升级，包括社会结构转型、经济体制转型、产业转型等。而每一种转型升级，都会改变社会的既有利益格局，有的人会失去利益，有的人会得到更多利益。普通百姓的利益基础在于工作机会，如果没有工作岗位，与工作捆绑、挂钩的薪酬福利等直接利益都将得不到保障。从整个社会的角度看，如果没有很好地解决转型升级中的劳动问题，劳动力的再生产无法高质量持续，其结果是社会不稳定，因转型升级而得到利益的人群也没有安全感。这时，政府这一只“看得见的手”就成为“稳定器”，其作用被所有人重视。

从理论上分析，政府的政策如果能与时俱进，也能成为一种重要的转型升级资源。1993 年获诺贝尔经济学奖的道格拉斯·诺斯教授在其获奖理论中明确指出，虽然技术性和资本性因素对经济增长有贡献，但制度因素却是决定性因素。发展和促进产业的增长，必然需要劳动者的参与和工作投入，而劳动岗位是否有保障、劳动关系是否和谐会影响到劳动者的劳动自由和工作投入的程度，制度因素是对自由的最好保护。今天，中国的经济社会正处于转型之中，如果没有政府的支持，不可能减轻经济下行、结构的调整和产业转型升级对劳动权利保护所带来的震荡。

自从工业革命以来，西方各国历经了经济和社会的多次转型，正因如此，有关转型的研究一直受到学者们的关注。在学界最有影响力的著作之一是由匈牙利学者卡尔·波兰尼撰写的《巨变》一书，分析的是欧洲文明从前工业化时代转型到工业化社会的历史巨变，其中伴随着思想、意识形态、政治、经济政策的转变。研究的起点问题是“为什么欧洲大陆经历了 1815 年到 1914 年的长期和平昌盛却突然崩溃……落入世界大战与经济萧条”，所得出的研究结论是对自由市场体系的剖析和国家与制度积极功能的认可，即在经济关系和社会关系中，政府处于第三方的地位，一方面必须不断调整货币与信贷的供应，另一方面必须为劳工需求的转变提供协助（波兰尼，2013）。波兰尼的学术观点对本书有关产业转型带来的变革中政府政策的研究有着重要的参考价值，尤其是在 1978 年之后的中国改革过程中，政府对劳动关系制度规制的地位、作用和成效应验了波兰尼的观点。

有关政府在劳动权利保护里的角色和行为驱动，不同的学派有不同的观点。马克思主义学派中的“结构主义”认为，国家的功能与资本家的利益一致是因结构所需，即经济基础决定上层建筑。为了满足经济发展、解决就业所需，必须稳定资本主义经济体制，因而需要首先鼓励私人利润、完成原始资本积累，表现在政策上就是优先考虑企业的利益，忽视劳动者的需求（常凯，2005）。这个观点强调政府在经济发展中的经济性行政职能，为了提供充分的就业机会，政府更倾向于在履行其职能过程中思考经济发展的市场经济规律，从而偏袒资本并以优先提供资本盈利的机会来保证就业岗位的提供。

另一个有关政府角色的学派是国家学派，其基本假定是国家作为代表公共利益的政治组织，所制定的劳动关系政策应该达到经济成长、充分就业、经济与社会安全、物价稳定、工业和平、产业民主等目标，这个学派的观点与波兰尼对国家、市场与社会三者之间关系的分析一致。国家不仅代表资本的利益，还需要考虑社会整体的利益，其职能目标是多元的，因此，国家不会仅仅考虑资本的利益，而会综合平衡各种利益以达成国家整体的发展。

要理解以上不同学派的争论焦点，需要解决一个根本问题，即我们为什么需要政府？这个问题涉及政府存在的目的。回答这个问题的权威学者是英国的哲学家洛克。洛克在其专著《政府论》中认为政府的主要目的是保护财产，这里的“政府”是指国家机关，“财产”是指私有财产，而自身和自身行动或劳动的所有者，本身就还具有财产的基础。虽然洛克在《政府论》中重点驳斥政府是君权神授学说，但康芒斯在其制度经济学中把洛克有关劳动的观念视为重要组成部分。在洛克看来，劳动权利是劳动者所拥有的随心所欲地利用自己的身体做事情的自然权利，其他人则有义务听凭他这样做，是劳动者可以从自然和社会的供给中取得自己生活必需品的所有权。洛克所说的劳动有两层含义：第一，劳动是自由的劳动；第二，劳动者有权分享自己的劳动果实。因此，基于康芒斯和洛克有关劳动、私有财产的价值理论和政府理论的核心，既然政府存在的目的是保护财产，而劳动和劳动所得也是财产之一，那么政府对个别劳动关系规制的角色当然应包括对劳动者的自由劳动权利和分享劳动果实权利这两种权利的保护。

进一步分析，洛克所阐述的劳动自由属于劳动权利，而获取和分享劳动果实的权利属于劳动者权益（即劳权）。劳动权利与劳权有差别，在 1995 年中国政府白皮书《中国人权事业的进展》一书中，两者是被分别阐述的。但两者都是自然的、理性的，属于人权的范畴。政府保障人权，那么劳动权利与劳权均需保护。

劳动权利意味着劳动者有自由选择劳动的权利，劳动权利实现的前提是经济发展规模和速度以及所提供的就业岗位。如果社会的经济发展水平低下，很少的就业机会满足不了劳动者的就业需求，根本谈不上劳动者能自由地就业。因此，无论是马克思主义学派的“结构主义”观点还是国家学派的政府角色的履行，都需要有充分的经济基础、提供大量的就业机会，才能使劳动者享有自由地选择劳动的机会。

新中国成立之后，我国的人口在短短 30 年之间增长非常快，造成我国劳动力大量过剩。改革开放以来，政府面临巨大的就业压力。在这种情景下，政府唯有大力发展经济，鼓励外商投资和民营经济的发展，才能缓和就业压力。从人口压力和发展经济的角度分析，政府在市场经济发展中的作用其实是在履行其对劳动自由权利的保护。

但是，和劳动自由权利的保护相比，政府对劳动者权益的保护则相对滞后。常凯（2004）在其专著《劳权论》中指出劳权是基于法律规定的权利，政府有责任制定法律以保护劳动者在履行劳动义务的同时享有与劳动有关的社会的权利，这些权利有 7 个方面：就业权、报酬权、休息休假权、社会保险权、劳动安全卫生权、职业培训权、劳动争议提请处理权。改革开放以来，随着外向型经济的发展，廉价劳动力成为我国的比较优势。以经济建设为中心的发展思想将招商引资摆在不可动摇的位置，社会对资本和管理关注过多，对劳动者权益的保护则采取忽视的态度。2007 年 6 月《劳动合同法》颁布之前，政府在劳动关系领域的主要任务是建立现代雇佣用工制度，界定和保护劳动产权，以配合国企改制、提高劳动生产率和促进私营企业发展，但仍以经济建设为中心。2007 年之后，我国劳动关系领域迎来立法高潮，政府开始完善各种劳动关系规制，同时，探索经济转型升级的路径，但是当经济发展和劳动者权益保护有所矛盾时，地方政府往往对劳动关系法规采取灵活态度。多年的积压使得社会公平正义缺失，导致劳资之间处于“零和状态”，劳动关系“社会欠账”过多。而合法的路径并不能高效解决劳动者诉求，因而引发了集体维权行动。近年来，多发的集体劳动关系冲突正是对政府规制缺失的回应。

国家并不是中立的，需要最终对造成经济的增长、衰退或停滞的产权结构的效率负责。在很多国家，普遍存在政府失灵的情况，表现在政府政策偏袒、执行不力、伦理失范等，结果是百姓的生活和工作受到影响。这是因为政府具备的资源有限，而需要实施的政策太多，任何政府都无法一次性解决所有问题，要设定优先秩序并逐一解决。总的来看，政府在劳动关系中的角色和行为，既包括狭义的、制定劳动法规保护劳动者权益的实现，也包括广义的、保障充分就业对劳动自由权利的保护，政府对两者的保护应该是相互促进、相互完善的。当百姓面临温饱问题时，政府的第一要职在于发展经济，但不能把劳动者的权益保护置之不理；当温饱问题解决之后，政府的工作重心需要转移到可持续发展与和谐社会的建设之中，这时需要提升保护的力度。

具体分析公共政策的类型，我国涉及劳动关系的公共政策主要有以下几类：

第一，国家总体规划。每五年制定的国民经济和社会发展规划纲要是社会经济发展的纲领性公共政策。在“十二五”规划中专章规定了“实施就业优先战略”、“合理调整收入分配关系”、“健全覆盖城乡居民的社会保障体系”、“完善基本医疗卫生制度”等涉及劳动关系调整的内容，而在“十三五”规划中则提出了“促进就业创业”、“缩小收入差距”、“建立更加公平更可持续的社会保障制度”等内容。

第二，部委文件。政府相关部门常常通过文件的形式发布重要的公共政策，例如1992年劳动部发布了《关于扩大试行全员劳动合同制的通知》，在这一文件中明确将劳动合同制的用工形式逐步扩大到所有员工，为此后1994年《劳动法》的制定和出台做好了政策层面的准备。

第三，劳动立法。自改革开放后，在向市场经济转型的过程中，劳动法律制度逐步建立起来，先后制定和修订了《劳动法》《工会法》《劳动合同法》《就业促进法》《社会保障法》《安全生产法》《职业病防治法》《调解仲裁法》等一系列国家法律，并有大量法规配套实施。

第四，其他组织文件。主要是工会发布的一系列相关文件，鉴于我国工会的高度组织性和规模，工会发布的相关文件对劳动关系的调整也具有很大影响。如2010年中华全国总工会与人力资源和社会保障部以及中国企业联合会和中国企业家协会共同发布了《关于深入推进集体合同制度实施彩虹计划的通知》，这极大地提高了我国集体合同签订的数量。此后，又发布了《关于推进实施集体合同制度攻坚计划的通知》。

第五，规范性文件。劳动行政管理部门每年会制定大量规范性文件，包括国家层面的劳动部、各地区的劳动主管部门以及相关行政部门。例如，在《劳动合同法》颁布后，劳动和社会保障部发布《关于做好〈劳动合同法〉贯彻实施工作的通知》等20余个相关文件，推动了《劳动合同法》的贯彻实施。此外，各地劳动行政部门每年发布的最低工资标准、社会平均工资、社保缴费基数、工资指导线等，也是影响地区劳动关系调整的重要因素。

总体而言，在劳动力市场化调整后，我国出台了大量公共政策，逐步形成了对劳动关系的特定调整模式，在个别劳动关系方面已经比较完善。但随着广东产业转型升级，集体劳动关系争议增多，加之2015年我国进入“经济新常态”以及就业市场向弹性化发展的趋势，都要求相关就业政策和劳动政策做出调整，以不断适应新的发展需求。

二、广东省政府推动传统产业转型升级与促进就业政策

一方面是高储蓄率、充足的劳动力供给和低抚养比，中国

人口结构对改革开放以来高速经济增长作出了贡献；另一方面“人口红利”即将消失，如何最大化促进就业是维持人口对经济增长正面效应的关键，也是广东经济在转型升级进程中保持稳定的经济增长速度之关键。

提供充分的就业机会是世界各国政府的首要任务，由于劳动产权必须与产权交易相联系，在劳动力市场交易过程中得以实现，因此，建设与完善劳动力市场的交易信息对称性、交易过程公平性就成为政府规制的目标。在广东实施产业转型升级之初，恰逢国家出台了《就业促进法》。2007 年 8 月 30 日第十届全国人民代表大会常务委员会通过了《就业促进法》，立法的第一条就明确了“促进就业，促进经济发展与扩大就业相协调，促进社会和谐稳定”的目标，其中第十五条规定财政预算中要安排就业专项资金，用于职业介绍、职业培训、公益性岗位、职业技能鉴定、特定就业政策和社会保险补贴等。该法案在 2016 年做了修订，进一步明确扩大就业在政府工作中的突出位置，具体规定了财政政策、就业环境的改善、失业保险制度的建立、税收优惠、就业服务和管理、职业教育和培训等，从法律上给予劳动者就业权利以及政府就业工作的保障。

在改革开放的进程中，广东省政府一直在积累经验，发展以市场经济为导向的劳动力市场。1988 年 7 月，广东省政府在全国率先颁布了《广东省劳务市场管理规定》，引进了劳务市场的概念；1989 年 3 月，又制定了《广东省社会劳务介绍机构管理办法》，规范、推进全省劳动力市场的培育和健康发展，满足了企业对劳动力市场的需求。为了满足市场经济对劳动力素质的要求，1990 年，广东省政府制定了《广东省工人技术业务培训管理方法》和《广东省工人技术考核方法》。这些地方性法规的制定有效地促进了劳动力的自由流动，并保障了市场经济发展目标的实施。这些促进就业的措施一直延续到今天，取得了很好的成效。

2006 年是实施“十一五”规划的开局之年，广东的经济发展还持续保持着发展的势头，国民经济总量比上一年增长 14%，提供的就业岗位非常多，但就业问题在政府眼中依然是主要问题，因为就业的结构性矛盾依然突出，尤其是就业困难群体的持续增加。在 2007 年初，陈斯毅就预测出全国 2007 年新生劳动力约有 1500 万，其中高校毕业生约 500 万，中职毕业生约 500 万，未能继续升学的初高中毕（结）业生约 500 万，广东本省劳动力供给大体维持在 218 万人的水平。2004 至 2008 年之间，在广东虽然出现“民工荒”，但应届大学毕业生就业难的现象却开始浮现，为此，政府下属的“广东省高等学校毕业生就业指导中心”每年都特别为应届毕业生组织各种就业供需见面活动。例如，2007 年 12 月份组织的活动就有 9 场，详见表 2. 1。

表 2. 1　广东省 2008 届高校毕业生就业供需见面活动安排表

时间	科类、专业	学校	地点
2007 - 12 - 3	研究生专场	中山大学	南校区英东体育场
2007 - 12 - 4	本科综合场	中山大学	南校区英东体育场
2007 - 12 - 5	理工类专场	华南理工大学	东区体育场
2007 - 12 - 6	高职高专综合场	广东白云学院	白云学院西校区
2007 - 12 - 7	职业教育、经管、IT 类专场	广东技术师范学院	运动场

续表

时间	科类、专业	学校	地点
2007－12－8	师范类专场	华南师范大学	石牌校区西区
2007－12－9	外语、外贸、涉外、管理类专场	广东外语外贸大学	运动场（北校区）
2007－12－9	医药类专场	广州中医药大学	三元里校区足球场
2007－12－10	农林、工程、食品、生物技术、园林类专场	华南农业大学	华山运动场

数据来源：卢文洁，苏卫东．广东明年45万毕业生抢饭碗．广州日报，2007－11－8，第5版。

在2018年进行事后评估发现，十年前实施的《就业促进法》以及要求广东产业转型升级都是正确的战略决策，因为由2007年美国金融危机引发的近十年以来的全球经济社会动荡已经证明：早一步转型升级就能尽可能把控主动性。2007年4月，美国的第二大次级房贷公司——新世纪金融公司破产。从2007年8月开始，美联储向金融体系注入流动性资本以增加市场信心，美国股市也得以在高位维持。但这种高位的股市没有持续太久，2008年8月，美国房贷两大巨头——房利美和房地美股价暴跌，持有“两房”债券的金融机构大面积亏损，引发了全球的金融危机。美国的金融危机对中国的影响主要是通过外需、资本流动、金融市场、国际初级产品价格、汇率及货币政策等渠道。其中，一些与外贸相关的服务业和制造业受到的影响最大，直接的结果就是就业压力爆增，其中又以高校应届毕业生的就业压力最大，此时，各地政府依据《就业促进法》给求职者提供各种就业服务。

据统计，2009 年全国有 610 万高校应届毕业生，历年累积的未就业的大学生有 250 多万，全国共有 860 万大学毕业生等待就业。同时，2000 多万失业农民工同样需要就业，还有几百万新加入劳动力市场的青年等待就业，当然还有其他方面如复转军人、新增农民工等。但据测算，2009 年全年新增城镇就业岗位最多为 900 万，两者之间的缺口非常大，因此，当时全国面临的就业形势是极其严峻的。2009 年春节后到广东就业的农民工达到 970 多万人，其中无明确就业目标涌入广东的农民工达到 200 多万，但制造业吸纳农民工的就业能力却在下降。① 另据《南方日报》2009 年 2 月 9 日的报道，2009 年广东的招聘会受金融风暴影响呈现出“三个减少”的特点：参加招聘会的企业数量减少；企业的招聘规模减少，提供的招聘岗位数量不多；招聘单位所给的待遇，也较往年有所减少。具体数字显示，广东在春节之后参加招聘会的企业同比下降了接近三成，而外省涌入找机会的求职者也在冲击着广东的就业市场，他们占了求职者总数的六成。与此同时，招聘会招聘用人单位数量比去年有所减少，求职的大学生却骤增三至五万，供求比例进一步加大，求职难度和就业压力增大，形势十分严峻。

面对这种形势，中央和地方各级政府都很努力解决。例如，2009 年 10 月国务院就业工作部际联席会议第七督查组来广东，就广东就业政策落实情况进行专项督查。随后，广东省政府召开广东省就业政策落实情况汇报会议，向督查组一行汇报广东

---

① 叶小钟．节后入粤农民工逾 200 万无明确就业目标［N］．工人日报，2009 -2 -4.

就业政策落实情况。2009 年，广东把应对金融危机、促进就业摆在更加突出的位置，制定实施了一系列应对金融危机、稳定和扩大就业的更加积极的就业政策。

三、广东省政府针对新兴产业的促进就业政策

就业压力在 2010 年还在持续，例如根据《第一财经日报》2010 年 3 月 3 日的报道，2010 年广东省有近 300 万人需要安排就业，而可提供的岗位数大约有 200 万个，表明岗位缺口将达到 100 万个。虽然政府和企业都很努力，但面对新的国际市场和国内经济的形势以及年轻人对工作岗位的新需求，需要政府在促进就业方面转换思维。这时，“新常态”概念引起了中国政府的关注。“新常态”这一概念最早是 2009 年由美国太平洋投资管理公司创造出来的，用来描述美国金融危机后的欧美发达经济再也回不到之前的状态，其主要含义是：低增长、高失业将长期持续；企业利润缩减、资本回报率将降低。

但“新常态”正式进入中国政府报告之时，其含义就被赋予了在战略高度上的内涵。2013 年 12 月 10 日，在中央经济工作会议的讲话上，习近平总书记首次提出了“新常态”，其含义是：我们注重处理好经济社会发展各类问题，既防范增长速度滑出底线，又理性对待高速增长转向中高速增长的新常态；既强调改善民生工作，又实事求是调整一些过度承诺；既高度关注产能过剩、地方债务、房地产市场、影子银行、群体性事件等风险点，又采取有效措施化解区域性和系统性金融风险，防范局部性问题演变成全局性风险。此后，习近平总书记在多次讲话中阐述了“新常态”的内涵。2014 年 5 月 10 日，习近平总书记在河南考察时的讲话指出，我国发展仍处于重要战略机遇

期，我们要增强信心，从当前我国经济发展的阶段性特征出发，适应新常态，保持战略上的平常心态。2014 年 7 月 29 日，习近平总书记在党外人士座谈会上的讲话强调，要把思想和行动统一到中共中央决策部署上来，正确认识我国经济发展的阶段性特征，进一步增强信心，适应新常态，共同推动经济持续健康发展。2014 年 11 月 9 日，习近平总书记在亚太经合组织工商领导人峰会开幕式上的演讲指出，中国经济呈现出新常态，有几个主要特点：一是从高速增长转为中高速增长。二是经济结构不断优化升级，第三产业消费需求逐步成为主体，城乡区域差距逐步缩小，居民收入占比上升，发展成果惠及更广大的民众。三是从要素驱动、投资驱动转向创新驱动。

2010 年，我国 GDP 总量首次超过日本，成为世界第二大经济体。根据统计数据，2014 年人均国民总收入超过 7000 美元，成为世界上“中等收入”经济体，但收入分配的公平性问题较多，面临着“中等收入陷阱”风险。国际经验表明，发展中国家在经济起步的发展阶段，往往追求经济的快速增长，容易忽视技术进步、结构优化，以致出现经济与社会、城乡、地区、收入分配等结构失衡问题。伴随着问题的累积，容易导致经济停滞不前，甚至严重下滑。中国要避免这样的情况，就要能够准确研判形势，重新定位，实现转型升级。

如何适应新常态的发展要求来解决就业压力？很多专家学者呼吁从制度创新入手。例如，时任国家发展改革委宏观经济研究院副院长的王一鸣就建议：对供给侧进行改革，即放松管制，从体制改革入手，强化市场配置资源的功能，提升市场竞争的程度，增强供给的效率和弹性，从而通过制度创新来创造新的市场需求和新的就业岗位。[①] 为此，2014 年 9 月，李克强总理在达沃斯论坛上发出“大众创业、万众创新”的号召，“双创”一词开始走红，几个月之后又将其写入了 2015 年政府工作报告并予以推动。李克强总理在政府工作报告中提出：“制定‘互联网 +’行动计划，推动移动互联网、云计算、大数据、物联网等与现代制造业的结合，促进电子商务、工业互联网和互联网金融健康发展，引导互联网企业拓展国际市场。”

在 2015 年 6 月 4 日的国务院常务会议后，“双创”再度吸引了人们的注意，该次会议决定鼓励地方设立创业基金，对众创空间等办公用房、网络给予优惠；对小微企业、孵化机构等给予税收支持；创新投贷联动、股权众筹等融资方式；取消妨碍人才自由流动、自由组合的户籍、学历等限制，为创业创新创造条件；大力发展营销、财务等第三方服务，加强知识产权保护，打造信息、技术等共享平台。

可以说，“双创”政策的推出和实施，的确缓解了传统产业就业吸引力下降、年轻求职者又需要工作岗位的困境，而且进一步推动了产业的转型升级。一个典型例子就是“互联网 +”的新业态，其具体含义是“互联网 + 各个传统行业”，利用信息通讯技术以及互联网平台让互联网与传统行业进行深度融合，创造新的发展生态。2015 年 7 月 4 日，国务院印发《国务院关于积极推进“互联网 +”行动的指导意见》。

---

① 王一鸣 . 经济新常态下应更多做供给“文章”［N］. 中国经济导报，2013 - 7 - 13.

在互联网背景下，新型就业迅猛发展、层出不穷。据国家信息中心信息化研究部的《中国分享经济发展报告：现状、问题与挑战、发展趋势》指出，2015 年，中国分享经济领域从业者约 5000 万，约占劳动人口总数的 5.5%，预计未来 5 年分享经济年均增长速度在 40% 左右。也有专家预测在未来 20 年里，平台经济将为中国直接提供 4 亿个工作机会，相当于中国总劳动力人口的 50%。

四、人工智能与未来的就业

中国的经济社会发展步入了新时代，但全球的科技发展也进入了新时代。在科技领域，新时代的标志就是人工智能产业的迅速发展，无人驾驶、机器人医生、机器人会计等已经出现。展望未来，凡是重复性劳动、记忆性劳动的岗位，都可能被机器人代替，只有人类的创造性能力是机器人永远无法代替的。但无论如何，机器人时代对人类文明的颠覆和挑战正在发生。

在写本书的时候，正值美国与中国之间的贸易竞争，竞争的本质是美国对中国的“中国制造 2025”规划的压制，其中一个焦点是中美都在争夺智能产业的制高点。而中国几千年的科举制度、现代高等教育的特点都在于培养具有“复制”能力的学生，在科技创新与竞争和协作方面明显处于弱势。如果未来要与智能化的机器人一起工作，中国的劳动者将很可能会完全丧失竞争力，出现大规模失业的局面。学者杨鹏在一次讲座中举例，在美国买一个披萨大概 12 美元左右，美国工程师根据披萨大师们烤披萨的数据做了一个烤披萨机器人，而且它的水平就是最优的披萨大师的水平，它不停工，也不闹情绪，结果是机器人做的披萨只需 2 美元。如果仅仅从成本考虑，未来人类的工作成本永远高于机器人。

美国著名咨询公司之一的麦肯锡公司在战略前瞻性思考方面具有优势，其在 2017 年 9 月发布的《麦肯锡季刊》中邀请专家讨论人工智能与未来就业问题，在这里把主要的观点归纳如下。

第一，工作正在发生变化。数字通信让远程工作成为寻常之事。零工经济正在快速增长，人工智能和机器人领域的进步可颠覆传统工作场所。麦肯锡全球研究院称，就与美国大部分职业有关的活动而言，其中至少有 30% 的活动可自动化，包括之前认为不会受到影响的知识型任务。更多的非标准、复杂工作岗位上的员工数量将会增长，但复杂程度较低的工作会越来越多地被自动化。员工技能变得无关紧要，所需的时间将会缩短。过去是“我在 20 多岁学会的技能可以一直用到 60 岁”，但事情不再是这样的了。我们将要生活在这样一个时代：人们会在 35 岁至 45 岁时发现自己的技能无关紧要，而且将会有许多人失去工作。

第二，工作内容将越来越多地与适应性挑战相关，而这正是人工智能和机器人不太擅长迎接挑战的领域。具有成长型思维的人士将来不愁找不到工作，而具有固定思维的人士将变得越来越可被机器取代。并且，还需要思考如何训练学生将人工智能或机器视为团队的一员，而不是竞争威胁。

第三，知识型员工分布在不同工作地点也带来了对人力资源管理的挑战。经理和其团队成员不在同一地点工作时，需要针对绩效管理的复杂性确定不同的技能组合和战略，需要发散思维制定相应的管理措施，从而使得即便是员工和经理不在同一地点工作的情况下，企业也可保持住对远程员工的吸引力和凝聚力。在远程工作中，员工之间失去了非正式的互相交流的机会，这不仅对于知识型工作而言是个问题，对于制造业而言也是个问题。不在实际工作环境中一起工作总会失去点什么，而我们不知道应该如何弥补这一部分损失。例如，南非神经科学公司 Neurozone 的首席执行官艾蒂安·范德·沃尔特指出：在 Neurozone，我们没有办公室，我们位于不同的城市，并在“云端”工作。我可以很坦诚地说，我想念我的员工。我想在不知不觉中闻到他们的气味，因为我们需要这个。这是一种信任感、一种归属感、一种很好的东西。由于存在这种内在需要，零工经济可能会形成新的有机网络，类似于新型组织，大家在咖啡厅、熟食店以及提供美妙咖啡的其他零售商店的工作台和工作站边聚集。

第四，公司如何帮助员工接受压力。拥有许多低薪员工的企业通过自动化削减了低薪工作，但如果企业对低薪员工的未来进行战略性思考，促使这些低薪员工发挥自己的潜能去胜任一种新的在认知意义上更加复杂的工作，那么公司的雇主品牌就会得到提升。这意味着公司人文关爱员工的名声越大，公司就越能更好地吸引人才，即使辞去了其中一部分人也无伤大雅。公司员工需要时刻做好准备，在众多低、中和高级岗位之间轮岗，以继续获取那些在其他地方有用的技能。这样一来，无论所处级别如何，真正的好员工都能在看见进入公司的新员工时对自己说：“现在的确十分动荡，每个地方都一样，但这个公司正在全力以赴，帮助员工为下一步做好准备。”好的员工宁愿去这样的公司，也不愿去只会炒人的公司。

第五，机器人技术、人工智能和其他压力几乎肯定会在未来几年改变中国人的就业前景，无论是变得更好还是更坏。以下是工作和就业在未来 5 至 10 年可能发生的变化：其一，你的同事是机器人，技术进步是一把双刃剑，会使一些工作消失，但也会创造其他的工作机会。其二，机器人革命，机器人和自动化的普及将成为全国性的趋势。工业机器人的使用将会减少一些工作岗位，包括危险的、重复性的和体力强度大的工作，但它可以创造新的工作机会。其三，挥之不去的不安感。机器人和人工智能的采用往往会让公众担心有一天会失业，政府的决策层面也开始思考这些变化。其四，工作岗位依然存在，但受教育程度需要不断提高。其五，未来的最佳职业可能主要集中在科技和医疗保健领域。在科技领域，发展前景好的职位包括应用开发者和计算机系统分析师，而医疗行业则为护理师、理疗师、健康服务经理、医师助理、牙科保健师和语言障碍矫正师。而最糟糕的职业则是多种多样的，其中包括纺织工人、照片处理人员、家具精加工人员、印刷装订工和印刷工人等许多制造业岗位。其六，兼职工作机会越来越多，选择不断扩大。

总之，数据经济、共享经济的发展将产生新就业。“所谓‘新就业’的‘新’指的是劳动者参与经济活动并获得报酬与收益的方式和过程较之传统就业发生很大的变化。”① 相比传统行业，新就业在工作时间、空间、形式上具有灵活性；劳动者的工作价值更多是成就自我而非谋生；依托互联网就业与传统就业并存发展，“零工”或自主创业发展迅速；劳动者素质和技能需要适应数字、信息技术的发展。

---

① 向丽．新就业［M］．北京：社会科学文献出版社，2017.

第二节　传统制造产业转型升级中的劳动关系冲突变化

2004 至 2008 年出现的“用工荒”现象，说明劳动力供给由过剩转为相对短缺。加上劳动者维权意识提升，劳资关系矛盾日益突出，严重影响到社会的稳定，这些因素均促使政府开始注重劳资关系调整，为此，政府专门于 2008 年 1 月 1 日颁布实施《劳动合同法》，为广东产业转型升级中出现的各种劳动争议提供了有力的法律保障。这说明，政府开始调整经济发展模式以解决就业问题与劳动成果分享的权益保护问题之间的关系，开始注重“科学发展观”，提倡以人为本，不再单纯以 GDP 为中心，不再仅仅追求经济目标。党的十七大报告中提出“提高居民收入占国民收入的比重，提高劳动报酬占初次分配的比重”。党的十八大报告提出“实现发展成果由人民共享，努力实现居民收入增长和经济发展同步、劳动报酬增长和劳动生产率提高同步，提高居民收入在国民收入分配中的比重，提高劳动报酬在初次分配中的比重。初次分配和再分配都要兼顾效率和公平，再分配更加注重公平。完善劳动、资本、技术、管理等要素按贡献参与分配的初次分配机制，加快健全以税收、社会保障、转移支付为主要手段的再分配调节机制”。政府通过立法构建公平竞争的劳动力市场，消除就业准入障碍、歧视与垄断，保持劳动者收入稳定增长。与此同时，政府应用最低工资制度杠杆效应对低收入行业的劳动者进行保护。

一、个别劳动关系争议数量在2008年“井喷”

随着经济转型和新兴产业发展后出现的灵活劳动关系的叠加影响，广东省劳动争议案件数量持续保持在高位，并呈现出复杂化、尖锐化的趋势，处理难度不断加大。但2008年，各种劳动争议的数量出现了“井喷”，原因就在于2008年1月1日开始实施的《劳动合同法》。以广州为例，根据《广州劳动争议诉讼情况白皮书（2008—2010）》数据显示，2008年广州的劳动争议案件出现“井喷”式增长，2009年和2010年增长速度趋缓，但数量仍维持历史高位。在这几年，广州的劳动争议案件数量排在民事案件的第一位。

分析广东省的数据发现，广东省是全国劳动争议案件数量最多的省份，尤其是在转型升级的2008至2015年期间，详见图2.1。劳动争议所涉及的劳动者人数以及占比也是全国第一，详见图2.2。

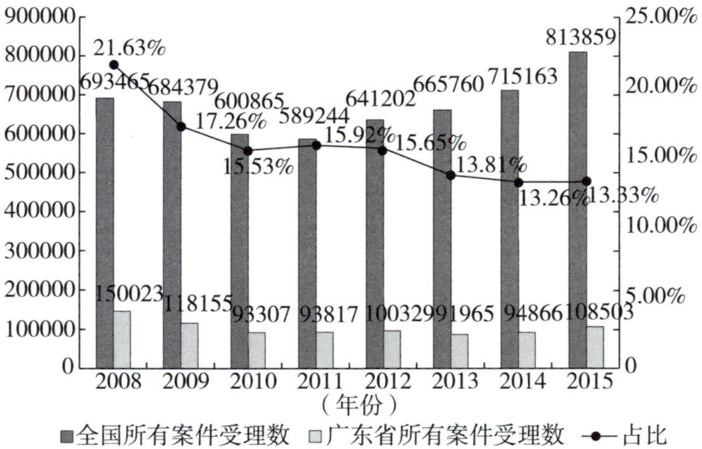

图2.1　广东省劳动争议案件情况

数据来源：中国劳动统计年鉴（历年）

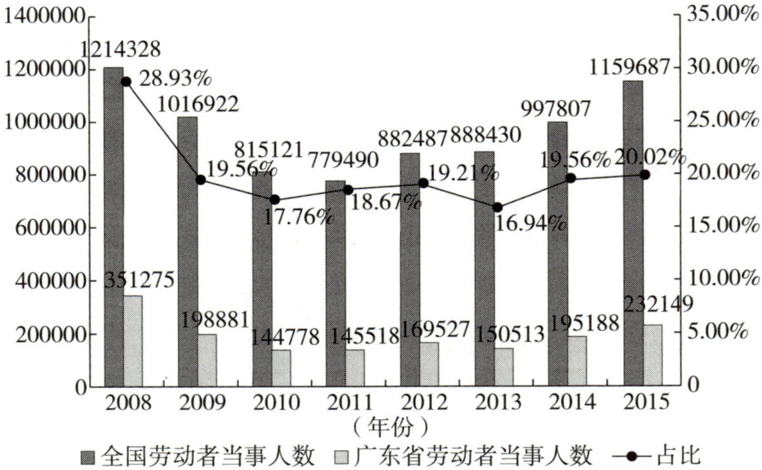

图 2.2　广东省劳动争议当事人情况

数据来源：中国劳动统计年鉴（历年）

分析劳动争议案件激增的原因，发现有社会经济和制度原因。首先，是经济发展进入了生产要素成本周期性上升的阶段，成本推动的压力加大，经济增速放缓，而且国际金融危机的负面影响扩散，广东的对外贸易受到严重冲击，广东的许多行业和企业经营困难，为了求生存，压缩劳动者的薪酬福利等，导致劳动关系矛盾频发。其次，当时企业的用人制度比较粗放，《劳动合同法》实施后，企业制度与法律之间的差距比较大，各种劳动争议因而凸显了。

在改革开放之初，广东是一个农业大省，“1978 年农村人均收入仅为 193 美元，稍高于 100 美元。城市居民人均收入也只有 402 美元，1980 年全省农业人口仍然占 80%”（傅高义，1991），这是珠江三角洲进行第一次产业转型即由农业向工业化转型的背景。当时，广东要发展工业化，在资金、技术、市场、人才等各个方面都是空白，基于迫切想改变落后经济社会面貌的心情，在发展中采取了不惜代价、加快赶超、忽视劳工权益的传统发展模式。由于在第一次转型过程中，起点是中国香港地区传统制造业大量向珠江三角洲转移，如服装、纺织、塑料制品、电子元件、金属和非金属制品等。这些产业大多属于劳动密集型产业，处于较低产业水平，与当时国内拥有大量剩余劳动力的强烈就业需求相吻合，形成日后被诟病的“血汗工厂”。这种产业转移是由当时珠江三角洲经济低水平发展状况决定的，也是中国利用廉价劳动力参与国际分工的必然结果。第一次产业转型，一方面的确发展了当地经济，解决了大量的外来工就业需求，使得广东成为全国制造大省；但另一方面也使珠江三角洲的环境污染加重，劳资关系恶化。在第一阶段的产业转型过程中，劳资冲突的焦点集中于劳动合同的签订、薪酬福利、工伤补偿、社会保险等劳动者权利方面。

在2011年政府明确要实施产业转型升级战略目标之后，坚持产业的高起点和高集聚度、增强发展的可持续性成为主题，企业的转型升级也与之同步。但广东实施第二次产业转型与第一次有区别，即增加了一个新的目标——产业升级，与之对应的劳动关系冲突也随之改变：企业的技术等级、自动化水平不断提高，越来越多的就业岗位将由机器人替代，导致低技能劳动力的就业困难；关闭工厂、转移工厂带来辞退劳动者的劳动补偿争议；重新就业的人口将转移到服务业，随着网络技术的应用，新的就业形式如“自由职业者”出现，引发了新的劳动关系冲突。

在工作现场，具体的表现形式则是劳资纠纷大幅增加。根据新华网报道，自从2011年以来，深圳、东莞等珠三角城市部分劳动密集型企业在搬迁、转型、股权变更过程中，因新旧企业变更、企业性质变化、经营生产变动触发员工集体要求经济补偿金、买断工龄、提高工资福利待遇等诉求，由此引发的集体怠工事件频繁发生。例如，广东联盛模具有限公司为港资企业，公司生产各种模具及模具配件，雇佣工人数量曾达到2500人，公司过去工资高、福利待遇好，但2008年金融危机之后，由于订单减少、利润下降，资方采取了修改工资制度、在提高工资的同时降低津贴标准等方法降低人力成本，导致工人不满。

上述的劳资冲突，与改革开放之后第一次产业转型的劳动冲突相比较，第二次产业转型中的工作现场劳动关系冲突显示出新的变化，其特征归纳为以下几点：

第一，冲突的焦点发生了变化，即老一代工人求生存，而新一代工人求权利保障和利益分享。在20世纪80年代，广东招商引资的成效突出表现在“三来一补”加工贸易的迅速发展，由此吸引了成千上万的农民工从内地南下，发展成为“世界工厂”。第一代农民工的劳动目标在于解决温饱问题，可以忍受和适应恶劣的劳动环境、低廉的工资和严格的生产管理制度，即使自身的权利被侵犯，也是采用以脚投票的方式离开而已。但是，新生代产业工人的维权意识和维权能力更强，不愿意忍受父辈的劳动环境，在维权的目标和策略上更具有针对性和技术性，这一变化突出表现在2010年发生在南海本田的停工事件以及由此引发的一系列停工事件的诉求之中。

第二，冲突的解决形式发生了变化，即法制化和多方参与。在第一次产业转型过程中，员工有劳动争议的诉求，一般有两个选择：一是“用脚投票”，离开企业；二是通过政府人社部门的行政手段给企业压力，获得法定的权利保障。但是在第二次产业转型过程中，新的劳动争议冲突处理形式成为员工的一个选择，即通过集体协商的方式保障员工的权益。实际上，自2008年《劳动合同法》实施以来，工人们的维权意识越来越强，劳资双方都趋于理性，竭尽所能在法律框架内解决争议。此外，对于某些集体劳动关系冲突事件，劳资政三方会一起进行协调。例如，对于拖欠工资的情况，工人会较多地采用聚众声讨等方式以引起社会关注。同时，作为第三方当地劳动监察部门会迅速介入调解，也希望通过政策和规章制度合理规制集体劳动关系冲突行动。

第三，用工缺口加大、工人加薪期望增强，企业的应对措施则是“机器换人”，减少外来民工的雇佣数量。

自2010年南海本田事件引发的集体劳动关系冲突之后，工人对加薪的期望不断增强。与此同时，国家加大西部和中部开发力度，越来越多的外来民工在家乡当地就业可以得到近似广东就业的薪酬，导致广东的用工缺口一直居高不下。因此，当工人期望的工资涨幅接近10%而企业用工缺口较大的时候，企业的对策则是提升自动化水平以降低人工成本，“机器换人”成为企业应对人工成本上升和工人短缺的压力的新选择。

随着制造业升级换代，产品的复杂程度逐渐提高，企业通过增加自动化投入、优化生产流程和工艺来应对用工短缺和工资上涨，这是珠江三角洲企业的普遍做法。本研究课题组在东莞调研时发现，传统制造企业在采用自动化工业机器人之后，所需员工数减少10%至90%，而生产效率则提高了1至3倍。被替换的工作岗位为两种类型：过去外来务工人员较多的岗位；工作单调、工作环境较差的工作岗位。“机器换人”得到了政府的支持，例如，2015 年 3 月底广东省人民政府印发《广东省工业转型升级攻坚战三年行动计划（2015—2017 年）》，提出广东全省未来 3 年将投入资金引导工业企业完成新一轮技术改造。2014 年起，东莞市政府连续 3 年每年安排财政资金 2 亿元，用于鼓励企业“机器换人”，满足属于重点示范推广项目、使用东莞自产设备等条件后，单个项目最高资助金额可达 500 万元。

鉴于以上变化特征，可以看出广东在转型过程中冲突管理的思路既有宏观的措施，例如广东提出了在转型升级中要让群众共享改革发展成果，增强百姓的幸福感，鼓励“机器换人”，以替换工作环境脏、工作负荷重、工作单调的岗位；也有从微观的角度、劳动过程的冲突管理策略，例如企业对“机器换人”过程等创新管理措施，甚至外迁工厂到内地和东盟国家，实现梯度转移。

二、广东集体劳动关系争议案件的影响

资方和劳方之间既有共同的利益，也存在根本的利益冲突，由此引发了双方的劳动争议。在 1993 年颁布的《中华人民共和国企业劳动争议处理条例》（该行政法规已被 2011 年 1 月 8 日公布且于同日实施的第 588 号国务院令废止）第一、第二条中，劳动争议被认为是劳动者个体和企业之间发生的关于是否履行法律所规定的权利之争，如果有 3 人以上的争议，则视为集体劳动争议。之后 2007 年 12 月 29 日通过的《调解仲裁法》第七条，则把具有 10 人以上且有共同请求的劳动关系权利争议看成是集体劳动争议。由此发现，集体劳动争议是以权利争议中员工参与争议的人数来划分的，中国的统

计年鉴也是按照这个标准进行集体劳动争议发生宗数的统计。

在集体劳动争议中，其引发的原因主要在于历史欠账和社会保障政策落实不严格，老一代产业工人加入到集体劳动关系冲突中。从1978年改革开放以来，广东省政府把经济发展目标放在第一位，员工的劳动权益保障可以让位于经济发展目标，导致当地政府在招商引资过程中，为了短期利益，对投资商承诺过多，甚至牺牲了员工的部分权益，导致工人的社会保险被严重弱化。随着经济的发展、社会政策的挑战，《社会保险法》的出台为工人的社会保障权利提供了法律依据和标准，在产业转型升级过程中社会保障被弱化的矛盾暴露出来了，2014年发生在东莞裕元的集体劳动关系冲突就是一个典型。归纳公开发布的媒体信息发现，在广东2015年上半年的集体劳动争议中，数量最多的是涉及社保和公积金补缴的事件，其次是涉及搬厂、倒闭及合同变更导致工龄赔偿的事件，最后是仅涉及欠薪和降薪的劳动争议事件。

在集体劳动争议中，利益诉求依然是争议焦点。截至2013年，广东各地共爆发300余起劳资群体性事件，在这些群体性事件中，工人诉求呈现多元化和复合性特点，除增长工资的诉求外，还有搬迁补偿、改善生活条件、社会保险及支付拖欠的工资等多方面诉求，其中，提高工资待遇的诉求仍是主要诉求，占到了45%。通过对《羊城晚报》《广州日报》、腾讯网、新浪网以及搜狐网等五家主流媒体的新闻报道进行分析发现：在广东省范围内，2008至2014年间，媒体公开报道的具有一定影响力的企业集体劳动关系冲突共计102件，这些集体劳动关系冲突基本上发生在传统行业中，发生在新兴产业中的企业劳动关系冲突很少。其中，民营企业的劳资冲突占比超过 50%，外资企业的劳资冲突占比较少。从所有制分类的视角来看，广东省国有企业的劳资关系相对比较和谐，而外资企业和民营企业的劳资关系面临更多的劳资冲突事件，详见图 2.3。

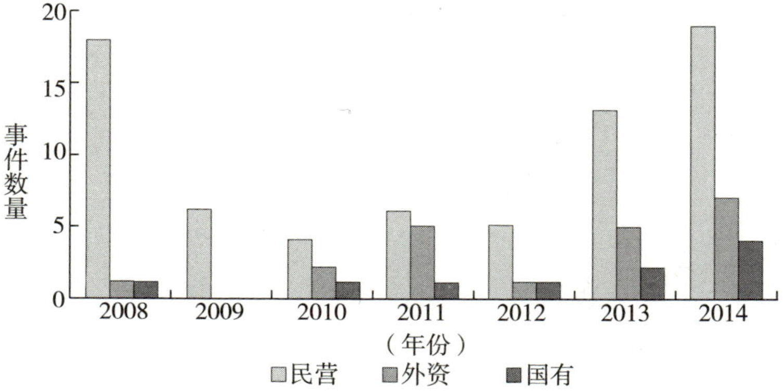

图 2.3　2008 至 2014 年不同所有制企业发生劳资冲突事件的数量

102 起集体劳动关系冲突中，制造业中的劳资冲突和非制造业中的劳资冲突的总数量相当，说明二者在调研年份内的总体情况相差不大。如果从时间序列的角度进一步分析，发现制造业和非制造业的劳资冲突发展趋势有所不同，详见图 2.4。具体来说，2008 至 2009 年，非制造业的集体劳资冲突数量多于制造业的劳资冲突数量；2010 至 2012 年，以南海本田为首的一批制造业企业工人开始维权，使得制造业企业的劳资冲突数量多于非制造业企业的劳资冲突数量；而从 2013 年开始，发生在非制造业领域的劳资冲突的数量再次超过了制造业企业，可见非制造业领域的劳动关系应是近年来的关注重点。

综合所有制分析与行业分析，在转型升级过程中，广东省的集体劳动关系冲突在制造业和非制造业中均有发生，并且分

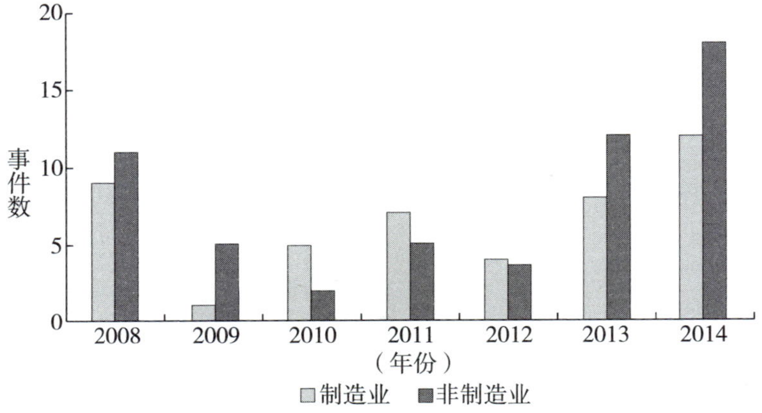

图 2.4　2008 至 2014 年不同行业类型企业发生劳资冲突事件的数量

布相对平均，尽管 2010 年前后制造业的劳动关系冲突较为明显，但近两年非制造业的问题逐渐凸显，并且以外资企业和民营企业为甚。经过 2010 年的南海本田停工事件，工人的集体行动在珠江三角洲地区已成为劳工维权的一种常态手段，在诉求、规模、行动方式、演变过程和结果上都表现出复杂化的状况。

三、集体劳动争议的焦点兼具权利之争和利益之争

资方和劳方之间既有共同的利益，也存在根本的利益冲突，由此引发了双方不断的劳动争议。在经济社会转型的过程中，出现了以利益之争为核心的群体劳动争议。例如，从 2010 年南海本田事件发生以来，广东各地爆发多起劳资群体性事件。

对劳动争议由权利转向利益、个别转向集体，学术界和媒体出现了多个与法律规制不同的表述：劳资群体事件、集体利益争议、集体权利争议、集合性个体争议等。从政府来看，无

论是南海本田事件、广州南沙电装工人事件以及深圳市沙井冠星精密表链厂工人事件这些因利益之争的事件，还是东莞裕元鞋厂工人停工这种权利之争的事件，这些都被看成是劳资群体事件，而媒体则会用工人维权事件及劳资群体事件等多种概念来表述。学界则认为，有必要对这些概念进行区分。如欧阳琼（2004）认为，集体劳动争议应分为集体利益争议和集体权利争议，前者指的是涉及一部分职工群体且因法律适用等法定权利而发生的争议；后者指涉及职工群体且因集体谈判、签订集体合同中提出法定权利之外的新的权利要求而发生的争议。

由此可见，在实践和学术研究之中，有关集体劳动争议的内涵和外延还存在一些争议和不清晰之处，导致政府所颁布的法规与学者所理解的集体劳动争议不是同一个概念，也使得国际交流出现了障碍。鉴于中国正处于经济社会转型期，劳资矛盾逐步凸显，集体劳动争议事件频发，并呈现出形式复杂化、尖锐化的趋势，为了未来能有效规制和化解争议，有必要研究以停工、联合抵制等为表现形式的集体劳动争议的本质，即到底是权利之争还是利益之争，抑或是两者兼而有之。

（一）内地学者对集体劳动争议的不同理解

有关集体劳动争议的界定，学术界对其内涵和外延的认知有一个发展过程。内地学者最早把集体劳动争议界定为群体之争，例如常凯（2005）指出："集体劳动争议是指多个劳动者因共同的理由与用人单位发生的争议。"王全兴（2004）也认为集体劳动争议"是多人争议，职工当事人基于共同理由与用人单位发生的劳动争议"。之后，集体劳动争议从内容上被具体界定为权利之争，例如乔健（2009）所界定的"集体劳动争议指的是劳动关系中的劳动者集体或者劳动者团体，因劳动权利义务问题且其权利义务通常存在共同性或关联性，与资方或资方团体发生的纠纷，它是与个体性劳动争议相对应的争议形式”。与之相类似，陈步雷（2009）也认为集体劳动争议是一个法律纠纷，即“集体劳动争议是在规范的市场经济条件下，劳动关系中的劳动者或者劳动者集体，因劳动条件、社会保障等方面的权利义务问题，且其权利义务通常存在共同性或关联性，与雇主发生的法律纠纷”。

随着群体劳动争议的个案呈现多样化的形式以及集体合同覆盖面的扩大，学者们注意到不仅有权利争议，还有利益争议，因为在集体合同的签订过程中劳资双方可能会因工资增长产生异议，而在集体合同的履行过程中也有可能发生争议。虽然在中国，工会没有被明确为集体劳动争议解决的行为体，但沈琴琴和潘泰萍（2010）特别强调了在集体劳动争议中工会的参与，他们指出：“集体劳动争议的内容涉及多个劳动者或工会。”因签订或因履行集体合同发生的争议，如企业工会要求与企业签订集体合同而企业拒绝，或在签订时协商不成，或企业拒绝履行集体合同。由此，沈建峰（2013）从争议的分类出发，界定集体劳动争议分为三种：一是劳动者拥有公共申诉的争议，二是关于团结权的争议，三是由于签订集体协议所发生的争议。沈建峰界定的第一种类型与乔健（2009）和陈步雷（2009）的界定一致，后两种则涉及利益之争，与沈琴琴和潘泰萍（2010）的界定一致，即不全是法律纠纷了。

随着实践的发展，常凯（2013）明确提出：“从权利争议到利益争议，是劳动关系集体化转型的重要特点。”为此，常凯（2014）将中国目前的集体劳动争议分为了三种：一是集体劳动争议，即政府劳动统计年鉴所统计的集体劳动争议，也是法律层面上的集体劳动争议，特指十人以上的集合性个体争议；二是集体合同争议；三是集体行动争议，以工人停工、雇主闭厂为主要形式的劳资争议。

（二）中国台湾地区对集体劳动争议的界定

中国台湾地区对劳资争议的研究比较早，对劳资争议本质的理解是依据《宪法》生存权之理念，劳工行使团结权，进行团体交涉，进而行使争议权，以达到其改善劳动条件之目的（黄越钦，2003）。中国台湾地区现行的《劳资争议处理法》按性质将劳动争议划分为权利事项争议（即维护既定权利争议）和调整事项争议（即争取待定利益争议）两大类，权利事项争议是指劳资双方当事人基于法令、团体协约、劳动契约规定所做的权利义务争议。其中团体协约即是集体劳动争议，是一种法律上的纠纷或权利争议，是关于法令或契约遵守与否的争执，这和通常提到的权利之争是一个意思。而调整事项争议则是指劳资双方对劳动条件主张继续维持或变更的争议，关键点在于劳动条件，例如工资、奖金、津贴的增加以及工时的减少等调整性争议（彭莉，1996）。这是一种利益争议，是劳资双方利益未来应如何分摊的争执。

在权利性质的集体劳动争议主体界定中，中国台湾地区的《劳资争议处理法》第二条规定为“雇主团体与劳工团体”（黄越钦，2003），但针对调整事项的处理时，《劳资争议处理法》第六条规定“劳方当事人应为劳工团体或劳工十人以上”。由此可见，利益之争的集体劳动争议也有人数的规定，并且明确是团体力量行使集体交涉的集体争议（黄越钦，2003）。

（三）欧洲和美国等工业化国家的集体争议界定

在西方发达工业国家，集体劳动关系的标志是工会参与或者职工代表委员会等工业民主制度，并且欧洲模式与美国模式是两种处理集体劳动争议的典型模式（Edwards，2003）。欧洲模式意味着以工会为劳方代表的集体谈判，构建雇主与工人的社会伙伴关系（其中以英国和德国为代表）。而在美国，随着工会会员人数的下降，虽然还有集体谈判，但以市场驱动为主要原则以解决劳资之间的利益冲突，用法律手段保障劳动者的基本权利。尽管如此，美国还是有集体劳动争议，体现在集体谈判上，谈判聚焦在利益冲突。即使不到五分之一的员工参加工会并受惠于集体谈判，其《国家劳工关系法案》还是做出了详细的规制，规定在谈判期间可以修改谈判合同，可以停工，但停工需要提前 30 天通知联邦仲裁与调解局（黄越钦，2003）。并且一旦集体谈判协议签订，本着契约精神，劳资双方必须履行，如果有争议，则进入法律诉讼（卡茨等，2010）。但事实上，还极少见到美国集体谈判协议履行中的争议案例。

英国的集体谈判采取自愿原则，其集体劳动争议的内容围绕法律没有规制的、与员工密切相关的工资和劳动条件等利益。与美国一样，谈判期间的争议是利益争议，但谈判协议的履行则需要遵循契约精神，一方违约，另一方可以寻找法律的途径解决。但英国自 20 世纪 80 年代保守党执政后，对工会和集体谈判给予了诸多法律规制，尽量淡化“自愿”的原则。之后工党执政，法律规制的程度进一步加强，设立了最基本的工资支付制度和劳动权利保障制度，例如最低工资制度，并建立了较完善的劳动关系调整机构。由此，集体谈判逐渐减少，到 1998 年，仅仅有 40% 的工资争议通过集体谈判解决，其余 60% 的工资争议不通过集体谈判处理，由劳动者个体通过与雇主谈判以及法律规制的手段解决，其中法律手段可以理解为权利争议和部分利益争议的主要解决途径。但无论如何，英国的集体谈判仍然以工资和工作条件为主，利益之争是主要的谈判内容。

在德国，“将劳资争议明确区分为利益争议和权利争议。后者以劳工法院处理，而前者属集体争议范围，以调解和争议行为解决”（黄越钦，2003）。德国的劳动法规将个别争议与集体争议加以区分，但与利益争议和权利争议的区分不同，对劳工法院的权利争议解决比较不重要。而劳动者与资方集体争议中的利益部分，则由“双轨制”来解决，一部分是由企业职工委员会体现的企业层面的利益代表，另一部分是通过工会实现的行业层面的利益代表，与英国相似，劳资之间鼓励构建社会伙伴关系。

事实上，集体谈判这一概念由英国学者韦伯在 19 世纪末首次提出，它包括一个有关工资和工作条件的集体磋商过程，代表了一种既替代雇主和单个工人之间的个体谈判也替代由雇主方单边做出决策的可能性。无论是美国还是欧洲各国，工会都被认为是合法的劳方代表。虽然目前欧洲各国的集体谈判模式有五种，但它们有着共同的特点：聚焦在公正的工资和劳动条件方面。由于与其他人相比，雇主与雇员更能理解自身需要和问题所在。这意味着，最有效的解决问题的方法，对双方更可行、更易接受的妥协，都只能在集体谈判中找到，也意味着利益之争很难通过法律规制。总结美国和欧洲各国的集体劳动争议内容和规制历史，法律没有规制的与工资和劳动条件有关的议题都是争议和谈判的内容，但法律尽量地、逐步地规制那些可以规制的劳动争议内容。而集体协议一旦签订，劳资双方就要执行，有不同的意见也要等待下一次谈判。如果一旦发生履行协议的争议，则进入规制程序。

（四）邻国日本与韩国的集体劳动争议界定与规制

日本的集体劳动争议的判断标准与欧洲类似，即是否有工会参与，而不以人数为衡量标准。其集体劳动关系处理机制主要包括集体谈判、“春斗”和劳资协商会议。日本的集体谈判主要是在企业一级进行，而最为引人注目的每年进行的全国性“春斗”运动一般发生在春季，目的是提高新年度（每年 4 月至次年 3 月为企业年度）的工资增长水平以及减少劳动时间等以改善劳动者劳动条件。由此可以看出，争议的内容与西方发达国家一致，即利益之争，而集体谈判协议履行中的争议虽然界定为权利争议，但较少出现。

在韩国，据尹英模（2010）介绍，劳动争议与德国一致，明确区分个体争议与集体争议，取决于牵涉方是工会还是雇员个体。如果是工会牵涉，就是集体争议。其中个体争议被清晰地界定为权利争议，不含利益争议，而集体争议则既有权利争议也有利益争议。工会与雇主签订集体协议的过程属于利益之争，因集体协议的内容聚焦员工的工资和工作条件等议题，一旦协议签订，必须履行，如果不履行，就不是一个利益之争，而是一个权利之争。

（五）中国集体劳动争议的界定和规制

中国台湾地区与大陆有相似之处，集体劳动争议也有以劳动者人数为界定标准，“团体”在实践中是工会组织；而在欧洲、美国以及邻国的日本和韩国，判断集体劳动争议的标志为工会是否参与。但无论是西方国家或是日本和韩国，集体劳动争议的焦点内容都在于公正的工资和工作条件。

目前，中国统计年鉴和法律规制中所提到的集体劳动争议仅仅以人数为判定标准，并且有限制条件，即争议的内容仅限于法律规定的权利，不包含法律之外的利益。然而，现实中发生的劳资群体事件，没有纳入统计年鉴和法律规制中所涉及的集体劳动争议，像停工等群体事件，没有如西方国家认可的合法工会带领进行抗争，极其可能被界定为非法。一方面是现实存在，另一方面是法律界定的局限性。在目前转型过程中，可以考虑借鉴西方发达国家和邻国的经验，在集体劳动争议的概念界定中，明确其具体的内涵和外延，待转型完成之后再进一步清晰界定。

因此，提出以下界定思路：把劳动争议划分为个体争议与集体争议。其中：个体争议不存在利益之争，劳动者个体与雇主的争议聚焦在《劳动法》规制下劳动合同所约定的各种权利。集体争议区分“转型期”和“转型后”，鉴于目前私营企业没有百分之百成立工会，即使有工会的企业，工会也不一定被员工认同，可以视为“转型期”的现实情境因素，因此，转型期集体劳动争议可被界定为10人以上或者工会参与的利益之争，这样可以避免“群体事件”的称呼。利益之争可以通过集体协商处理，在协商中给予劳方团体或者工会采取集体行动的权利，但这种权利需要规制。而一旦签订了集体合同，劳资双方均要遵守协议，即使有争议，也应该寻找仲裁或诉讼等路径处理，不能随意撕毁协议或者采取集体行动。至于权利争议，由于有历史遗留问题或者雇主的社会责任履行不到位，劳方团体或者工会的抗争应被视为集体劳动争议，循着现有的规制途径解决。

转型后的集体劳动争议，可以借鉴西方国家和日本以及韩国的经验，以工会参与为集体劳动争议的标志，同样区分利益争议和权利争议，但与转型期集体劳动争议区别在于，仅仅是集体合同履约中的争议才被界定为权利争议。至于劳动法规已经明确界定的各种劳动者权利争议，则划归为个体争议。无论哪种集体劳动争议，在集体协商过程中，都应该给予劳方规制的集体行动选择权，详见表2.2。

表2.2　争议的种类和规制建议

	利益争议	权利争议
个体争议	无	劳动规制所给予的各种权利 通过协商、调解、仲裁和诉讼处理
转型期集体劳动争议	以人数10人以上或者工会参与集体合同协商中的争议为判定标准 争议焦点为公正的工资和劳动条件 通过集体协商处理 协商期间，允许集体行动的发生	劳动规制所给予劳动者个体的各种权利 通过协商、调解、仲裁和诉讼处理

续表

	利益争议	权利争议
转型后集体劳动争议	以工会参与集体合同协商中的争议为判定标准 争议焦点为公正的工资和劳动条件 通过集体协商处理 协商期间，允许集体行动的发生	集体协议履行中的争议 工会代表劳方，通过协商、调解、仲裁和诉讼处理

从以上分析可以看出，中国目前正处于产业转型升级阶段，工人因工资增长诉求而发生的停工事件日益增多，海外大多将其称为集体劳动争议。现实真正发生的集体劳动争议却被界定为劳资群体事件，没有纳入集体劳动争议之中。对比海内外各个地区和国家集体劳动争议的内容和规制，可以得出以下几个结论：

第一，由于欧洲各国、美国以及邻国日本和韩国工业化进程时间较长，社会机制发展较为完善，相关劳动法律相对健全，集体劳动争议已经历了个体集合性权利争议的阶段，步入工会代表的集体利益争议阶段。无论是“春斗”还是其他工人集体行动，其目的都是争取法定权利之外的待定利益。同时，海外对于处理集体劳动争议已经从司法、行政以及企业管理层面形成了一套完整的解决方案，在劳动争议发生前、发生时以及发生后都有相应的处理方法和规制。通过调解、仲裁、集体谈判、工作现场管理等各种方式和手段解决劳动争议，使劳资矛盾得到一定的缓和，为和谐处理劳动争议创造了条件。

第二，处于产业转型升级期的中国集体劳动争议是权利与利益的混合体，既包括了法律所规定的集体权利争议，也包括了利益之争，且更多指向利益之争。正如吕秋菊（2011）在谈到工资集体协商制度时提到的，现阶段职工最重要的诉求是经济权益和收入分配问题。当前中国对所谓劳资群体事件的集体劳动争议是缺少法律规制的，争议事件大多是在维稳框架下化解的。对这些集体劳动争议，我们需要区分清楚是权利争议还是利益争议。对于涉及工人参与企业盈余分摊的利益之争，集体协商（谈判）制度将是一个最满意的可选方案，因为集体协商（谈判）就是通过理性沟通、求同存异，将合作最大化、分歧最小化，把激烈的对抗转为理性的合作，这样既能满足劳动者对于利益的渴求，又能兼顾资方的权益，在两者之间寻求一个平衡点，以期有效解决劳动争议并能达到减少争议的效果。

第三节　新兴产业的劳动关系

一、分享经济与劳动关系多元化

现代分享的理论概念最早可追溯至德国古典农业区位论创始人屠能的代表作《孤立国》（代明等，2014），他认为解决资本主义劳资矛盾的方法不是废除私有制，而是通过分享制使每个人都成为资本的所有者。后来，在1889年巴黎举行的一次关于利润分享经济的国际会议上，分享经济被定义为“一种可以自由签订的协议，在这个协议下，员工按预先确定的固定比例接受利润中的份额”（张卓元等，1998）。2016年，“分享经济”在我国两会期间首次写入政府工作报告，经初步估算，分享经济将占国内第三产业增加值的 3.15% 左右。而 2015 年中国分享经济市场规模约为 1.956 万亿元，占 GDP 约 2.8%。预计未来 5 年分享经济年均增长速度在 40% 左右，市场规模占 GDP 比重将达到 10% 以上。

在分享经济潮流的推动下，我国通过供给侧改革加大刺激国内市场需求，同时，也引发了劳动力市场劳资关系的变化，逐渐改变了传统的雇佣格局。分享经济也被称为“零工经济”，临时的工作身份开始增多，闲置资源的分享，对传统的就业模式产生了重大的冲击。劳务派遣、分工协作、项目制、兼职等多种劳动形式开始陆续出现，例如华为的劳务派遣机制，派遣机构和要派单位共同承担了雇主义务；海尔的内部创业激励机制，员工与企业共同承担内部创业项目，并与企业分享成果的模式；优步的兼职司机机制，个人通过平台进行兼职，短暂的劳务关系成为就业市场中的主流，同时，这些新模式也对雇主与员工间的关系提出了新的要求。

在目前所有分享经济的商业模式下，分享的背后都存在着资本的力量。既然是一种商业模式，那毫无疑问资本就是要盈利的。分享经济背后的资本希望把我们生活当中所有的行为、关系甚至是生活中的各种细节都商品化，从而变成一种商品。

在分享经济模式下，互联网平台实质上是一个利益关系汇聚的中介，它可以使企业内部的员工与外部的需求方形成多重的供需利益关系，进而形成一个宽泛的利益关系网络。借助于这样一个利益关系网络，员工能够跨越企业的边界去实现自身价值。这种多重供需利益关系网络的出现，打破了传统的“单一企业对应单一员工”的劳动关系模式（陈微波，2016），员工的利益获取渠道趋于多元化，这会在一定程度上提升员工的地位，降低传统劳动关系模式中员工对原雇主的从属依赖关系，使两者的关系趋于平等。然而，分享经济的弊端也是我们不可忽视的。以优步为例，劳动者的收入需要依赖这个平台，所有的订单都来自这样一个平台供给，换句话说它控制了需求方和供给方。吴清军（2018）认为当企业把产品市场和劳动力市场都垄断了，劳动者就失去了与企业进行谈判或协商的能力。

因此，在分享经济背景下，劳动关系模式多重化、弹性化特征虽然有利于员工价值实现，但是也可能会衍生出下列问题：其一，劳动关系模式的多重化与规范化、有序化之间存在矛盾，可能会与涉及兼职问题的法律制度相冲突。许多国家包括我国在内，为了使劳动关系规范化、有序化，一般会通过立法来限制双重、多重劳动关系的出现。如我国《劳动合同法》第三十九条规定：劳动者同时与其他用人单位建立劳动关系，对完成本单位的工作任务造成严重影响的，或者经用人单位提出，拒不改正的，用人单位可以解除劳动合同。其二，劳动关系模式弹性化不利于对员工利益的保护。员工所具有的价值不会永远保持很高的市场效用，一旦员工价值下降，如何保护员工合法权益是我们必须加以面对的问题。

可以尝试用博弈论的视角去看待这个问题。在劳动力市场中，当雇主和雇员力图摆脱生活中的“囚徒困境”和“斗鸡博弈”的僵局时，更是需要双方从换位思考的角度寻找破解僵局的智慧，从而让劳动力市场达到一种“纳什均衡”的状态。按照传统经济学的观点通过集体优化，即每个人都从利己的目的出发，从而达到全社会优化的结果，但前提是不刻意追求，否则，相互争夺将导致陷入“囚徒困境”，这显然与新型的劳动关系不匹配。然而，当个人理性与集体理性相冲突时，各自追求完全利己行为而导致的最终结局是一个“纳什均衡”，也是对所有人都不利的结局。雇员与雇主就如同“囚徒困境”的囚徒A和囚徒B，雇主想以最低的成本雇佣雇员，而雇员想以最低的努力换来最大的工作偏好，在两者以理性人的做法各自追求本身利益最大化时，一方难免处于弱势，此时最理想的做法便是各自在有限理性思想的行动下达到合作共赢的局面，此时的劳动力供给量和需求量相等，产出恰能满足整个市场环境的需求，又不至于浪费，这是一种均衡的局面，也是博弈结果中对双方最有利的结果。同时，对劳动力供给市场和劳动力需求市场也会有溢出的正效应，而这种正效应需要制度的安排来保障。类似地，劳动力市场在分享经济驱动下，派遣机构和受派方存在着“谁是真正雇主”的问题，即存在“斗鸡博弈”的问题。“斗鸡博弈”是一种僵局，打破僵局的做法是给予一方补偿，让另一方退让，此时可以达到“纳什均衡”或者混合策略均衡的局面（孙雪娇，2016）。因此，雇员与雇主在追求各自利益最大化目标时，即雇员追求高工作回报、雇主追求高人力资本投资回报时，双方应具有集体优化或者相关均衡的决策思想，两者应明确合作关系，通过制度建立规范、新型的劳动关系。

因此，应当以维护劳动者权利为己任，从制度的角度赋予劳动者维护合法权益和争取正当利益的机制。首先，结合当下的分享经济热潮产生的劳动争议，重新定位劳动关系理念，消除政府规制的滞后性。分享经济带来了多重的就业形式，若在新形式中发生劳动争议，就要求规制要与时俱进、及时有效。其次，赋予工人有条件的行动权利更有利于协商解决问题。目前我国劳资关系远未达到和谐，不能忽视员工集体行动的权利和潜在风险。因此，应当赋予劳方协商主体在某些特定的情况下发起集体行动的权利。最后，增强在体制内的社会化力量。市场经济条件下，任何由市场自发形成的合理因素都值得政府去深思和规范。政府存在的目的之一本来就是要维护劳动者的权益。在劳资尚不成熟的状况下，社会力量应当被重新重视起来，介入并改善集体劳动关系冲突的协调机制。

二、新兴产业的发展与劳动关系争议

广东新兴产业的发展实际上是伴随着产业转型升级的过程而发展的，数字化新技术、人工智能、互联网技术的发展带来了创业和创新的机会，由此带来两种主要的劳动关系争议：一是互联网、人工智能的发展导致传统工作岗位的减少，失业者不仅仅包括工作现场最基层的普通劳动者，还包括一些白领阶层；二是新兴产业发展中，大量的劳动者是年轻人，他们更看重公平、舒适的工作环境，更强调职业发展机会以及工作与休闲的平衡等，行为表现的特点在于更换工作更频繁，这使得雇主留住员工的难度增加了，频繁跳槽导致各种显性和隐性的劳动关系冲突。新兴产业发展中的劳动关系冲突特征表现在以下方面。

第一，伴随着互联网和人工智能的发展，白领失业数量在不断增加。

2008 年之后，人工智能等新技术发展所带来的变革是快速的、令人应接不暇的，人工智能、机器人、3D 打印等新技术的发展，对现有的工作岗位带来了巨大的挑战。根据 2016 年世界经济论坛发布的报告，他们在全球选择了 15 个经济体，包括美国、英国、欧盟等，并做了一个大数据的调查，调查发现：未来5年期间，在15个经济体当中，可能会因为技术的革新损失710万个工作岗位。这份报告仅得到了少数人的关注，但在2016年3月第一次围棋的人机大战——阿法狗最终4∶1战胜了李世石之后，人工智能将给人类带来的正面影响和负面影响即刻引发了全社会的讨论。然而，讨论刚刚开始，2017年3月，就业市场的负面影响就发生了。根据彭博新闻社报道，摩根大通开发了一款金融合同解析软件COIN，这款软件上线半年多，经测试，原先律师和贷款人员每年需要大量时间才能完成的工作，COIN只需几秒就能完成，不仅错误率大大降低，它还不用放假。人工智能目前已在华尔街普遍应用，贝莱德——位于纽约的美国全球投资管理公司在2017年3月底宣布：将裁掉40个工作岗位，用人工智能的电脑化股票交易算法，取代部分人力投资组合经理。

与此同时，人工智能和互联网的发展，正在改变传统的商业模式。例如银行，由于网银的发展，客户不再使用这么多现金交易，也减少去网点的次数。根据中国银行业协会提供的数据，2016年中国超过84%的银行转账不是在银行网点进行的，而2013年大约63%的银行转账是在网点进行的，因此，网点不再需要这么多员工。国际咨询公司麦肯锡于2017年发布的研究报告预计，机器将在未来2到3年里取代30%的银行员工，会计师事务所毕马威的结论更是令人惊异——到2030年，传统银行的多数部门或将消失。

因此，许多专家都做出预测，新技术的发展会带来大量的失业，中国人民大学劳动人事学院的吴清军博士在中国人力资源开发研究会主办的“2016中国人力资源创新发展西部论坛”

上曾经做出预测："中国在制造业的岗位损失可能就要超过几百万……损失的大多数岗位不是传统的制造业岗位，也不是传统的低端服务行业岗位，所损失的岗位可能是大量的白领工作岗位。"许多专家都预测，虽然新技术的发展和应用会创造新的岗位，但丧失岗位的人有可能永远丧失岗位，即丧失岗位的人无法填补新创造的岗位，而这将会带来新的劳动关系冲突。

第二，新兴产业中新就业形式的员工权益缺乏有力的劳动关系规制体系保障。

无论是西方发达国家还是我国的劳动关系规制体系，均是基于工业革命发展进程中的劳资冲突而建立的，针对的是签订劳动合同的劳动者。但伴随转型经济的发展，新的就业形式不断出现，现有的劳动关系规制体系显然不足以应付。例如，传统的劳动关系规制体系针对的是大量雇佣的劳动过程以及有可能组建工会的行业，这些行业往往有可能组织集体劳工运动，政府出台相关政策和条例，通过集体协商来解决劳资之间工资和福利的争议。但现在物流行业和快速消费品销售等行业雇佣了大量的临时雇员、小时工甚至兼职的劳动者，这些劳动者组建工会的可能性十分低，其工资和福利则缺乏法律保障。更重要的是，这些员工很可能没有与资方签订劳动合同，从契约的观点分析，他们是分包商，与资方相比较，基本上没有议价能力。所以，在转型过程中，新的就业形式凸显了法律的空白。

第三，人工智能和互联网的发展与年轻员工的就业期望之间存在矛盾。

人工智能和互联网的发展带来了激烈的市场竞争，这些竞争压力必定产生市场霸权。企业为了赢得竞争，会将市场压力转移到员工身上，而结果则是要求员工加班加点，许多互联网、通讯等高科技公司都曾遇到这些困扰。具体表现在劳动关系方面，则是工作压力加大、业务外包、短期就业、加班加点等低成本竞争带来的员工心怀不满、不敬业、不信任公司等。

尤其是“80后”和“90后”年轻员工，有很大一部分不再信任所效力的公司。FT中文网站于2016年8月30日发布了一个《爱德曼信任度调查报告》：在日本，只有40%的员工信任他们的雇主，法国和英国的这个比例分别为48%和57%。在本课题研究过程中也进行了专题调查，即对互联网行业就业的大学生进行问卷调查，以了解他们的就业期望以及对工作场所的劳动关系氛围进行评价，结果发现与国外年轻人所关注工作现场的要素相似，即年轻人最为关注职业安全健康以及生涯发展，工作卷入的程度取决于其工作价值观，绩效水平则取决于个人岗位匹配感知，创新行为则来自人员与岗位匹配以及心理契约实现，对雇主的信任和忠诚不是主要影响年轻人工作积极性的关键因素。

三、非典型劳动关系与现有劳动关系规制的矛盾

随着服务经济、互联网经济的发展，出现了新的用工形式，例如优步打车、淘宝网的个人网店和居家工作者越来越多，而现有的劳动关系法规没有覆盖新经济体中出现的新型劳动者的权益保护问题。即我国现有劳动立法主要针对的是典型劳动关系，对非典型劳动关系仅仅规定了非全日制就业的形态，忽视了经济发展中正在出现的越来越多的非典型劳动关系。

所谓典型劳动关系，即劳动者完全受雇于雇主，接受雇主

的工作指派，遵守雇主的各项规定，并可能受到雇主的惩戒。典型劳动关系的主要特征是“从属性”，包括经济从属性和人格从属性。中国台湾地区学者刘志鹏认为，人格从属性是指“除法律、团体协约、经营协定、劳动契约另有规定外，在雇主指挥命令下，由雇主单方面决定劳动场所、时间、种类等”。经济从属性的重点在于：受雇人并非为自己的经营劳动，而是为他人之目的劳动。受雇人“既不能用自己的生产工具从事生产劳动，也不能用指挥性、计划性或创作性办法对自己所从事的工作加以影响”①。

在经济高速发展的今天，虽然典型劳动关系的数量依然占主导地位，但它已经不是被关注的主流了，各种非典型劳动关系，如劳务派遣、非全日制用工、自雇就业、非正规部门就业等层出不穷。面对发展如此迅猛的灵活就业状况，年轻的就业者们发现：只为一个雇主长期工作是过去的事情，工作稳定性已一去不复返了。尽管不能把现代的就业岗位界定为“临时工作爆炸”，但临时工作在总就业量中的比例不断增加这个事实，显然说明了典型劳动关系与非典型劳动关系将并存的发展趋势。

非典型劳动关系的就业相对于典型或传统工作形态者，是指一种非全时、非长期受聘于一个雇主或一家企业的工作形态。一般而言，部分时间工作、定期契约工作、派遣工作和自营作业或自雇型工作都是属于“非典型工作形态”的范围。但随着资讯与通讯科技的发展与运用，网络工作和电传工作也逐渐纳入“非典型工作形态”之列。学者张天开的界定相对

---

① 黄越钦．劳动法新论［M］．北京：中国政法大学出版社，2003.

简单，即“非典型就业人员”是指有雇主的“专任薪资就业人员”以外的工作者。

从特质方面，学者郑津津归纳了“典型的雇佣关系”的三个方面。第一，“雇佣关系”是具有指挥监督权的雇主与具有服从义务的受雇人之间的“个人关系”；第二，“雇佣关系”须建立在“全日制”的基础上；第三，只要受雇人被要求继续工作或其愿意继续工作，“雇佣关系”将无期限地继续存在或是继续一段相当长的时期。以此为基础，提出了“非典型雇佣关系”的定义，即不具备“典型工作形态”特质的工作被统称为“不定性工作”、“非典型工作”、“外围工作”或是“不定工作”。

在新兴产业的发展过程中，永远是先出现问题，再进行规制的思考。与非典型劳动关系相关的一个例子是 2017 年 3 月天津市和平区人民法院有关优步司机劳动关系界定的判决案例。案例的焦点是优步司机与优步公司之间的关系是否属于劳动关系。判决的结果是：双方之间的关系不属于劳动关系。理由是：由于优步公司仅为原告郭先生提供乘客乘车信息，并且从乘客支付的乘车费中扣除信息服务费用，且原告可自行掌握工作时间，其劳动报酬亦非从被告优步公司领取。由于法院判决双方之间的关系不存在劳动关系的特征，从而导致“全职”在优步公司做快车司机的郭先生最终没能获得其主张的基本劳动者权益。

非典型劳动关系中的劳动者基本权利应得到保障，这些权利既包括个别劳权也包括集体劳权。需要指出的是，劳权的权源不是劳动关系中劳动者的权利，而是劳动者权利在就业关系中的体系。劳权来自公民权，这是《宪法》赋予公民的权利。《宪法》保障公民的生存权、劳动权、休息权、救济权以及教育权等，因此，劳权包括劳动就业权、劳动报酬权、休息休假权、社会保障权、劳动安全与卫生权、职业培训权、劳动争议提请处理权以及其他劳动权利等。[①] 这些权利对于非典型劳动关系中的从业人员同样享有，而集体劳权也应当被赋予这些劳动者。

当然，由于劳动关系的构成发生了变化，劳动标准的制定应有所不同，典型的如非全日制劳动关系。传统的典型劳动关系建立的是长期、稳定的就业关系，劳动标准可以是按月支付工资、规定每日最长工时、每周休息时间等工资、工时标准。这些劳动标准显然不适用于非全日制就业，但完全可以根据其特点制定，因为劳动关系的基本属性没有改变。

---

① 常凯．劳权论：当代中国劳动关系的法律调整研究［M］．北京：中国劳动社会保障出版社，2004.

第三章

广东产业转型升级中的三方关系与中国特色

劳动关系是社会关系最重要的组成部分之一，其涉及的利益相关者众多，但主要的参与者有三个，因此每个国家在设计劳动关系协调制度时，都基本采用了三方协商机制。然而在中国有其特殊性，在产业转型升级过程中，除了完善 2001 年已经建立的三方协商机制之外，还创新性提出社会治理机制，即从“共建共治共享”的角度去构建一个社会治理的网络结构，把“三方机制”外的其他利益相关者全面纳入一个系统的、有目标导向的“共建共治共享”体系。即使是三方协商机制，三个参与方之间的关系也有中国特色，尤其是广东，在全国首先完成了地方性立法，颁布了《广州市劳动关系三方协商规定》（2011 年）以及《广东省企业集体合同条例》（2014 年）以指导工资集体协商，先行一步探索集体劳动争议的解决方法。

第一节　劳动关系三方协商机制与共建共治共享的社会治理机制

一、劳动关系三方协商机制

1976 年国际劳工组织通过了《三方协商促进国际劳工标准公约》（第 144 号公约），1990 年 11 月 2 日我国正式批准了该公约。“三方机制”是伴随着西方工业化的进程，在隶属于联合国的国际劳工组织（International Labour Organization，简称ILO）倡导之下，逐渐被许多国家和地区接受，用于协调劳资关系、调解和解决劳资冲突的三方原则。ILO本身在组织结构上也实行独特的“三方性”原则，处理有关劳工问题。目前，ILO所确定的三方协商机制已经成为各国协调劳资关系、处理劳资纠纷的共同准则。

所谓三方协商机制，是指由政府、雇主和工人之间，以劳动关系为中心的社会经济政策的制定和实施，所进行的有关交往的组织体制、法律制度以及制度运行的总称（林燕玲，2012）。其中代表政府的往往是劳动部、社会部或就业部，雇主由企业联合会、企业家协会、商会等代表组成，工人的代表通常是工会。在平等对话的机制中，三方的利益各有侧重，相互独立，没有隶属关系。三方协商的关系通常是劳动立法、经济与社会政策的制定、就业与劳动条件、工资水平、劳动标准、职业培训、社会保障、职业安全与卫生、劳动争议处理以及对产业的规范与防范等。

我国作为国际劳工组织的成员国，无疑应当使劳动制度包括劳动争议处理制度尽可能地与国际通行的制度接轨或靠拢。虽然20世纪90年代在部分省市探索建立了区域性劳动关系三方协调机制，但我国正式建立三方协商机制却是在2001年8月3日，这个时间点是我国加入WTO之前。为了应对经济全球化的发展趋势以及劳动关系利益主体之间越来越多的争议，也为了与国际接轨，国家协调劳动关系三方机制在北京正式启动，时任劳动保障部副部长王东进参加三方会议成立大会并当选为会议主席。王东进在会议上指出：“国家协调劳动关系三方会议制度的目标是，促进劳动保障部、中华全国总工会和中国企业联合会之间的相互了解和良好合作，有效协调劳动关系，维护全国劳动关系的和谐稳定，最大限度地调动广大企业职工和经营者的积极性，为改革、发展、稳定大局服务。”

自2001年国家协调劳动关系三方会议成立以来，每年至少召开一次会议，截至2018年4月，18年间一共召开了23次会议。每次会议，都在国家层面分析劳动关系总体形势，对前一阶段的工作进行总结，布置下一阶段的工作要点，交流工作经验。需要说明的是，最初雇主一方的代表是中国企业联合会，它成立于1984年3月，因为它是我国改革开放以来经国务院批准的成立较早、规模较大的全国性经济类型的社会团体，是各种不同类型企业的代表，也是社团法人。[①] 中国企业家协会成立之后，各个省市都成立了企业家协会，由于其绝大多数会员是国有企业领导人，协会领导人有不少是政府官员或非企业界人士，被质疑其代表“雇主”的广泛性。[②] 虽然中华全国工商业联合会不断改革，成立中国民间商会，吸纳私营企业主加入商会，甚至在2017年11月换届改选时选举了小米公司雷军、吉利集团李书福、苏宁集团张近东、TCL集团李东生、三一集团梁稳根等11名非公有制经济代表人士为全国工商联兼职副主席，京东集团刘强东等14名非公有制经济代表人士为中国民间商会副会长，但基于历史原因，中国企业家协会仍是目前代表中国出席国际劳工大会的雇主组织合法代表，而在国家协调劳动关系三方会议的参会方，则是“三方四

---

① 张彦宁. 雇主组织在中国［M］. 北京：企业管理出版社，2002：109.

② 高伟来. 推出雇主组织 建立三方机制［J］. 湖北社会科学，2001（11）：41－42.

家”，第四家是全国工商联。

广东省三方协商机制的建立滞后于全国一段时间，2002年4月，广东省正式确立了省级劳动关系三方协商会议制度，由省劳动和社会保障厅、省总工会及省企业家协会三方各派3人组成的9人机构正式启动，并明确了机构的职能：研究分析经济体制改革政策和经济社会发展计划对劳动关系的影响，提出政策意见和建议；通过交流各自协调劳动关系工作中的情况和问题，研究分析国家和全省劳动关系情况及发展趋势，及时掌握劳资双方动态，协调解决劳动关系的重大问题；宣传劳动法律法规，对劳动法律法规的实施进行监督；等等。广东省三方协商会议发展到今天，与国家层面的劳动关系三方会议步调一致，也是“三方四家”参加，广东省工商联派员参与，作为私营企业雇主的代表。三方协商会议每年至少召开一次，分析广东省的劳动关系总体状况，重点对最低工资水平提出三方意见。这种协商机制，在2007年广东启动产业转型升级后从制度上为和谐劳动关系的构建提供了保障。

对中国三方机制的研究，Shen 和 Benson（2008）阐述了中国现在运行的三方机制与国际劳工组织三方机制的区别，他们认为由于工人代表缺乏独立性，没有足够的法律保证协商结果实施、有限责任等，使得三方协商的中国体制与国际劳工组织制定的标准有一定距离。但乔健（2010）认为，中国特色的三方协调机制表现出迈向三方协商与社会对话的第一步，这是值得肯定的。与中国的国情一致，我国的三方机制凸显了政府的主导性，因此，雇主和工会两方只是提建议，缺乏协商谈判或者是共同决策的机制，即三方主体在独立性和代表性方面的欠缺限制了其权利的行使。在具体争议中，常成（2013）

也认为三方机制处理争议虽然已具备基本的法律要求和制度基础，但这些法律过于原则性，缺乏具体的法律法规。实践中，我国的三方机制过于强调政府的作用，不仅是因为我国政府行政部门有主导劳动问题的传统，也是因为我国的利益代表组织对政府的过度依附使得双方代表的自我协调、谈判能力较弱。

学者们所揭示的局限性是客观存在的，但如何突破这些局限性，各级政府都在探索，例如从地方性的集体协商法规条例进行一些探索。早在2002年，朱海燕指出当时三方机制的现状存在一些缺陷，具体表现在立法层面、主体层面和运行层面，从而导致了三方协调机制在实际运行过程中过于形式化，无法真正发挥协调劳动关系的作用。之后，李全英与王如华（2006）则基于江苏省的经验，介绍了三方机制建设富有成效的经验做法。其经验包括：坚持党的领导；省总工会主动参与劳动法制建设，先后协助省人大制定颁布了《实施〈工会法〉办法》《劳动合同条例》《社会保险费征缴条例》《工资支付条例》《集体合同条例》《安全生产条例》等六部法规，简称“一办法五条例”，从而逐步形成了具有江苏地方特色、较为完备的劳动法规体系和法律资源优势；善于调动企业与职工协调劳动关系的积极性，各级工会在三方协商机制工作中，主动指导、帮助和督促企业建立劳动合同，通过平等协商签订集体合同、工资集体协商、劳动关系预警和劳动争议调解等制度，实现制度化维权；创新运作，增强三方机制协调劳动关系的实效性；加强三方机制自身建设，提高社会认知度和影响力。

三方协商机制作为一项新的机制，中国政府、企业家协会、工会都没有成熟的经验。其他省市在探索创新具体措施提升三方协商的成效时，广东省也在产业转型升级过程中积极思考。广东省由于多种经济成分发展较快，劳动关系争议出现了许多亟待解决的新问题。2002 年，时任中国企业联合会、中国企业家协会副会长陈兰通在广东指导三方协商机制建立之时就表达出希望广东省作为改革开放的前沿，三方协商机制建设工作要做得更好一些的期望。在 2010 年南海本田事件引发集体停工潮之后，广州市人大在全国第一个尝试规制劳动关系三方协商地方性立法，由此在 2011 年 9 月 22 日广州市第十三届人民代表大会常务委员会第四十四次会议通过《广州市劳动关系三方协商规定》，2011 年 11 月 30 日广东省第十一届人民代表大会常务委员会第三十次会议批准。

根据陈成、李文沛（2013）的研究，《广州市劳动关系三方协商规定》的确颇有特色，被称为“广州模式”。陈成和李文沛（2013）的研究认为：虽然该规定属于广义上的三方机制，但在国内较为前沿地明确了三方协商机制的运行程序、制度设置等内容。具体特点为：第一，明确了集体劳动争议的调停机制，即由第三方通过与争议双方分别召开或者联合举行会议等方式来达到调停的目的，而且调停范围包括了“因集体协商、签订集体合同发生以及出现集体性事件的集体争议”，填补了在当时利益争议处理方面的空白。第二，该规定强调了三方协商会议对集体劳动争议的预防机制，应对全局性的劳动关系重大问题进行协商并对具有重大影响的集体劳动争议进行调查研究。尤其是有关工资的集体协商，由三方协商会议推进，建立和完善合理工资形成机制、工资正常调整机制和工资支付保障机制，向同级人民政府提出制定区域或者行业内企业工资指导线。第三，通过报送、公布的方式确立协商结果的约束力。例如第十四条规定：“劳动行政主管部门应当将三方协商会议文书作为本部门制定、实施劳动关系方面相关政策、措施的重要参考。”这一条规定可以使得三方协商会议文件在劳资之间起到软性的、隐性的约束作用，形成一种类似于约定的效力，“这种软性的约束力由于具有执行上的灵活性和针对性，往往比传统法律文件的硬性强制力更为有效”（陈成、李文沛，2013）。第四，明确了政府主动介入集体劳动争议的情形，即“用人单位发生劳动者集体停工、怠工事件”，突破了政府只有在劳资双方提出申请时才可介入的界限，预防集体劳动争议恶化的趋势。第五，强化工会组织的作用是解决集体劳动争议的根本之道。

《广东省企业集体合同条例》的制定经历了多次讨论与修改，从最初的“民主管理条例”改名为“集体合同条例”。在广东启动产业转型升级之时，采取民主管理解决集体劳动争议的规制立法就正式列入了广东省人大的立法日程之中。早在2008年7月，广东省人大常委会第一次对《广东省企业民主管理条例（草案）》进行了审议，虽然没有在题目中出现“集体协商”、“集体合同”等名称，但其本意是用来规制集体劳动争议。紧接着，2008年9月，广东省人大常委会第二次对《广东省企业民主管理条例（草案）》进行审议，但恰恰这个时间，由美国引发的全球金融危机爆发导致企业出口面临巨大的挑战，失业人数剧增，由此中止了审议。当金融危机造成的负面影响缓和一些之时，2010年7月，广东省人大常委会第三次对《广东省企业民主管理条例（草案）》（以下简称《条例》）进行审议，但这时遭到香港商会等资方的抵制。最终，广东省政府顶住压力，于2011年1月开始面向社会征求修改意见，这一稿中拟开展工资集体协商，由五分之一以上职工提出便可开展协商。在征求修改意见时，同样遭到资方的强烈反对，资方提出了很多修改意见，其修改的理由是：担心微薄的利润，会因为工人工资的不断上涨而挤占，而且《条例》规定的民主管理制度，赋予了职工干涉企业正常经营管理的权利，会影响企业的经营自主权。当时，资方还提出一个观点，认为该《条例》与其他的法律有矛盾之处，即当时的《公司法》第四条规定：公司股东依法享有资产收益、参与重大决策和选择管理者等权利，意味着股东没有义务与员工进行资产收益分享的协商和谈判。资方对《条例》第十八条中有关职工代表的比例规定反对的意见也很大，当时第十八条规定：通过职工代表大会或者其他形式，实行民主管理，监事会应当包括股东代表和适当比例的公司职工代表，其中，职工代表的比例不得低于三分之一，具体比例由公司章程规定。由于争议太多，而且《公司法》的相关条文与该《条例》有冲突，这一次征求意见后没有立刻送交广东省人大表决。最终 2014 年 9 月通过《条例》时，国家的上位法已经进行了修改，例如《公司法》就做出修订，为后续的地方性立法扫清了障碍。

广东省人大在立法过程中，广东省人力资源与社会保障厅于 2010 年 8 月就开始下发《广东省企业工资集体协商指引》的通知。经过实践的总结，最终在 2014 年 3 月，《广东省企业集体合同条例（修订草案稿）》正式提交省人大常委会会议审议。审议期间，香港 6 大商会致函香港特首和 13 个相关政府部门提出反对意见，资方反对的理由是：会增加企业的生产成本；企业是其投资者的私有产权，投资者对此应拥有自主经营的基本权利；会改变企业的运作模式；令员工陷入对增加收入的盲目追求中，导致企业内部产生新的收入分配矛盾；商业机密会泄露；要使市场在资源配置中起决定性作用，政府不应进行不当干预；劳动力市场是由市场供求机制决定价格的市场。经过沟通和修改条例的具体内容，《广东省企业集体合同条例》最终在2014年9月25日由广东省人大委员会通过而正式颁布。由此看出，处于经济结构转型的中国经济，劳动关系出现了新的变化，争议已经由“权利”向“利益”转变，迫切需要完善工资集体协商规制体系。

无论如何，三方协商制度在广东乃至中国的发展都在不断完善之中。这些法律都强调工会组织的根本作用，与之后的“共建共治共享”全社会共同构建和谐劳动关系相互补充，前者是基础，后者是提升。

二、中国特色的共建共治共享机制发展脉络

广东目前的群体性事件主要包括四大类：劳资纠纷、征地拆迁纠纷、环保纠纷和山林土地纠纷。各种纠纷缠绕在一起，其中，劳资纠纷占一半以上，多发生于珠三角地区。压力之下，在维稳举措上，广东的一些措施发生了微妙的变化。这些变化显示广东省政府对于社会关系的各种矛盾和发生的纠纷，处理的角度有了社会性特征，即不单纯地视为一个需要压制的问题，相反，给予了百姓表达和诉说的自由和空间。

根据中国的法律法规，如果“集体劳动争议”当事人的行为均发生在企业内部，争议处理的内容也仅仅局限在企业的工作场所内，那么适用的法律法规就是与集体合同、集体协商相关的国家层面、地方层面相关法规。但是一旦工人走出公司

的围墙，还需要规制工人的社会性行为，除了集体劳动争议的法律法规外，也会涉及社会治安的相关法规。

因此，面对转型升级过程中发生的各种各样的群体性事件，从中央到地方都成立了专门的维稳机构，由多方参与处理，这是中国特有的情况。而政府处理群体性劳资纠纷事件的宗旨是维护劳资双方的合法权益，但同时也要维护社会稳定，构建和谐社会，最终保障改革发展的稳定局面。因此，在维稳的要求下，依照“分类管理、分级响应，条块结合、以块为主，基层先行、逐级抬升”的突发事件处置模式，各业务部门联动配合、各司其职、共同参与群体性劳资纠纷的处置。一旦群体性劳资纠纷发生，只要工人的集体行动跨出了厂区，进入公共区域，就会被视为维稳事件。事件发生的第一时间应由人力资源和社会保障部、公安部门、各级工会、维稳办、街道和社区等参与处理，后续如果有需要的话，法院、检察院等部门也会不同程度地参与到其中。但各部门在处理群体性劳资纠纷的过程中，“由于没有明确的职责分工，只能定位于各自业务范围，以行政力量参与案件的调查处理。在具体案件的处理中容易发生各自推诿、效率滞后等情况”（林淡平、陈宇一，2014）。

由此看出，劳资群体事件，在企业的边界范围内发生和演变，都可以采用资方与劳方双方之间的集体协商方式解决，一旦工人走出工作场所，进入社会公共区间，就等同于社会纠纷，性质就转变为了社会治安事件和集体劳动争议事件的混合体，因此，也集合了至少五个基层政府机关参与处理。笔者学习党的十九大报告精神后认为，凡是社会矛盾冲突的事件处理，要求集合更多的行政部门参与，而且鼓励社会组织参与，形成“共建共治共享”的格局。2018 年 3 月 7 日，习近平总书记参加十三届全国人大一次会议广东代表团审议时，要求广东的同志们进一步解放思想、改革创新，真抓实干、奋发进取。习近平总书记强调，我国经济正处在转变发展方式、优化经济结构、转换增长动力的攻关期。这不是中央第一次提出“共建共治共享”的要求。从“共建共治共享”的发展脉络可以看出，这是对过去社会治理创新实践探索的经验总结。其发展脉络如下：

2004 年 6 月，党的十六届四中全会提出要“加强社会建设和管理，推进社会管理体制创新”；2007 年 10 月，党的十七大报告提出要“建立健全党委领导、政府负责、社会协同、公众参与的社会管理格局”；2012 年 11 月，党的十八大报告提出“加快形成党委领导、政府负责、社会协同、公众参与、法治保障的社会管理体制”；2013 年 11 月，党的十八届三中全会将“社会管理”改为“社会治理”，提出社会治理要“加强党委领导，发挥政府主导，鼓励支持社会各方参与，加强法治保障”；2017 年 10 月，党的十九大报告进一步明确指出，要“打造‘共建共治共享’的社会治理格局。加强社会治理制度建设，完善‘党委领导、政府负责、社会协同、公众参与、法治保障’的社会治理体制”。

从以上的发展脉络看出，自党的十六届四中全会以来，党和政府一直在积极探索社会治理的战略、系统思路，并呈现出几个特点：从“管理”到“治理”；从“共建共享”到“共建共治共享”（李菁怡，2017）。并且，党的十九大报告将社会治理放入两个阶段的目标当中：到 2035 年，现代社会治理格局要基本形成，社会充满活力又和谐有序；到本世纪中叶，实现国家治理体系和治理能力现代化，成为综合国力和国际影响力领先的国家。在具体实施中，党的十九大报告从统筹推进“五位一体”总体布局、协调推进“四个全面”战略布局的高度，对社会治理问题高度重视，明确提出打造“共建共治共享”的社会治理格局。其中“五位一体”是：经济建设、政治建设、文化建设、社会建设、生态文明建设；“四个全面”是：全面建成小康社会、全面深化改革、全面依法治国、全面从严治党。

实际上，学者们在分析经济新常态的发展环境中，就指出构建中国特色和谐劳动关系涉及“两个一百年”奋斗目标和中国梦的实现，赖德胜与李长安（2016）在《中国特色社会主义研究》杂志上撰文讨论完善三方机制的对策，认为“中国经济已进入一种新常态，这将给劳动关系带来新的变化，这种变化突出表现在劳动关系的矛盾将更加紧张，劳动关系的主体将更加多元，劳动关系的分化将更加明显，劳动关系的调适将更加从容”，因此有必要“重新界定政府、雇主组织和工会组织的角色和定位”，而“共建共治共享”的社会治理机制就是一种创新，其实施有待今后的进一步创新，成效也需要不断跟进研究并加以改善。

三、广东产业转型升级与社会组织管理

广东的产业转型还包括行政体制的转型，它的核心是正确处理好政府与市场、政府与社会、效率与公平等事关全局的重要问题。广东是全国率先展开社会组织管理体制的改革试点，其中一个关键改革是社团登记制度的改革，1987 年 12 月 29 日，广东省第六届人民代表大会常务委员会第三十次会议通过

《广东省社会团体登记管理规定》，其中第四条规定："成立社团必须制定章程，先经县以上业务主管部门同意后，向民政部门申请登记。登记应载明社团名称、宗旨、活动地区、工作对象、主要发起人情况、成员人数、业务主管部门、会址或办公地点、经费来源等事项。经民政部门审批，领取《社会团体登记证》后，方可宣告成立。"虽然1993年8月1日修改了相关内容，但第六条依然规定要有业务主管部门指导，其规定内容为"社会团体的业务活动受有关业务主管部门的指导。业务主管部门应当协同登记管理机关做好对经核准登记的社会团体的日常管理工作"。

为加大对社会组织培育发展和登记管理的改革创新力度，2005年，广东开始探索社会服务类的社会组织直接登记制度，降低社会组织准入门槛，以枢纽型社会组织建设推动群团组织改革。2006年，广东省出台了《中共广东省委广东省人民政府关于发挥行业协会商会作用的决定》和《广东省行业协会条例》，在全国率先开展行业协会管理体制改革。2009年，广东省又出台了《广东省民政厅关于进一步促进公益服务类社会组织发展的若干规定》和《广东省民政厅关于异地商会登记管理的暂行办法》，逐步扩大改革领域，从行业协会扩大到公益服务类社会组织和异地商会管理体制改革，推行"政会分开"，实行"五自四无"，即自愿发起、自选会长、自筹经费、自聘人员、自主会务和无行政级别、无行政事业编制、无行政业务主管部门、无现职国家机关工作人员兼职，将公益服务类社会组织和异地商会的业务主管单位改为业务指导单位，进一步放宽准入条件，简化登记办法。2011年，广东省将社会组织改革发展与行政体制改革和行政审批制度改革相配套，为社会组织提供了广阔空间。经过试点之后，2012 年 7 月 1 日起，按照省委省政府出台的《关于进一步培育发展和规范管理社会组织的方案》，正式颁文加强广东省社会组织登记管理改革力度。因此，除法律法规规定需要前置审批的以外，社会组织的业务主管单位均改为业务指导单位，申请成立社会组织，直接到民政部门申请注册。

总体来说，转型过程中社会组织的管理方向是将从前置管制走向事前放松，从多头管理走向一方负责，从竞争限制走向竞业放宽（童潇，2013）。尽管如此，也将有一系列新问题出现，包括：国家联系社会组织的中介缺失与党政的社会基础；民政部门管理压力增大及管理力量不够；社会组织数量激增与无序竞争出现；等等。面对新问题的出现，童潇建议：进一步以构筑党政的社会工作体系，创建枢纽型社会组织与外部监管系统，并丰富新型社会组织的治理政策工具作为配套改革加以应对。这些建议在 2018 年已经逐步落实，其中加强社会组织的党建工作是解决问题的关键。

第二节　企业履行社会责任

一、市场经济与企业的经营目标

企业是市场经济运行体系中的基本单元，其存在的意义在于减少交易成本。因此，盈利是其生存和发展的基本目标。在 20 世纪 80 年代初，中国的经济改革是一个二元经济：发展停滞的国营经济和飞速增长的私营经济。私营企业和中外合资企业被允许在中国大陆发展，其运营按照市场经济的价值规律展开，即满足市场需求的前提下，通过价格这一只“看不见的手”来调节供需，企业自负盈亏，这一点毫无疑义。但与之形成鲜明对比的是国营企业，效益好的国营企业不能持续增长，而效益差的国营企业也不会破产，企业的运营不是受到市场的影响，而是受到来自国家的各种干预。在1981年国营企业改革之前，国营企业没有真正的定价机制或者市场纪律，消费品和资本商品的价格很大程度上由政府决定，无法通过价格来区分商品的质量高低，企业也没有动力来改进产品、研发产品。经济学家薛暮桥是最先发现国营企业改革问题的人之一，他于1980年初提交了一份报告给国务院《关于经济体制改革的初步意见》。薛暮桥认为：经济改革将带来市场机制，逐步取代政府主导的计划经济，所有政府干预将从国营企业的经营环境中消失，使企业成为完全独立的经济利益追逐者。在1980年9月的一次会议中，薛暮桥的报告受到了中央的高度赞扬，并与1981年全国人民代表大会上的国务院总理的政府报告遥相呼应。经历40年的市场经济转型，企业的逐利目标成为经营的主要目标已经得到了社会的接受。

古典经济学认为利润是企业追求的目标。这是因为，利润一方面是企业经营效果的综合反映，另一方面也是其最终成果的具体体现。几乎所有的专家、学者都认为追求利润是企业的基本经济目标，并认为以此能合理地解释和预言企业的行为方式。但是，经济利益不能成为企业的唯一目标，因为企业是一个利益相关者的焦点，企业应该还有其他目标，例如一定利润水平下的销售收入最大化、市场份额目标、长期生存目标、质量目标、增长和扩展目标、社会责任目标等。利益相关者理论认为，除股东之外，雇员、消费者、供应商、社区的利益都会受到公司行为的影响，因此，雇主也应该对这些利益相关者负责。雇主作为构成劳动关系的基本主体，对劳动关系的发展发挥着举足轻重的作用，因为雇主是劳动力的购买者，其存在的目的就是将企业的利润最大化，在将利益最大化过程中，需要兼顾企业的效率目标与劳动者的公平感和发言权。

针对中国的市场经济体制和经济结构转型，企业掌握经营所需的所有资源，对于构建和谐劳动关系可以发挥能动作用，因此，仅仅工会主动积极构建三方机制是不足够的。冯喜良（2013）注意到了要重视企业管理方在构建和谐劳动关系中的作用，但现实的情况是企业一方并不热心三方机制在处理劳资矛盾中的作用发挥，忽视甚至回避三方机制。为此，冯喜良提出“压力机制”的概念，认为劳资双方构建劳动关系的根本目的在于实现劳动过程，而寻求效率、公平以及话语权的平衡是实现劳动过程的主要途径；作为构成劳动关系基本主体的企业一方是影响劳动关系的主导因素，只有在适当的压力机制下，企业才能积极推动和谐劳动关系的发展。企业雇主的价值取向、管理理念直接影响着雇主在处理和协调劳动关系事务时的行为方式，也构成了雇主的管理模式。在市场竞争中，雇主追求利润的本质不变，但在处理劳动关系事务中，雇主管理理念的提升以及管理措施的改善是在社会文化发展、经济竞争方式转变、雇员自身素质与需求的变化以及相关组织的争取等多种压力的综合作用之下发生的。

除此之外，雇主自我意识的提高也会是一股缓解劳动关系冲突、构建和谐关系的力量。换言之，建设和谐劳动关系需要雇主的主动性和积极性，其对劳资合作在企业经营中的重要性认知提高将直接决定其劳动关系管理实践，进而决定了企业劳动关系和谐的程度以及企业的经营绩效。美国石油大亨约翰·戴维森·洛克菲勒、英国知名成衣零售企业 Burton 的创始人蒙塔古·伯顿和中国民生公司创始人卢作孚三位知名企业家，都表现出了相似但又有差异的劳资合作思想，并对本国的劳动关系管理产生深远影响。说明当企业家所处的社会、经济和政治背景发生变化后，都自我认识到劳资合作的重要性，主动把利润拿出来与劳动者分享，目标在于劳资双赢（李敏、黄怡，2013）。

二、广东企业雇主责任与品牌建设

在产业结构转型升级中，企业实践也是不断与时俱进，把雇主品牌与社会责任相结合。雇主品牌这一概念产生于 20 世纪 80 年代初，自该概念出现之后，一直受到学术界和企业界的广泛关注。在研究方面，西方有关雇主品牌的研究比中国先行一步。雇主品牌建设则是雇主为塑造独特而有吸引力工作场所的各种行为，目的在于应对人才短缺形势，激励和留住人才（殷志平，2007）。各种质性研究和量化研究，在西方已经有丰硕的成果，但在中国，目前还多数集中在有关概念、结构、影响因素和实施效果的文献研究层次（王文新等，2017）。开展实证研究较系统的是钟鑫博士，其专著聚焦在雇主品牌对员工留任的影响机制方面，把破坏性领导风格和工作与家庭支持纳入其模型之中，属于学术性较强的量化研究，但是还缺乏案例等实质性研究成果，也因如此，王文新等学者（2017）呼吁"未来学者应进行更多的本土化研究"。

好雇主的标准是什么？广东省政府高度重视雇主责任对发展和谐劳动关系和促进企业转型升级的重要作用，在《关于加强社会建设的决定》（粤发〔2011〕17 号）中明确提出“规范有关管理机构和雇主的责任、义务”的要求。作为全国用工大省，广东企业在履行雇主责任、发展和谐劳动关系方面积极探索，为全国创造和积累了宝贵的经验。2011 年 12 月，广东省雇主工作联席会议为系统科学地明确雇主责任的基本原则，在全国首次发布了《广东省良好雇主责任指引》。

为加快广东省雇主品牌建设，利用转变经济发展方式的政策优势和战略机遇在深度社会变革中走向理性和成熟，实现企业可持续发展，在广东省雇主工作联席会议号召下，广大企业积极响应2013 年广东企业履行雇主责任调查，通过倡导良好雇主行为，从雇主责任开始，从关爱员工着手，正确理性地承担企业公民责任，为经济社会发展作出新的贡献。雇主责任的履行关系到员工成长和智慧的挖掘、企业的转型升级和持续发展，还关系到社会的和谐稳定与中国梦的实现。因此，广东省雇主工作联席会议倡议广大企业：

第一，积极践行《广东省良好雇主责任指引》，争做广东好雇主。做好企业经营发展，为员工提供稳定的就业岗位。依法用工，及时足额发放工资、缴纳社会保险费，为员工提供安全健康的工作环境和舒适卫生的生活环境。不断拓展员工发展空间，加强员工素质教育和技能培训。顺应员工的时代特征，畅通沟通协商渠道，及时化解劳资矛盾。加强人文关怀，重视员工个体心理成长，开展利于员工身心健康的文体活动和心理辅导工作。构建宽松、包容、以人为本的企业文化，培养员工责任意识，鼓励员工帮助需要帮助的人，力所能及地参与社会公益事业和慈善活动。充分激发员工的积极性、主动性和创造性，实现员工和企业共同发展，让企业成为员工的“幸福加油站”。

第二，倡导良好雇主责任，共建共享。认识、践行和倡导雇主责任，营造履行雇主责任和倡导优秀雇主行为的良好氛围，自觉增强与员工共同发展、共建共享幸福企业的意识，是新时期企业家精神和责任的体现，也是顺应时代和经济社会发展的必然要求。把企业发展与实现员工自身价值结合起来，使雇主责任成为企业上下的共识，激发员工积极性、主动性和创造性，带领员工共建幸福企业，共享发展成果，以企业的包容性发展，推动广东经济社会实现可持续发展。

三、企业的雇佣动机与残疾人就业质量

扶持残疾人就业，对于企业来说既是社会责任，也是国家法律明确规定的义务。然而，简单的劳动现场工作安排会使企业盈利目标与此义务产生冲突，如果企业有智慧地把残疾人的自身特点与劳动过程结合，则可能产生多赢的结果。本小节以华南地区一家美资代工企业为例，基于利益相关者理论，重点从雇主角度研究企业雇佣残疾人的动机、行为和成效。从案例的分析可以发现该美资企业综合了多方的利益考量，兼顾了企业、残疾人、政府三者的利益。在劳动现场，结合产品生产技术要求与残疾人的技能优势，智慧设计了工作岗位，残疾人的工作敬业度和满意度因而得到保证，这样既有助于实现企业的盈利目标，也可以帮助政府解决就业目标，可谓是多赢。

（一）体面劳动与雇主雇佣残疾人的动机

2003 年，国际劳工组织（ILO）首次提出了体面劳动的概

念以全面保障劳动者权利，并向联合国提交了提案。体面劳动不仅包括劳动机会的取得，还包括充分性和生产性的劳动机会、劳动保护和社会对话等就业质量方面的内容。但是，我国残疾人的就业情况距离体面劳动相差甚远，这不仅表现为就业率低下，还表现在已经就业的残疾人大多位于工作环境差、技术含量低、工资水平低的工作岗位上。如何促进企业实现残疾人的体面劳动，是我国残疾人就业的一个重要问题。要解决这个问题，需要加深对企业雇佣残疾人的动机和行为的理解。

在国际上，促进残疾人就业是企业的一项社会责任；在我国，促进残疾人就业更是一项法规明确规定的企业责任和义务。《中华人民共和国残疾人保障法》规定，国家实行按比例安排残疾人就业的制度。除了国家颁布的法规外，残疾人就业情况也受到全球供应链的影响。正如国际劳工组织（ILO）在2016年报告中指出，当下的全球供应链升级为体面劳动的实现带来了机会，作为供应链中的领导企业具有更多的资源和优势去担负更大的责任。在此背景下，供应链中的领导企业的雇主在提供和保障残疾人体面劳动方面是如何决策的？决策过程中又受到哪些利益相关者的影响？这是本研究想要解决的问题。

雇主作为企业的管理者和决策者，拥有决定是否雇佣残疾人的资源和权力。但现实中，不少雇主对残疾人的聘用充满了经济利益的计算，存在着侵害和挤占残疾职工劳动的情形（廖慧卿，2014）。如果雇主能兼顾企业社会责任和盈利目标，就会使得企业在雇佣残疾人方面更具主动性。

如何定义企业雇佣残疾人这一行为的动机？这种行为不仅

仅是一种单纯的经济行为，其背后还包含超越经济因素的动机。而社会责任理论的提出，恰恰是英美学界对当时追求经济利益至上的经济形态的反思。企业社会责任强调企业不仅要承担对股东的经济责任，还要承担对其他主体的责任，如慈善责任和伦理责任等。通过梳理近30年来学术杂志上关于企业社会责任研究的46篇文献，可以发现企业社会责任的研究主题集中于环境和污染治理与社区、社团的关系以及对少数族群的雇佣等。国外对雇佣少数族群的研究主要针对有色人种和妇女，缺乏对残疾人的研究。值得注意的现象是，随着经济全球化的提高，关于跨国公司的企业社会责任的研究也逐渐增多。与本案例研究对象类似的跨国公司如何通过企业社会责任行为去处理子公司与母公司、子公司与所在国的关系，吸引了越来越多的学者的关注。而国内的相关研究主要关注于跨国公司如何通过供应链传导社会责任压力，黄伟和陈钊（2015）发现外资在进入中国时，跨国公司通过供应链传导压力可以提高中国企业的社会责任表现，黄岩（2015）认为跨国公司间的社会认证能嵌入到工厂的生产现场过程之中，有效地监管劳工权利进而促进社会升级。

（二）案例企业介绍

广州某一电子代工行业的外资企业JP是众多知名国际大公司的供应商，与很多品牌商建立了长期的合作关系。JP公司雇佣了与同行企业相比更多的残疾人，总人数达到206，而且企业于2016年2月就残疾人就业项目在ILO国际会议上获得金奖，这也说明该企业在雇佣残疾人、促进残疾人融入等方面表现出色，是典型的案例企业。

在 JP 公司雇佣残疾人的决策中，存在着政府、社会、残疾人、雇主、内部员工以及企业供应商和客户六类关键的利益相关方。目前除了雇主之外，其他五类利益相关方都非常支持残疾人就业。例如，政府依照《残疾人保障法》和《残疾人就业条例》等相关法律的规定将残疾人事业纳入国民经济与社会发展规划，投入一定比例的经费兴办福利企业，并通过向雇佣残疾职工比例不符合规定的企业收取残疾人就业保障金以督促企业承担责任。残联和特殊学校等社会团体为残疾人提供教育和社会服务等资源，帮助残疾人找到合适的工作岗位。而对于残疾人来说，劳动权是残疾人的重要权利之一，一份合适的工作机会不仅有利于残疾人融入社会，也可以减轻残疾人家庭的经济负担，所以，残疾人本身也是有强烈意愿享有劳动的权利。

无论如何，最终决定残疾人是否能大规模就业取决于雇主的态度，因为雇主可以接受政府的号召、配合社会团体的行动，更重要的是雇主可以接受供应商和客户的要求、影响企业内部员工的态度和行为，进而最终让残疾人的劳权得到保障。

（三）利益相关者的态度和动机分析

结合国内学者的研究观点以及 JP 公司实际情况，把对 JP 公司的雇佣残障职工项目实施影响和受到该项目影响的个人和团体，按照主动性、重要性和紧急性的三维度分为核心利益相关者、蛰伏利益相关者和边缘利益相关者（陈宏辉、贾生华，2004），详见表 3.1。

表 3.1　JP 公司残障职工项目的利益相关者

利益相关者类型	JP 公司面对的具体主体	企业动机
核心利益相关者	管理人员、员工和股东	公司文化、员工绩效
蛰伏利益相关者	供应商、客户、政府、残联、工会	供应链压力、合法性要求
边缘利益相关者	社会团体、社区、特殊学校	提供支持

不同的利益相关者对企业影响的方式以及影响阶段是不同的。核心利益相关者因为处于企业内部，对企业的影响发生在雇佣残疾人的初始阶段。雇主在 2003 年工厂投产之后，并没有立刻雇佣残疾人职工，其雇佣残疾人项目出现的时间晚于《残疾人就业条例》出台，项目的出台主要是管理者为了满足内部职工安置残障家属的需求，家中有残疾人亲属的普通职工向公司提出安置家属的需求，雇主作为对企业职工诉求的回应，将残疾人工作岗位作为一种工作福利提供给职工家属。在雇佣人数达到一定规模之后，雇主觉得已经能够适应残疾职工的生产特点和生产要求，决定将残疾人雇佣作为一个雇佣项目来运行，以丰富职工多样性和提升企业形象。而在雇佣过程中起关键作用的是企业文化。

可以看出，发展导向型的企业文化促使企业将外部政策要求内化为自身行为，这有助于企业在雇佣过程中保持积极、主动的态度，并对残障职工的就业状态和融入状态产生积极影响。

蛰伏利益相关者是指与企业具有紧密关系，在企业正常经营的状态下关系一般，但在企业异常经营导致其利益受损的情况下反应激烈的主体。JP 公司的蛰伏利益者包含两类：一类是全球供应链网络中位于 JP 公司生产环节的上下游主体，即供应商和客户；另一类是跨国公司在东道国所面对的本土组织等。在此背景下，企业雇主也会对客户的影响做出反馈。

企业的供应商和客户对企业雇佣残疾人的影响是持续性的。社会认证通过买家的强势地位可以传导给工厂，作为一种嵌入性的政策工具保护劳工权益。JP 公司客户基本都是欧美客户，客户对于 JP 公司的影响主要在劳动监察和偏好诱导两个方面。企业客户既会派专员进驻 JP 公司督促生产，又会将自身偏好通过供应链压力传导给企业，企业所获得的社会责任领域的奖项，都会被认为是企业良好信誉的一部分。企业为了获得订单倾向于主动践行企业社会责任，已有学者发现企业社会责任的披露和财务绩效存在着相互促进的关系（陶文杰、金占明，2014）。此外，跨国公司的子公司在东道国的良好运营需要同当地政府、半官方机构建立良好的关系，而高于法律底线标准的社会责任行为作为企业的示好行为，有助于跨国企业在本土更好地发展。

边缘利益相关者是指被动接受企业影响，对于企业来说重要性不高的个人或群体。边缘利益相关者为 JP 公司雇佣残疾人提供补充和支持作用。社会组织在服务残疾人方面有专业性和低成本的优势，它们提升工人生活状态的目标与企业的目的相契合，专业性和低成本使得企业更易于接受。

从选择聘用的时间上来看 JP 公司选择雇佣残障职工的原因，最初的国家政策并没有促成雇主的直接雇佣，雇佣的早期关键因素是企业文化，企业内部员工的诉求和雇主的合理推动使得雇佣行为由一个简单的工作福利变为企业项目；而在雇佣行为由零星性的行为变为规模性的行为时，全球供应网络的压力以及公司同本土政府的关系发展要求发挥了持续性影响；而在雇佣人数已经达标的中后期，社会组织给企业的这一行为提供了支持。

（四）企业雇主的决策行为分析

在中国，雇佣残疾人是企业的一项义务性政策。《残疾人就业条例》规定企业的责任为“按照一定比例安排残疾人就业，并为其提供适当的工种、岗位”。不能完成指标要求的企业，需要缴纳残疾人就业保障金。

除了法律规定的两种途径，现实中还存在另外两种途径：一是挂靠持有残疾证的残疾人，按照规定发放最低工资标准的工资，签订劳动合同并购买社保，残疾人并不用从事生产性工作。二是直接违法，既不雇佣残疾人也不缴纳保障金。根据访谈资料和相关的处罚文件，这种违规行为也存在。因此，在面对义务性政策时，企业可以选取的策略以及相关策略的成本、收益如表 3. 2 所示。

表 3. 2　面对残疾人就业政策的四种策略

策略选择	成本	收益
雇佣	一次性的改造费用＋ 残障员工工资＋管理成本	员工产出＋ 隐形收益
交钱	残疾人就业保障金	—
挂靠	挂靠人员的工资	—
违法	滞纳金成本和合法性成本	—

结合表 3. 2，如果企业管理方在雇佣残疾人上考虑经济理性，企业会选择让残疾人挂靠，这样既可以完成政府的雇佣指

标，又可以避免实际雇佣所带来的改造成本和管理成本。即在挂靠状态下，残疾人并未到企业去工作，所以，残疾人和企业都“默许”最低的工资待遇。

此外，电子产品代工行业的激烈竞争会促使企业严格控制成本，成熟的跨国公司要求子公司在经营时提供清晰的成本收益测算。因此，企业在选择雇佣残疾人时，并不仅仅考虑经济理性，在决策过程中的影响因素也是多元的。在选择雇佣这一行为之后，JP 公司对残疾人的就业安排可以分为两类：经济性安排和福利性安排，详见表 3.3。

表 3.3　JP 公司对残疾人的就业安排

影响大类	安排的具体指标	具体行为
经济性安排（通过工作取得）	就业机会	招聘残疾人 206 人；招聘渠道多样，包括特殊学校、社区、残联推荐和社会等；提供包括生产型、管理型和服务型岗位。
	薪酬待遇	受益于企业利润率高，薪酬位于行业前 25%；无特殊安排，薪酬差异为工作绩效差异。
福利性安排（无须通过工作取得）	工作场所改造	由人力主管、技术主管设计、改造流水线和生产流程；增加特殊的防护装置保护安全。
	生活场所改造	为食堂提供无障碍桌椅；安排底层宿舍并安装电梯和无障碍厕所。
	个人支持	提供手语辅导促进员工沟通；与社会组织合作提供心理辅导。

JP 公司对于残疾员工的安排可以概括为：由于对残疾员

工的需求量大，所以，JP 公司的残疾员工的主要来源是特殊学校，这有利于残疾员工获得组织支持。在残疾人进厂前，先根据残疾种类和生产需求对生产线进行重新设计，增加适应残疾人的生产措施和防护措施。在劳动现场，残疾员工和普通员工并未完全隔离，生产主管会对残疾员工有所照顾，但并未以明确的规章制度出现。残疾员工的日常工作安排和薪酬安排与普通员工保持一致。

根据表 3.3，经济性安排和福利性安排是两种目的不同的安排。福利性安排是针对残疾员工的身体特征，目的是对残疾员工的劳动能力进行补充和提升，普通员工并不享有；经济性安排主要维持等价交换原则，残疾员工和普通员工被同等对待，增强残疾员工的融入感。

（五）兼顾企业利益与社会效益的结果

国际劳动组织曾经用体面劳动的指标体系对多个国家的劳动状况进行了评估，并出台了评估报告。我国也对这一指标体系进行研究，曹兆文对国际劳动组织的概念进行梳理，具体梳理为 4 个任务、6 个理念、11 类指标，并结合理解增加具体指标。结合国际劳动组织关于体面劳动的基本理念以及各利益相关者在 JP 公司雇佣残疾人过程中的影响，剔除适用于国家而不适合企业的部分，可以从足够的就业机会、生产性的工作、平等的工作、安全的工作、有发言权的工作评价残疾人的就业质量（曹兆文，2011）。结合这些标准，可以看到 JP 公司残障职工的就业质量基本达到体面劳动的标准，具体为：

其一，为不同类型的残疾人提供足够多的就业机会。足够多的就业机会是保证残疾人体面劳动的前提条件，而指标管理也是政府引导企业雇佣残疾人的一种手段。受益于企业的规模和岗位设置，JP 公司为残疾人提供了 206 个岗位，包括普工、文秘、管理员和工程师等多种类型。通过对生产设施的改造和流程的优化，JP 公司增强了岗位对不同残疾类型和残疾程度的残疾人的匹配程度，除了精神残疾类不能签订劳动合同以外，一般类型的残疾人都能在 JP 公司找到生产性或管理性的工作。

其二，高于同行业工资水平的生产性的工作。生产性是指工作所得薪酬能够维持员工的基本需要。对于残障员工来说，这更意味着其收入与工作情况相关，而不是不依靠劳动交换原则的福利供给。得益于 JP 公司的高利润率以及残障员工与普通员工的产出无差别，障碍员工与普通员工的工资安排是相同的。这导致职工的薪资差异并不是取决于残障与否，而是取决于工作绩效的差异，这样也有效地减少了残障员工的被排斥感。而 JP 公司的高利润率可以保证即使员工之间存在薪酬差异，排名靠后的员工薪酬仍能维持基本的生活需要。

其三，与普通员工平等的工作。平等理念要求障碍员工在工作时候的“无歧视”、“无差别”，障碍员工同普通员工一起从事公平的劳动过程，享受平等的工作待遇。在美国，有单独的反残疾人就业歧视法律制度保障残疾人的权利，并设置了专门机构——平等就业机会委员会。JP 公司在促进残障员工的平等就业方面主要表现为工作安排和薪酬安排。

残疾人的就业形态包括个人自谋职业、按比例就业和福利企业就业三种类型。这三种就业形式中，残疾人的社会融入是递减的，JP 公司里面的残障员工属于融入程度较高的按比例就业。生产环境的改造和流程的工作安排可以补齐残障员工劳动能力不足的部分，而并不包含特殊福利的薪酬安排，制造出残障员工通过努力获得应得薪酬的结果。这样的工作安排可以提升员工的认可程度，增强残障员工的公平感和融入感。

其四，针对残疾人身体特征改造后安全的工作。安全的工作要求保证残障员工在工作场所和宿舍等生活区域的安全，这要求公司对生产环境、生产流程进行改造和安排专门人员配合残障员工。在残障员工从事生产之前，先改造整条生产线的设计，适应残障员工的身体条件。除此之外，还在残障员工工作的岗位上增加了特别的防护装置以保护残障员工，如在加热粘合机的入口处增加防烫装置。

其五，充分表达残障员工发言权的工作。当代人性化的雇佣关系除了考虑传统的经济与效率之间的平衡，更应考虑员工的发言权，让员工自由、畅通地表达看法。JP 公司关于发言权的安排是多层次的，在公司生产领域，股东管理层的对话渠道和平等的企业文化让一线工人和管理层之间的对话畅通；而生产领域之外，像手语协会此类的非正式组织和入驻园区的社会组织则为普通员工和残障员工的沟通、残障员工的意见疏导提供了支持。通过表达自己的声音，残障员工更能增强自己对企业的认同感。

（六）案例分析结论

在对残疾人就业的现状描述中，残疾人就业处于一个弱势和被边缘化的状态（廖慧卿，2014），国家从直接提供福利模式转向市场供应模式导致残疾人难以实现就业权利。国家虽然从政策方面直接向残疾人提供就业福利与保障，但企业往往追求经济效益，导致市场化的解决方案无法保障残疾人的就业质量。而案例分析发现，企业可以兼顾经济效益和社会效益。即企业可以在雇佣残疾人的决策和实施过程中，享受经济效益的红利，如在雇佣残疾人比例达到 1.5% 之后，企业可以免交残疾人就业保障金，并获得相应的政府补贴；同时，雇佣残疾人也帮助提升了企业形象，带来无形资产及商誉的提升。可以说，案例公司在残疾人雇佣决策中，智慧地解决了企业利益与社会利益的冲突，巧妙安排了生产现场的工作岗位设置。通过本案例，得到以下几个结论：

第一，利益相关者可以督促企业履行社会责任并提高残疾人就业质量。

从企业雇主的自发动机来看，雇佣残疾人并不是企业经济效益最优的选择，企业缺乏提高残疾人就业质量的主动性。从国家的政策环境来看，国家出台的相关政策的目标识别仅仅停留在就业阶段，就业质量并未成为政策目标。在企业自身和国家政策的两种情境下，残疾人体面劳动的目标是难以达到的，而利益相关者可以督促企业完成这一目标。企业在面对内部职工的安置需求、供应商及客户等压力以及社会团体的服务支持等利益相关者的利益时，需要调整自身的雇佣策略来对不同的利益相关者做出回应，使最终的结果合乎利益相关者整体的利益需求，达到残疾人的体面劳动的目标。

企业利益相关者的利益诉求受到企业所处的发展阶段以及供应链所在地影响。若企业的上下游皆为国外企业，产品面对的消费者是不同国家的厂家和消费者，那么企业会受到全球供应链价值压力的影响。如中国香港地区消费者在苹果零售店前抗议苹果代工厂的用工问题。这种消费者的用工倡导和抗议通过全球供应链传导到各个环节的企业，督促企业践行企业社会责任。而供应链都在本国的企业遵守的是企业内部生产守则。此外，在企业生命周期的初始阶段，企业对于社会责任更多的是一种底线式的守法偏好，在企业发展的中后期才加大对诸如环境、少数群体等责任的关注，故中小公司更会倾向于加大资本积累而忽略对社会责任行为的投入。

第二，雇主是决定残疾人就业质量的关键决策者。

在利益相关者共同影响企业的最终决策的过程中，雇主位于整个影响过程的中心。首先，企业雇主和经营者、管理者群体在企业中高度重合，在公司中处于中高层位置，拥有雇佣残疾人的最终决定权。其次，不同的利益相关者的利益诉求往往是通过雇主对他们的反馈来完成他们对企业的影响，雇主是利益相关者的诉求和企业行为两者之间的中介。最后，雇主是残疾人的岗位安排和工作环境改造的设计者，残疾人就业质量直接依赖于工作岗位和工作环境。

第三，政府应鼓励企业主动承担责任，提供各种政府服务促进企业雇佣残疾人。

政府在残疾人就业领域从直接供给模式转向市场化供给模式，并不意味着国家责任的消失。只有国家政策规制和政府政策的配合，企业才有动力去雇佣残疾人并提高其就业质量。目前，政府可以从以下三个方面激励企业雇佣残疾人：首先，降低企业获得优惠的门槛，制定更多的企业优惠政策。其次，兴办特殊学校等残疾人技能培训机构，增强残疾人的就业技能，为残疾人就业形成完整的服务体系。最后，提供充足的无障碍设施。充足的无障碍设施是残疾人进入社会的前提。而在基础设施中设计和改造无障碍设施需要大量的资金投入，仅凭企业是难以达到这一结果的，国家应该在无障碍设施的设计和建设方面提供指导和支持。

当然，本案例分析结论的推广仍存在一定的局限性，残疾人和企业双方都可能制约雇佣残疾人的最终结果。在残疾人方面，残疾人的残疾能力和伤残程度会影响职工的劳动能力，智力伤残和过度伤残会导致企业无法给残疾人安排岗位或残疾人就业质量不佳。就企业来说，企业的生产特征和经营规模也会影响雇佣效果。正如前文所述，JP 公司的生产是处于全球供应链中的一个环节，可以大规模生产，资金充足、技术革新力量雄厚，有资源针对残疾人生理特征设计生产线，也有市场规模达成生产的规模经济性。相反，规模过小的企业受制于初始投入的资金压力，难以对生产环境进行完整的无障碍改造。故其他企业在借鉴案例企业的经验时，要结合自身企业的特点，相较于“一岗多能”的技术密集型企业，岗位细分、标准化生产的劳动密集型企业更适合于雇佣残疾员工。尤其是处于全球供应链环节中的企业，更能通过履行社会责任树立最佳雇主的品牌，在全球市场赢得竞争主动权。

第三节　工会改革策略与实践

一、产业转型升级与工会改革

2001 年 10 月 27 日，《工会法》进行了修改，其中一个修改内容是“三方机制”。修改后的《工会法》第三十四条第二款规定：各级人民政府劳动行政部门应当会同同级工会和企业方面代表，建立劳动关系三方协商机制，共同研究解决劳动关系方面的重大问题。《工会法》做出这样的法律规范，对后来的产业转型升级中出现的集体劳动争议的处理起到了保障作用，推动了我国正在开展的工资集体协商和集体合同制度。

自2010年南海本田事件之后，工会加快了改革步骤，确认了改革的三大任务：基层工会组建；吸收更多工人入会和民主管理；普及集体合同和集体协商。为此，2011至2013年中华全国总工会要求实现“两个普遍”：一是普遍建立工会组织、发展成员；二是普遍开展工资集体协商，特别要以非公有制企业、中小企业为重点，以劳动定额、工时工价的制定为突破口。之后，各级工会开始落实工会的基层组织建设，在中华全国总工会的领导下，落实“两个普遍”的具体措施。

广东劳动关系争议的数量一直居于全国的高位，是构成社会矛盾的主要成分。其他的社会矛盾可以采用经济的手段快速处理，唯有劳资纠纷不容易解决，因为涉及历史遗留问题、产业转型升级带来的工厂搬迁、倒闭、股权转移和转让等问题。为此，广东省委办公厅、省政府办公厅转发《省社工委关于构建枢纽型组织体系的意见》，明确提出构建具有广东特色的枢纽型组织体系，同时，确定将在2013年启动枢纽型组织的认定工作，2014年初步形成枢纽型组织体系。广东省总工会的对策包含多个内容，其中有4个重要内容值得强调：一是大规模培训全省各级工会干部，包括在北京大学举办构建枢纽型社会组织高级研修班，培训课程有《工会枢纽型社会组织建设》《建设有中国特色工会道路的几个问题》《构建和谐劳动关系的几个问题》等，计划在“十二五”规划期间将全省60万专兼职工会干部全部轮训一遍。二是积极探索，找准新定位，充分发挥党联系职工群众的桥梁和纽带作用。三是设立机构，搭建新平台。成立了全国首家省级职工服务类社会组织联合会，充分发挥工会在参与加强和创新社会管理中的引领作用。联合会有团体会员和个人会员89名，团体会员包括职工类协会、公益服务组织、法学研究机构、行业协会、职工帮扶中心和服务中心；个人会员包括社会律师、专家学者、新闻工作者、协会工作人员、工会干部。四是树立典型。例如，2012年5月24日至25日，按照时任省委书记汪洋的重要指示，广东省总工会在深圳召开了全省加强企业工会建设现场会，总结并推广理光公司工会经验。

以上这4个内容，抓住了重点，从坚持党的领导、组织建设、人员培训、树立典型等方面，较全面保障了“两个普遍”的落实，效果比较显著。如果按照统计数据来看，在2015年及之前，广东省的案发数量在30万宗以上，排在全国第一。2016年开始，广东省的劳资纠纷案件开始下降，大约在23万至25万宗之间。从群体性劳动纠纷案件来看，以前都是1000宗以上，经过2016年、2017年的努力，数量下降比较快。广东劳动纠纷案件数量下降的原因在于基层工会建设的加强。以2014年广东裕元鞋厂事件为例，广东省总工会把裕元基层工会的建设作为基层工会建设的试点单位，目前评估试点工作还是很有成效的。成效主要体现在3个方面：一是裕元的基层工会组织能够独立开展工作；二是裕元基层工会得到各方面的认可，包括工人、企业、地方的党政工会等；三是企业从当初的3万多人减到现在的1万多人，人员精简过程中没有造成太大的社会影响事件。

在基层工会建设的同时，要求党群工作一体化。一方面，党建在企业工会建设中发挥着促进作用，党建为企业工会建设指明了正确的政治方向；另一方面，党建促进了工会组织与群众间的融合，加强了工会建设中制度的确定，为工会建设带来了核心动力。在工作现场，基层工会建设作为治理社会矛盾的一个重要内容，2015 年，习近平总书记在对加强基层工会建设的批示中提出了基层工会建设的三个着力点：提高基层工会的覆盖率；提高工会的服务能力；加强工会的自身建设。同时，要求工会进行转型：由福利型、活动型转变成服务型、维权型。

然而，虽然经历多年的“指标管理”式技术治理之后，非公企业的工会普及率增加，但其成效还是有待提高。例如据中华全国总工会统计数据显示，截止到 2013 年 6 月底，中国工会会员总数达到 2.8 亿人（其中农民工会员总数为 1.09 亿），全国基层工会组织总数 275.3 万个，覆盖基层单位 637.8 万家，职工入会率达到 81.1%；至 2016 年 7 月，全国已有 280 万个基层工会组织、20 多万个工会帮扶中心和站点，仅 2015 年全国新发展农民工会员 1500 万人以上。广东省总工会提出《关于在全省非公有制企业中进一步加强工会组织建设的意见》（粤工总〔2015〕38 号），强调“把基层工会开展工作的成效转化成职工群众的切身感受”，期望工人从情感上主动接受工会。

2015 年 7 月 6 日至 7 日，中央党的群团工作会议在北京召开，习近平总书记发表重要讲话，强调中国特色社会主义事业是亿万人民的事业，党的群团工作肩负着庄严使命。工会、共青团、妇联等群团组织一定要坚持解放思想、改革创新、锐意进取、扎实苦干，切实保持和增强党的群团工作和群团组织的政治性、先进性、群众性。而 2016 年恰逢国家开展经济结构调整，针对钢铁、煤炭、水泥等重工业去产能，影响到 180 万职工的人员分流问题。在广东，产业转型升级进一步推进，企业为了节省人工成本、解决“民工荒”问题，纷纷采用机器人代替人工，导致企业减少用工数量，有的企业还关闭工厂、搬迁工厂；与此同时，物价上涨导致人工成本上升压力，工人的工资增长诉求增加。在这种情况下，国家和社会对工会作用——如何在经济下行过程中保障劳工的权益的期待更加高。借用常凯教授的观点：越是经济下行，越要保障劳工利益。因为在经济下行的时候，不论是就业还是收入水平，劳动者是最大的受损者。

因此，广东省总工会、各市工会以及基层工会，都在积极探索工会改革，提升政治性、群众性、先进性。即以党建带工建来加强政治性；通过与劳动者密切联系，融入职工之中，在职工需要代言人时，工会代表工人维护职工的权益，体现群众性；先进性则要求树立大局观，懂得企业的经营管理中资方与劳方的利益平衡点，建立合作伙伴的理念。

二、对抗与合作

在西方工业化进程中，资方与劳方之间的利益冲突一直存在。围绕这些冲突展开讨论的理论视角既有一元论也有多元论，与之相对应的劳资关系管理策略既有非工会化也有工会化的制度安排，其中工会代表劳动者进行工资集体协商是基于多元论在二次世界大战之后西方国家占主导地位的劳资关系处理机制。

在中国，随着计划经济体制向社会主义市场经济体制转轨，各种劳动关系不断确立，随之产生了以工资为主要诉求的劳动纠纷。为此，中国劳动和社会保障部于 2000 年 11 月发布了《工资集体协商试行办法》，但该办法并没有引起社会、地方政府和企业的广泛重视，主动进行工资集体协商的企业很少。例如，在2010年全国共有1300万家企业，超过1000万家的中小企业还没有建立工资集体协商制度；即使进行了协商，协商效果也不佳。

（一）基于集体主义与个人主义的西方劳资关系管理模式

20世纪90年代，西方研究劳资关系的许多学者关注到一个现象：随着企业实施高绩效人力资源管理系统，工会越来越被边缘化。尤其是企业的高管团队，与员工一起合作，逐渐改变劳资关系的发展轨迹，转向“个人主义”模式以构建劳资双方个体层面的合作模式。这种现象是基于一元论视角，认为雇主与雇员的利益一致，双方若产生冲突，必定是由于“误解或者误导”。在一元论视角下，自20世纪90年代开始，越来越多的企业改善了人力资源管理体系，表现出员工管理中的“个人主义”发展趋势。例如，越来越多的企业重新设计绩效考核方案，出现了将关键业绩指标分解到员工个体特征方面的绩效考核方案；为每一个骨干员工制定职业发展规划；等等。

而多元论视角则坚持劳资双方之间的利益不一致，冲突是必然的，管理者应该正视冲突，并寻求管理冲突的方法。制度学派代表者康芒斯指出，在自由竞争的市场环境中，处于弱势地位的劳动者需要得到保护，而组建工会是最好的选择。在多元论视角中，西方工会的角色从“集体破坏者”到“集体谈判者”，西方国家无论是在宏观层面的法规还是企业微观层面的管理制度，都把工会视为雇员的集体代表，是参与劳资关系管理的一个重要角色。

不可否认，一元论视角下的人力资源管理实践的确产生了预期效果，但有学者就直接指出高绩效人力资源管理系统并没有边缘化工会在集体谈判中的地位，有工会的企业雇员得到更多的权益保障，而且没有证据显示高绩效人力资源管理系统比有工会领导的集体谈判系统更有利于保障雇员的权益。

然而即使在多元论视角下，普塞尔等学者认为，工会进行集体谈判的策略选择既可以是“对抗式”也可以是“合作式”。在对抗策略下，当企业管理者追求低人工成本策略时，工会一定会组织员工团结起来，与资方展开工资的集体谈判，这种管理模式在西方国家非常普遍，并有成熟的谈判机制。而在合作策略下，工会不愿意看到雇员被视为“成本”，因此，管理者与工会共同决定有关雇员工资和福利的一些重大决策，例如鼓励员工参与管理、提出合理化改善建议、重构业务流程等。当合作性的工会与高承诺的人力资源管理相结合后，工会与资方共同努力满足每一个雇员的需求，工会在企业的经营过程中是一个全方位的合作咨询者。由此可看出，合作式的工会更容易被企业资方接受。

（二）成功企业工会合作性策略选择的特征

虽然《劳动法》第八条“劳动者依照法律规定，通过职工大会、职工代表大会或者其他形式，参与民主管理或者就保护劳动者合法权益与用人单位进行平等协商”是工资集体协商的法律依据，但法律条文并没有具体约定是对抗性还是合作性的协商。中国有许多工会在工资集体协商中采取了合作式策略，使得企业劳资关系更加和谐，它们的经验为：

第一，工会主席与资方协商中选择了合作式策略。这些企业的工会主席有一个共同特征：个人素质非常高，沟通能力强，既能说服资方代表支持工会的工作，又能与工人沟通，在工人中的威信很高。他们让资方确信：若支持工会的工资集体协商工作，合理提高工资、支付加班费、改善福利待遇等，工会将帮助资方说服工人配合工作，例如协助资方鼓励工人进行合理化建议以提高生产效率。

第二，管理层的理解和支持促进了和谐劳资关系的构建。成功企业的人力资源经理专业素质均较高，不仅严格执行法律、法规，而且能主动研究当地的工资水平与经济发展水平，主动收集员工有关薪酬满意的意见，形成加薪方案之后说服企业决策者同意加薪，并与工会保持合作。

第三，员工与资方愿意共同分享经营风险。有的企业外销订单减少时，员工会主动配合公司的制度安排，减少工作时间；当公司订单增加时，又能配合公司加班需求。合作性集体协商工会策略与对抗性策略相比，本质区别在于：前者的薪酬可增可减，与资方共担经营风险；后者的薪酬只能增加，不能减少，无法与资方共担经营风险。

西方的工资集体谈判虽然以对抗性为主，但也有成功的合作性管理模式。在中国经济社会转轨时期，企业的劳资关系受到社会、经济和技术的情境因素影响，需要充分分析工会的协商策略以及构建和谐劳动关系的成效，工会若选择合作性的工资集体协商策略，可能是一种更加切合实践的偏好。

三、工会主席的担当之案例分析

关于工资集体协商，普遍反映是“企业不愿谈、职工不敢谈”。让协商制度落地不仅需要广大企业工会主席秉持个体当责，还需要他们避免工作倦怠。本案例研究运用个体当责理论和认知评价理论，探究在集体协商过程中企业工会主席勇于担当，并最终达成了工资集体协商的满意结果。

（一）概念的界定

集体协商是指职工方与企业就劳动报酬、工作时间、休息休假、劳动安全卫生、保险福利等事项进行平等协商的行为。其中，工资问题是协商的重点。学界对工资集体协商在组织层面的绩效研究较多，对其在个体层面的绩效关注尚少。

在集体协商的过程中，企业工会主席的个体当责至关重要，因为个体当责是组织运行的基础。基于前人的研究，Hua 和 Mao（2012）提出了一个关于个体当责的整合性的定义：个体当责是个体愿意采取各种方法尽全力实现委托人所期望结果的一种现象，详见表 3.4。

表 3.4　个体当责的定义汇总

定义	来源
个体当责是一种代理人“向委托人证明其决策或行动的正确性的需要，而委托人具有对代理人的潜在的奖惩权力”。	（Frink，Klimoski，1998）
个体当责意味着“某人的行动被外在的委托人评估的程度”。	（Ferris，Matthews，2009）
个体当责意味着“一种由于外在的潜在评估机制导致的对工作作出解释的需要”。	（Breaux，Munyon，Hochwater，Ferris，2009）

续表

定义	来源
个体当责意味着“一个雇员需要对其工作行为和决策负责的程度。这个雇员需要证明其工作行为和决策的正确性，因为外资压力机制会根据其正确性进行奖惩”。	(Breaux, Perrewe, Hall, Frink, Hochwarter, 2008)
个体当责是“代理人对于其决策或行动将委托人评估的期望，而委托人拥有根据代理人的评估结果进行奖惩的潜力”。	(Lanivich, Jeremy, Hochwarter, Ferris, 2010)

与“担责”不同，“当责更强调任务完成的效果，并包含为实现既定结果而做的主观努力，而担责则仅仅意味着工作内容或工作流程的完成”（李枫、李成江，2010）。德国发展银行的“十分钟悲剧”事件很好地诠释了当责：该公司员工经过一系列“程序正确”的操作后，却在雷曼兄弟破产前十分钟误将三亿欧元汇入其账户，所有员工都做到了对过程负责的“担责”，却没有做到“当责”。Turusbekova（2007）将个体当责视为一个四维的变量，并发现四个维度均会对当责这一构念产生积极影响，详见表 3.5。

表 3.5　个体当责的影响因素

因素	隶属于	对于个体当责的影响
任务清晰度	任务因素	任务清晰度越高，个体当责越高
任务反馈	任务因素	任务反馈越多，个体当责越高
委托人权力	情境因素	委托人权力越大，个体当责越高
个体责任	情境因素	个体责任越大，个体当责越高

（二）数据收集

2015 至 2016 年，总共对受访关键人员进行了 5 次深入访谈。除访谈之外，研究人员还通过各种企业文件、媒体报道以及企业工会主席工作笔记等纸质材料收集数据，以形成多方面检证，详见表 3.6。

表 3.6　受访关键人员

称谓	时任职务	所述群体
A	企业工会主席	企业工会
B	企业工会副主席	企业工会
C	企业工会干事	企业工会
D	企业工会干事	企业工会
E	前任地方工会书记	政府
F	地方工会主席	政府
G	地方工会科员	政府
H	企业工会上级单位党群部门部长	上级直管部门

本研究使用多元数据构建了“资料三角形”，以保证建构效度；通过采用个体当责理论和认知评价理论对现象进行分析，本研究保证了内在效度和外在效度；在正式调研之前，本研究设计了研究草案，在研究进程中也不断地完善案例研究资料库，保证了研究的可信度。

（三）企业工会主席个人背景介绍

案例中，企业工会主席 A 在 21 岁时进入国营工厂当工人，1985 年成为国营工厂的副厂长。1993 年，企业工会主席 A 进入 DB 集团。2000 至 2005 年，企业工会主席 A 担任 DB 集团的人力资源经理；2005 至 2014 年，他担任 DB 集团的商业行为监察官，成为公司高管。在 1999 至 2008 年期间，企业工会主席 A 被选为 DB 集团的工会主席。在本研究聚焦的工资集体协商事件发生期间，企业工会主席 A 是 DB 集团的商业行为监察官和工会主席，其工作汇报关系如图 3.1 所示。

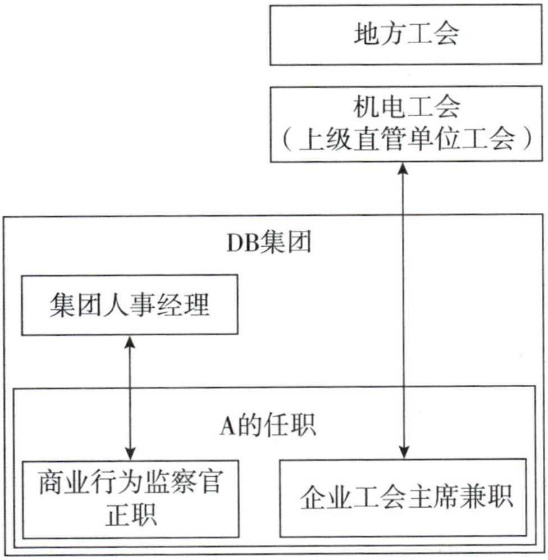

图 3.1　DB 集团工会主席 A 的工作汇报关系

（四）案例描述

在案例描述部分，本文将 DB 集团的工资集体协商分为两个阶段，以“地方工会介入并推行标准流程的工资集体协商”为时间分界。如此划分是因为：在地方工会提出该建议前，企业工会与地方工会能够配合协调劳资双方；而地方工会介入主导标准化流程的集体协商之后，企业工会主席 A 明显表现出工作倦怠，前后两个阶段的对比有利于分析研究问题。

阶段一的协商发生于2007年12月，是地方工会推行标准化流程的集体协商之前。

2007年，当地同行业的企业大都开始实行计件工资制，只有DB集团仍然采用计时工资制。12月4日，DB集团资方制定了计件工资改革方案，并与企业工会主席A就方案内容进行商讨。2007年12月5日，就企业工会主席A提出的意见，资方与工会一同去劳动局咨询相关政策。12月7日，资方提出超定额工作按150%计发工资，这是对之前企业工会主席A的意见的回应。然而，对于劳动定额的标准，双方未达成一致。12月14日，经工会委员会讨论，企业工会主席A书面签复资方，表示“在劳动定额未协商一致前，任何计件文件不要写上‘经工会协商同意’等字”。

2007年12月17日，资方召集工人开会，单方面宣布实行计件工资方案。工人于12月18日开始停工，12月19日，资方向工人们解释劳动定额制定标准。12月20日，媒体来访，企业工会主席A在接待了媒体之后，于当日及次日两次召开工人沟通会。

2007年12月24日，地方工会介入，听取劳资双方意见，一方面指出资方方案存在不合理之处，另一方面规劝工人复工。12月25日，地方工会再次到访DB集团，与企业工会主席A共同安抚工人、接待媒体。

阶段二是地方工会推行标准化流程的集体协商之后。

在这阶段，协商沿着两条并行的主线发展：一方面，实质上，企业工会主席A协调资方与工人展开了谈判，并就劳动定额等达成了一致；另一方面，形式上，企业资方和地方工会在采取何种协商形式方面僵持了很久才达成一致。

2007 年 12 月 25 日，地方工会建议 DB 集团按照标准化流程进行工资集体协商。第一步，民主选出职工代表；第二步，企业工会代表劳方向企业发出协商要约书；第三步，企业工会向地方工会的委派律师发出正式委托文书；第四步，资方对要约书进行回复；第五步，召开协商会议；第六步，达成协议；第七步，召开职工代表大会表决通过协议；第八步，将协议进行实施前的公示；第九步，正式实施半年后再做修订。

2007 年 12 月 27 日，企业工会组织四个工会小组的工人选举工人代表。2008 年 1 月 2 日，第五个工会小组也选举产生了工人代表，至此，集体协商标准流程的第一步完成。2008 年 1 月 4 日，企业工会主席 A 与工人代表进行沟通，了解工人诉求，并将其反映给资方，为集体协商做准备。

2008 年 1 月 7 日，资方提高了劳动定额薪金标准并发给工会讨论，工人代表参与了讨论。2008 年 1 月 9 日，资方已经与工人代表展开了关于劳动定额的实质上的协商。2008 年 1 月 10 日、11 日及 23 日，企业工会主席 A 又协调资方与工人代表进行了关于劳动定额、工资单价的多轮协商，最终达成一致：用 12 个月的数据计算标准工时定额，劳动定额标准从 84 小时提高到 86 小时。

在实质上的协商开始后，资方与地方工会在是否遵循“标准化流程”的问题上产生分歧。2008 年 1 月 9 日，地方工会来访，与企业工会主席 A 磋商如何进行工资集体协商。企业工会主席 A 提出“最好用一种劳资双方都可接受的方式去搞工资集体协商，并非完全按照法定程序去做”。双方最大的分歧在于“采用何种方式通过协商后的工资方案”。地方工会要求采用“职工代表大会表决”或“工人举手表决”的方式通过方案，而资方则坚持用“向工人征求意见”的方式通过方案。在这种僵持不下的局面下，企业工会主席 A 主要做了两方面的工作：一方面，规劝资方，防止局势恶化。2008 年 1 月 17 日至 18 日，DB 集团聘请的外部律师提议根据《劳动合同法》，通过“颁布规章制度”的技术性手段强行通过协商方案，被企业工会主席 A 劝止。另一方面，请求外援。2008 年 1 月 16 日，企业工会主席 A 向上级直管单位工会（机电工会）反映资方与地方工会的分歧，请机电工会出面协调。1 月 24 日，在机电工会的斡旋下，企业资方与地方工会最终各退一步，采用“工会小组会议讨论”的方式通过工资方案。

至此，各方才终于达成一致，最后的形式上的集体协商进行得很快，2008 年 1 月 29 日开始走标准化的协商流程，1 月 30 日达成一致。

（五）工会主席的个体当责

企业工会主席 A 在阶段一的个体当责主要体现在以下方面。

第一，任务清晰度。在阶段一，劳资双方争议的焦点就是计件工资改革的劳动定额，因此，任务重点在于协商劳动定额，任务清晰度很高。

第二，任务反馈。在阶段一，分歧发生于资方和工人之间，协商的委托人是资方以及工人，任务反馈也皆源于此。研究人员通过查看企业工会主席 A 的电邮记录发现，他与资方就集体协商一事保持了密集的邮件往来。同时，关于工资方案的每个最新进展，他都会向工人们作通报。

第三，委托人权力。在阶段一，作为委托人的资方和工人，都具有较大的委托人权力。资方对其正职具有任免权。工人的委托人权力则来源于集体停工所带来的舆论影响力。据研究人员统计，工人停工事件爆发后，多家媒体迅速介入报道。

第四，个体责任。主导企业的工资集体协商是企业工会主席的职责所在，因此，个体责任是确实无疑的。

综上所述：在阶段一，协商任务具有较高的任务清晰度，劳资双方对于企业工会主席 A 的任务反馈要求较高，并且都具有较大的委托人权力，企业工会主席的个体责任界定清晰。因此，企业工会主席的个体当责较高。

企业工会主席 A 在阶段二的个体当责主要体现在以下方面。

第一，任务清晰度。在阶段二，企业工会主席的任务主要有两个：一方面，推进资方和工人关于劳动定额的协商；另一方面，推进集体协商流程的标准化，以满足地方工会的要求。

第二，任务反馈。在阶段二，企业工会主席 A 的任务反馈频率仍然很高，而且涉及向资方、工人以及地方工会三方进行反馈。经其本人许可，研究人员查阅了其电子邮件往来情况，并与其 2008 年的日记相比对，发现他在阶段二高频率地向资方、工人以及地方工会反馈工作进展，以保证同时推进，保持了很高的任务反馈水平。

第三，委托人权力。资方和工人仍然具有较高的委托人权力。而地方工会作为新介入的委托人，其权力主要来源于其利用媒体的能力。

第四，个体责任。协调劳资双方开展工资集体协商，自始至终都是企业工会主席的职责，因此，在阶段二，其个体责任划分仍然是清晰的。

综上所述，在阶段二，协商任务更为复杂，但企业工会主席 A 很好地理解了任务的本质，对于他来说，任务清晰度很高；同时，资方、工人和地方工会对于企业工会主席 A 的任务反馈要求较高，也都各自具有较大的委托人权力，并且企业工会主席的个体责任界定清晰，因此，企业工会主席的个体当责较高。

（六）工会主席对集体协商过程中控制的评价

在阶段一，企业工会主席 A 专注于协调资方和工人进行集体协商。对内来说，一方面，他代表工人积极主动地与资方协商谈判工资，并且取得了实际成果；另一方面，他受资方委托，规劝和安抚工人。对外来看，在媒体到访时，他能够主动与媒体沟通；地方工会到访时，他也能与地方工会共同协调劳资关系。在访谈中，企业工会主席 A 体现了其对掌控局面的自信。因此，在阶段一，企业工会主席 A 对于任务的掌控程度很高，因而控制评价较高。

在阶段二，企业工会主席 A 不仅需要进行涉及实质内容的集体协商，还需要顺应地方工会的要求推进集体协商流程的标准化。此时，他的委托人变成了资方、工人与地方工会三方，不同委托人在理念和立场上又互相冲突，由此降低了企业工会主席 A 对于局面的掌控能力。在阶段二，企业工会主席 A 对于完成任务的控制评价较低。

本案例的最终结果是工资集体协商达成了一个劳资双方较满意的结果，说明企业工会主席是否担当、担当的能力会直接影响集体协商的结果。当前学界更多关注各种工资集体协商在组织层面的过程和影响，虽然强调工会主席的作用，但缺乏详细的案例来证实工会主席的关键作用，本案例是一个较好的事例。

第四节　广东产业转型升级中政府的规制策略

一、西方劳动关系理论发展与中国特色和谐劳动关系实践

19 世纪，西方进入自由资本主义时期，雇主对劳工实行独断、威权式的管理手段，劳动者的劳动条件日益恶化，工人运动此起彼伏。此时，劳工问题不再仅是劳动领域的问题，已逐渐发展成影响整个社会发展以及资本主义制度存亡的社会问题。马克思通过剩余价值学说揭示该阶段劳资关系的本质是“资本家剥削工人”，并认为资本主义社会将因社会经济结构地位的差异，发展成资产阶级与无产阶级两大对立阶级，这种社会阶级的对立决定着劳资冲突具有对抗性、政治性、革命性的特征。马克思认为无产阶级最终将通过有组织的工人运动以夺取政权为目标，推翻资产阶级的统治。

进入 20 世纪，随着垄断资本主义的到来，劳动关系学科的奠基人韦伯夫妇开始关注制度对工资、劳动力市场、公平效应的重要性，并在《产业民主》提出为克服工人个体化的脆弱性，工会可通过三种途径（互助保险金、集体谈判、立法）建立“共同规范”来改善劳动者工资与雇佣条件。20 世纪 20 至 40 年代，以康芒斯为代表的威斯康星学派开始聚焦制度与规则的研究，并发展成为劳动关系的制度学派，该学派认为通过全方位的制度改革来提高劳工地位，平衡雇主与雇员的关系。

然而，他们的研究更多停留在经验层面，未能形成理论分析框架。这种局面直到20世纪50年代“系统论”学派的出现才得以改变，代表人物是邓洛普。他借用帕森斯“社会系统”理论，把劳动关系的规则和规范置于整个分析框架内，认为劳动关系系统与政治、经济系统相平行，包括主体、背景、共同意识形态、规范等要素。与此同时，深受邓洛普影响的牛津学派也在英国的劳动关系研究中成为主流。他们认为，产业社会由不同利益群体组成，并拥有共同的价值理念，需通过社会机制把这些利益群体联系起来才能实现劳动关系系统的稳定与运转（吴清军，2015）。他们所指的社会机制主要是“集体谈判”，他们反对政府和法律过多地介入劳动关系的改革。在学术的发展脉络中，系统论学派与牛津学派同属多元主义的范畴，多元主义并没有严格意义上的共同理论预设与理论主张，只是松散、不完备的价值观系列。然而，其暗含的前提假设为承认劳资双方的利益存在分歧，但可通过复杂的讨价还价的互动过程使各主体利益纳入考量的范围内，实现劳动关系的均衡发展。

自20世纪70年代，随着一元论的兴起，多元主义招致诸多批评。以布雷弗曼、埃德沃兹、布洛维为代表的学者重新强调冲突与力量的抗衡，以此打破传统结构主义的分析框架。他们聚焦于劳动过程，认为资本通过使用更为隐秘的控制策略，“制服”和“化解”工人的抗争，这也是资产阶级没有被推翻的根本性原因。此外，随着人力资本管理与劳动关系日益紧密的结合，一元论重视劳动关系的主体行为特别是雇主行为，认为员工利益与管理方利益具有一致性，雇主可以通过科学的管理方法、双赢的技术策略协调企业劳资关系，以维护资本主义生产方式，这些观点而后发展出诸多管理学理论流派（冯同庆，2009）。其中最具代表性的是系统管理学派、组织行为学派。

20 世纪 80 年代以来，在经济结构调整、工会组织力量衰退、生产管理方式转变的大背景下，劳动关系的三大学派——马克思主义、多元主义和一元论之间逐渐从对立走向融合。考夫曼等学者认为需要遵循整合的思路，提倡构建能包含更多学术流派、学术观念的理论范式。在理论整合的思潮下，涌现出诸多具有现实解释力的中观理论。例如，寇肯（2008）将劳动关系系统理论与企业组织战略理论加以整合，提出新的理论解释框架：策略选择理论。巴德（2007）打破传统研究局限于制度、规范的立场，从三大社会目标出发，认为劳动关系需追求效率、公平和发言权之间的平衡。

正如寇肯所言："各国在规制与协调劳动关系时，并不存在一个具有普世性的模式，需要通过实践不断探索适合本国的发展之路。"这意味着由于政治经济制度与历史文化传统的不同，各国劳动关系的发展特征与制度规制均有显著差异；也预示着构建中国和谐劳动关系不能照搬西方的劳动关系理论，需立足于本国国情，构建本土化的特色理论。自 1978 年以来，中国经历着由计划经济向市场经济转型阶段，社会也进入全面改革时期。这种渐进式的改革历程除了借鉴西方发达国家的发展经验外，更多依赖的是"摸着石头过河"的创新策略选择，并形成有别于西方社会的中国特色社会主义理论。

十一届三中全会，以邓小平同志为核心的党的第二代中央领导提出以经济建设为中心，实行改革开放的历史性决策，成功开创了中国特色社会主义。国家通过实施家庭联产承包责任制、国有企业改革、鼓励乡镇企业发展、建立经济特区和积极引进外资等一系列政策，不仅为社会主义建设方式注入新活力，还对劳动关系产生变革式的影响：经济的快速发展提高了人们的就业水平，并促进传统劳动关系的市场化转型。

如果说，邓小平理论是构筑中国特色社会主义理论体系的开端，那么，“三个代表”重要思想和“科学发展观”的相继形成，则体现了中国特色社会主义道路是一个逐步深化的过程（秦刚，2015）。“三个代表”重要思想的提出无疑为劳动关系的构建指明了新的方向，其核心内容认为中国共产党应始终代表中国最广大人民的根本利益。“最广大人民”意味着为社会主义建设作出贡献的劳动者不应被排除在共享经济发展成果之外，需要切实保护劳动者的合法权益。随后，在2001年，国家通过修改《工会法》强化工会的维权职能；同年，国家启动了协商劳动关系三方机制；2003年，国务院办公厅《关于做好农民进城务工就业管理和服务工作的通知》提出保护农民工合法权益，这是国家首次在制度层面对其权利的承认、赋予和让渡。在“三个代表”重要思想的引领下，利益平衡成为构建劳动关系的主色调。国家基于劳工权益保护的立场，致力于构建有序、符合市场经济发展趋势的劳资关系。“科学发展观”包括以人为本的发展观、全面发展观、协调发展观、可持续发展观。在以人为本的价值理念下，国家相继颁布了一系列劳动人事体制的法规，完善与保护劳动者的合法权益。全面发展观、协调发展观和可持续发展观的内涵全面推进现代化建设的各环节、各方面相协调，促进生产关系与生产力、上层建筑与经济基础相协调。在构建和谐劳动关系上，国家除了改革劳动人事体制外，还具有全局与战略眼光，注重收入分配改革，建立工资正常增长和最低工资标准机制，对高收入者进行税收调节，并积极完善产权保护制度，为构建和谐的劳动关系提供各种辅助性的制度支持。

二、中共中央国务院关于构建和谐劳动关系的意见

为贯彻落实 2011 年 7 月中央关于学习宣传传化集团及浙江省构建和谐劳动关系经验的重要指示精神，中央政策研究室、中央宣传部、人力资源和社会保障部、中华全国总工会、全国工商联、中国企业联合会和浙江省委组成 31 人的联合调研组，从 2011 年 4 月起，历时近两个月，对浙江省和北京、辽宁、福建、广东、湖南、四川等省市构建和谐劳动关系的情况进行集中调研。

调研的结果表明：我国的劳动关系从总体上看基本是和谐的，同时，也存在一些矛盾，一些源头性、基础性、倾向性问题需要引起高度重视。在调研中收集的各地情况和意见显示，基层工作者和学者都强调“构建和谐劳动关系作为建设中国特色社会主义的重大课题，是建设社会主义和谐社会的重要基础，是加快转变经济发展方式的迫切需要，是加强和创新社会管理的重要内容，是巩固党的执政基础的必然要求”。从这份调研报告的结论看出，调研为 2015 年出台的国务院 10 号文件确定的和谐劳动关系建设目标提供了一个实践依据。

调研报告还总结了新中国成立以来我国劳动关系的发展变化以及近年来构建和谐劳动关系的主要工作和成效，除了劳动法制建设、劳动监察有成效之外，还特别提出“不断加强企业党的建设和群团工作，企业党群组织对构建和谐劳动关系的作用越来越突出”。

当然，报告没有回避问题，在调研报告的第三部分，总结了“当前我国劳动关系领域的主要矛盾和问题”，其中涉及企业层面的主要问题有：部分企业用工不规范，不依法签订劳动合同问题突出；部分企业劳动条件差、超时加班现象严重，职工健康和安全得不到有效保障；部分企业工资收入分配不合理，一线职工收入偏低、增长缓慢；部分企业忽视职工发展、缺少人文关怀，落实职工民主权利和文化权益不到位；一些企业党群组织作用不明显，规模以下非公有制企业党群组织及工作覆盖面偏低；部分企业经营者法律意识、诚信意识、责任意识不强，忽视甚至侵害职工权益；一些职工表达利益诉求方式简单，权益维护意识和手段存在偏差。

为此，2015 年 4 月 8 日新华社发布消息，4 月 9 日《人民日报》全文刊登了《中共中央国务院关于构建和谐劳动关系的意见》（以下简称《意见》），系统阐述了构建中国特色和谐劳动关系的重大意义、指导思想、基本原则、目标任务和政策措施，这是指导经济新常态时期和谐劳动关系工作的纲领性文件。

《意见》首先指出了我国经济社会转型时期劳动关系的现状，包括：利益主体及其利益诉求的多元化、劳动关系矛盾进入凸显期和多发期、劳动争议案件居高不下等。虽然政府和社会各界努力了多年，但有的地方拖欠农民工工资等损害职工利益的现象仍较突出，集体停工和群体性事件时有发生，构建和谐劳动关系的任务艰巨繁重。

《意见》接着明确指出构建中国特色和谐劳动关系的最高目标，不仅仅是加强和创新社会管理、保障和改善民生的重要内容，更重要的是建设社会主义和谐社会的重要基础，是增强党的执政基础、巩固党的执政地位的必然要求。

在政策措施方面，《意见》提出了六个大方向：

一是体面劳动依法保障职工的基本权益。包括：职工取得劳动报酬的权利；职工休息休假的权利；职工获得劳动安全卫生保护的权利；职工享受社会保险和接受职业技能培训的权利。

二是从预防制度层面提出健全劳动关系协调机制。包括：劳动合同制度；集体协商和集体合同制度；劳动关系三方机制。

三是从过程管理角度提出民主管理制度建设。包括：健全企业民主管理制度；推进厂务公开制度化、规范化；推行职工董事、职工监事制度。

四是从事后处理角度提出健全劳动关系矛盾调处机制。包括：健全劳动保障监察制度；健全劳动争议调解仲裁机制；完善劳动关系群体性事件预防和应急处置机制。

五是从外部环境治理角度提出营造构建和谐劳动关系的良好环境。包括：加强对职工的教育引导；加强对职工的人文关怀；教育引导企业经营者积极履行社会责任；优化企业发展环境；加强构建和谐劳动关系的法治保障。

六是从组织落实角度提出加强组织领导和统筹协调。包括：进一步加强领导以形成合力；加强劳动关系工作能力建设；加强企业党组织和基层工会、团组织、企业代表组织建设；深入推进和谐劳动关系创建活动；加大构建和谐劳动关系宣传力度。

仔细分析上述六个大方向，可以划分为宏观层面、中观层面、企业微观层面的工作，同时，兼顾了劳动过程管理。其中涉及企业层面的工作有四个：

第一，从过程管理角度提出民主管理制度建设。包括：健全企业民主管理制度；推进厂务公开制度化、规范化；推行职工董事、职工监事制度。

第二，教育引导企业经营者积极履行社会责任。

第三，做好劳资争议预防与事后处理机制的构建。

第四，加强企业党组织和基层工会、团组织、企业代表组织建设。

在《意见》发布之时，时任人力资源和社会保障部的尹蔚民部长发表了“努力构建中国特色和谐劳动关系”一文，其观点代表了职能部门对于中央精神的领会以及下一步工作方向。

在文章中，尹蔚民部长所指出的以下要点对项目的研究具有特别重要的借鉴意义：

第一，我国劳动关系的性质。改革开放以来，我国劳动关系发生了深刻的变化。但是，这种变化没有改变我国工人阶级和劳动者是国家和社会的主人的地位，没有改变我国劳动关系院系的社会主义性质。劳动关系双方在根本利益上是一致的，劳动关系领域存在的一些矛盾，是在根本利益一致基础上的具体利益差别的矛盾，属于人民内部矛盾。因此，在构建中国特色和谐劳动关系过程中，必须坚持中国共产党的领导，坚持中国特色社会主义道路，把遵循劳动关系一般规律与适应我国根本政治制度、基本经济制度等具体国情结合起来，不断完善“劳企两利”的劳动关系政策和制度，通过加强劳动关系双方的合作、协商、协调和依法调节来预防和化解矛盾。

第二，我国劳动关系的特点。我国企业数量众多，不同所有制企业、不同规模企业以及不同用工方式并存，直接决定了劳动关系的多样性。

第三，影响劳动关系的因素复杂多变。在市场化、工业化、城镇化、信息化、全球化等因素相互作用与叠加影响下，我国劳动关系始终处于快速动态变化过程中，新情况、新问题不断涌现。

第四，劳动者的诉求日益多元。劳动者的维权意识逐步增强，不仅更加关注法定权益的实现，而且要求增加工资和改善劳动条件、共享发展成果的愿望更加强烈，权利诉求和利益诉求同时出现。

第四章

传统产业转型升级中企业和谐劳动关系管理对策

劳动关系从其构成形态上可以分为两类：个别劳动关系和集体劳动关系。个别劳动关系是劳动关系的基本形态，是劳动者个人与用人单位之间通过书面或口头的劳动合同，来确定和规范双方的权利和义务，其管理核心在于员工与企业签订的劳动合同管理。而集体劳动关系的管理，广东企业则进行了有益的探索，尤其是在工资集体协商方面，雇主的态度是开放的、积极的，在《广东省企业集体合同条例》指导下，只要工会提出集体协商要求，都基本上接受并合作开展工资集体协商。

应该说，广东产业转型升级启动之时，恰逢《劳动合同法》生效。企业劳动争议在 2008 年爆发，两年之后，集体劳动争议也开始增多。本章重点分析 2008 年 1 月 1 日之后，广东企业的劳动关系管理对策，在个别劳动关系方面，其基本思路就是遵纪守法，完善企业的人力资源管理体系，并加强人文关怀；在集体劳动关系方面，其重点在于开展企业的工资集体协商，构建和谐的劳动关系氛围。

第一节　个别劳动关系管理对策

雇主与雇员通过劳动力市场建立联系，双方彼此交换有关价格和人员素质的信息，当双方取得一致之后，需要签订某种劳动契约以建立劳动关系，其内容包括：劳动报酬、工作条件、职业保障、契约期限。在劳动关系从计划经济向市场经济转型过程中，第一步就是要确定劳动契约。深圳被中央批准成立经济特区之后，引入了大量的外商投资企业，是国内最早按照国际惯例对正式工、季节工和临时工采取“契约式”的管理办法，给予企业人事管理的权限，企业被允许选择不同的用工形式，劳资双方均享有解聘、辞职的权利的城市。广东第一个试点之后，推广到全国，所有的企业员工都被逐渐要求与企业签订劳动合同。但是，劳动合同的签订与监管效果并不理想，导致劳动争议处理本身出现了许多问题，最终在 2008 年 1 月 1 日开始实施法律规定更加详细、更具操作性、更加具有强制力的《劳动合同法》，这一年也是广东产业转型升级的第一年，企业的劳动关系管理由此开启了转型升级，与高绩效的人力资源管理体系相互融合。

一、劳动合同签订与劳动关系争议的发生

（一）劳动争议原因

从中国劳动统计年鉴的数据中，可以找出 1996 至 2016 年 21 年之间的劳动争议仲裁案件情况和争议原因，详见表 4. 1 所示。

表 4. 1 的数据显示，1997 年开始，中国的劳动统计年鉴开始分类记录劳动争议的原因。1997 年至 2000 年的 4 年之间，劳动争议仲裁的焦点都围绕在劳动合同方面，包括劳动合同的变更与劳动合同的解除和终止。从 2001 年开始，统计数据显示了劳动报酬、社会保险、变更劳动合同、解除终止劳动

合同四类争议原因的仲裁结果。从地区的统计数据进一步分析，2007 年，即在广东决定进行产业转型升级的当年，全国受理的劳动争议仲裁案件为 30 多万件，广东为 5 万多件，排名全国第一。表 4.2 显示了 2007 年广东受理的劳动争议仲裁案件与全国数据的比较结果，表明广东受理的劳动争议仲裁案件类型中，数量最多的是劳动报酬争议，其次是解除终止劳动合同争议，再次是社会保险争议。

表 4.1　1996 至 2016 年全国劳动争议仲裁案件情况一览表

年份	争议原因				
	劳动报酬	社会保险	变更劳动合同	解除终止劳动合同	其他
1996	—	—	—	—	—
1997	—	—	2992	10337	8917
1998	—	—	2840	13069	9515
1999	—	—	3469	18108	8626
2000	—	—	3829	21149	12549
2001	45172	31158	4254	29038	—
2002	59144	56558	3765	30940	—
2003	76774	76181	5494	40017	—
2004	85132	88119	4465	57021	—
2005	103183	97519	7567	68873	—
2006	103887	100342	3456	67868	—
2007	108953	97731	4695	80261	—
2008	225061	—	—	139702	—

续表

年份	争议原因				
	劳动报酬	社会保险	变更劳动合同	解除终止劳动合同	其他
2009	247330	—	—	43876	—
2010	200550	149944	—	118684	—
2011	200550	149944	—	118684	—
2012	225981	159649	—	129108	—
2013	223351	165665	—	147977	—
2014	258716	160961	—	155870	—
2015	321179	158002	—	182396	—
2016	345685	145671	—	188642	—

数据来源：中国劳动统计年鉴．中国统计出版社，2017。

表 4.2　2007 年广东与全国受理的劳动争议仲裁案件

—	劳动报酬	社会保险	福利	变更劳动合同	解除终止劳动合同
全国	108953	97731	18486	4695	80261
广东	22185	8089	1317	579	18060

数据来源：中国劳动统计年鉴．中国统计出版社，2008。

从表 4.1、表 4.2 的数据对比看出，广东的劳动报酬争议数量是最多的，这一点与全国一致；广东排名第二多的争议与解除终止劳动合同相关，这一点与全国的情况就不一致了。从实践分析，无论是劳动报酬还是社会保险，在争议处理中，都会涉及劳动合同的签订质量，即很多劳动争议的发生，原因在于没有签订规范的劳动合同，雇佣双方之间的契约条款不清晰，雇员对雇主的期望与雇主所兑现的承诺之间出现偏差，最终引发劳动争议。由此可见，要减少、控制住劳动争议的数量增长，关键环节在于劳动合同的签订与否以及签订质量。

（二）非公企业的事实劳动关系

在广东，还存在一个特殊情况，即存在大量的事实劳动关系。广东的外向型经济结构中，外商投资企业和私营企业对经济的贡献占比非常大。根据广东省高级法院针对2006年劳动争议的报告数据分析，珠江三角洲吸纳的劳动者约占全国“外来工”总数的30%，这些人员都属于不稳定劳动合同关系的基数。由此可见，非公企业提供了庞大就业岗位，劳动争议也同样占据主要比重。

广东非公企业就业的群体以外来务工人员为主。用人单位为规避对劳动者的义务，不订立书面劳动合同，甚至不承认与劳动者已经存在的事实劳动关系。根据2004年抽样调查统计，在单位就业人员中，劳动合同平均签订率与2002年相比降低了近10个百分点。特别是建筑业、餐饮服务业劳动合同签订率较低，在40%左右，农民工劳动合同签订率在30%左右，中小型非公有制企业劳动合同签订率不到20%。[①] 2006年，《劳动与人口绿皮书》发布，详细分析了农民外出务工所遇到的主要问题，即“拖欠工资现象仍然存在，参加劳动保险、签订劳动合同比例低”，其中有88.5%的农民工，用人单位没有为其购买劳动保险，79.3%的外出农民工没有与用人单位签订劳动合同，劳动合同缺失最严重的是非公企业。[②] 劳动合同

---

① 芮立新．劳动合同立法的宗旨、背景及主要制度［J］．中国劳动，2007（7）：16－20.

② 雷佑新，雷红．论农民工劳动合同缺失的成因及解决思路［J］．经济体制改革，2005（8）：101－104.

签订率低，使得农民工在就业中处在了不利的地位，在发生劳动争议时，由于缺乏劳动合同这一重要的法律依据，劳动权益得不到有力的保障。

这种不签订劳动合同的现象被称为“事实劳动关系”，《劳动合同法》颁布实施之前，在广东较为普遍。根据董保华（2004）的研究，事实劳动关系主要有四种类型：用人单位与劳动者确立劳动关系时，未按国家有关规定签订书面劳动合同；当事人履行无效劳动合同而产生劳动关系；劳动合同期满既没有续订书面合同，又没有终止合同而形成事实劳动关系；由于企业转制而使原来签订的书面劳动合同与实际履行的劳动关系不配套。而且，董保华进一步估计，在2004年事实劳动关系不会低于10%。[①] 而广东省劳动和社会保障厅就“事实劳动关系的有关问题”于2000年12月7日专门发布一个给肇庆市劳动局的复函（粤劳社函〔2000〕484号），界定了“事实劳动关系”为：

按照原劳动部《关于实行劳动合同制度若干问题的通知》（劳部发〔1996〕354号）的规定，有固定期限的劳动合同期满后，因用人单位方面的原因未续订手续而形成事实劳动关系的，视为续签劳动合同。用人单位应及时与劳动者协商合同期限，办理续签手续。

劳动合同期满未办理续签手续的，任何一方解除或终止劳动合同，应当提前三十日以书面形式通知对方；没有提前三十日通知对方或者提前通知时间不足的，应当按相差的天数，以解除劳动关系前一个月劳动者的日平均工资为标准，支付赔偿

① 董保华．论事实劳动关系［J］．中国劳动，2004（7）：20－24.

金给对方。

无论是董保华教授所界定的还是广东省有关部门所界定的“事实劳动关系”，都会出现类似的情况，即一旦出现劳动权益被侵犯的状况，资方可以利用其资本的强势规避风险，而劳动者则往往得不到权益的保障，例如追讨欠薪时农民工拿不出劳动合同而处于不利的境地，政府部门也往往因缺乏证据而无可奈何，导致劳动争议无法有效处理。例如 2001 年 11 月 26 日，劳动和社会保障部办公厅关于对事实劳动关系解除是否应该支付经济补偿金问题的复函给浙江省劳动和社会保障厅（劳社厅函〔2001〕249 号），其答复为：最高人民法院《关于审理劳动争议案件适用法律若干问题的解释》（〔2001〕14 号）第十六条规定，“劳动合同期满后，劳动者仍在原用人单位工作，原用人单位未表示异议的，视为双方同意以原条件继续履行劳动合同。一方提出终止劳动关系的，人民法院应当支持”。该规定中的“终止”是指劳动合同期满后，劳动者仍在原用人单位工作，用人单位未表示异议的，劳动者和原用人单位之间存在的是一种事实上的劳动关系，而不等于双方按照原劳动合同约定的期限续签了一个新的劳动合同。一方提出终止劳动关系的，应认定为终止事实上的劳动关系。

类似的情况不断出现，也不断要求劳动与社会保障部门、高等法院给出司法解释和特别规定。即使通过正规途径去解决劳动争议，经过“一调一裁两审”的全过程，不延期的情况下，也需要 11 个月，如果发生延期，最长可能要 30 个月。[①]

---

① 广东省高级人民法院．关于劳动报酬争议案件的情况分析［J］．人民司法，2007（13）：47－50.

作为最基层的农民工以及普通的工人，根本无法承受劳动争议处理需要耗费的时间成本、律师成本等，最终的结果是“用脚投票”，离开珠江三角洲返乡务工，自2004年开始的“民工荒”也就可以理解了。

造成这种局面的原因既有“强资本、弱劳工”的总体格局，也有政府部门把就业放在第一位置的因素，导致招商引资过程中给予资方更多的承诺而放松劳动监察。当然也有客观的被动局面，即农民工大多缺乏相关的职业技能，从事的脏、重、累、苦、险等城市居民较少问津的工作，为了规避企业的规章制度等考核要求，也为了保持农业生产活动与城里打工兼顾的灵活性，部分农民工往往不主动要求签订劳动合同。

二、《劳动合同法》的立法宗旨

（一）劳动合同之价值的理论分析

个别劳动关系中劳动者权益的维护基础在于劳动合同，而合同自由是个别劳动关系构建的原则，即劳动者可以自行决定是否订立合同、与谁订立以及何种条件订立。但是，劳动合同签订过程是否“自由”以及签订内容是否“公平正义”与一般的民事合同有区别，其中涉及劳方与资方的议价力量，由于双方议价力量的事实不平等，无法实现无外力干预的“自由”，从而也无法达成“绝对自由”状态下的“公平正义”。

如何实现“自由”与“公平正义”？现代西方社会思潮最有影响的两个思想流派是功利主义学派和契约论学派。其中，功利主义的代表人物是休谟、亚当·斯密、边沁和穆勒，他们有关自由和公平正义的观点对于早期资本主义市场经济的发展具有不可估量的影响。其理论要点在于一切问题都是利益的问题，但所有的观点都是在忽视事实上的不平等前提下，提出“法律和社会的安排，应当使每个人的幸福或利益尽可能地与社会整体的利益和谐一致”（约翰·穆勒，2008）。表现在劳动关系的规制上，则是由劳方与资方自由去谈判，进而构建劳动契约，政府不需要干预。

关于功利主义与正义的关系问题，有名的当代批评者是罗尔斯和阿玛蒂亚·森，他们是契约论学派的代表人物，虽然同属于自由主义，但罗尔斯强调需要正视“公平即正义的前提”，需要一个理性或逻辑上的假设，即“正义的环境”。在这种环境中，人类的合作是可能的和必需的。客观条件包括一个确定的地理区域，体质状态和精神状态相似，存在着中等程度的匮乏；主观条件包括各方都有大致相似的需求和利益，各方又有各自的生活计划，而且还存在哲学、宗教信仰、政治和社会理论上的分歧，这样人们就既有合作又有冲突，因而需要有一些原则来指导人们决定利益划分。因此，罗尔斯（1988）提出两个原则：第一，每一个人对其他人都应有一种平等的权利。第二，社会和经济的不平等应这样安排，一是使它们被合理地期望并适合于每一个人的利益；二是依托于地位和职务向所有人开放。罗尔斯的“正义论”与穆勒的功利主义最大区别在于：前者正视了事实上的社会和经济不平等，政府规制的目标在于面对事实上的不平等基础上，施加干预使得公正的实现。应该说，罗尔斯的“正义论”对当代西方资本主义的劳动关系规制产生了很大的影响，直接的表现就是政府在劳方与资方的权益博弈中进行干预，通过法律手段规制双方的议价能力，从而在劳动企业的建立和履行过程中取得平衡，追求事实上的自由和正义公平。

中国自改革开放之后，1995 年 1 月 1 日开始实施《劳动法》，2008 年 1 月 1 日开始实施《劳动合同法》，两部法律的颁布与执行也体现出罗尔斯的“正义论”精神。

（二）对《劳动合同法》立法宗旨的讨论

在大量事实劳动关系存在的现实面前，政府开始计划劳动合同的立法，并最终在 2007 年的 6 月份颁布《劳动合同法》。有三位来自政府部门和学术机构的人士在《劳动合同法》颁布之后，于 2007 年、2008 年分别发表了立法宗旨的研究文献，从中可以理解其历史价值和现实意义。

第一位是人力资源和社会保障部法规司副司长芮立新，在《中国劳动》杂志上发表了专题文章“劳动合同立法的宗旨、背景及主要制度”。文中指出，《劳动合同法》规定：“为了完善劳动合同制度，明确劳动合同双方当事人的权利和义务，保护劳动者的合法权益，构建和发展和谐稳定的劳动关系，制定本法”。根据这条规定，芮立新解读《劳动合同法》的立法宗旨包括四项：一是完善劳动合同制度；二是明确劳动合同双方的权利和义务；三是保护劳动者的合法权益；四是构建和发展和谐稳定的劳动关系。

第二位是华东政法大学的董保华教授，他回顾了立法过程中其宗旨的激烈讨论以及四易其稿的过程。立法宗旨中没有变化的内容是：强调保护劳动者的合法权益以及强调劳动关系和谐稳定。变化的内容是：其一，一审稿强调规范用人单位与劳动者订立和履行劳动合同的行为；二审稿强调规范用人单位与劳动者订立、履行、变更、解除和终止劳动合同的行为；三审稿和最终定稿提的是完善劳动合同制度。其二，一审稿、二审稿都以《劳动法》作为立法依据；三审稿、最终定稿都没有再提以《劳动法》作为立法依据。其三，最终定稿与一审稿、二审稿、三审稿相比有显著变化的是增加“明确劳动合同双方当事人的权利和义务”与“保护劳动者的合法权益”相配套。解读这些不变和变化的内容，董保华教授认为其立法宗旨涉及“双保护”和“单保护”之争，虽然很多学者参与了立法宗旨的讨论，发表了不同的观点，但最终颁布的法律是“单保护”，即“保护劳动者的合法权益”，这与 1995 年 1 月 1 日执行的《劳动法》立法宗旨一致。

第三位是中国人民大学的常凯教授。2008 年 3 月，常凯教授在《法学论坛》杂志上发表了“论《劳动合同法》的立法依据和法律定位”一文。文中，常凯教授特别强调了劳动合同制度实施中存在的无合同、合同短期化、不规范等问题带来的严重后果，即严重侵害了劳动者的权益，影响了社会关系的和谐，从现实背景判断，非常有必要立法。由于劳动合同关系是一种具有从属性质的个别劳动关系，劳动合同也是一种从属性的合同，属于一种不对等和不平衡的关系。因此，劳动合同立法的基本目的就是实现劳资双方的力量相对平衡，以达到劳动合同关系长期化和稳定化。为此，他解读《劳动合同法》的立法宗旨在于：劳动者保护。即劳动合同立法的主旨和出发点是保护劳动者，其社会功能是追求社会公平，实现劳资两利，为了平衡资强劳弱的局面，在劳动关系调整中必须强调公权力的介入。

以上三位作者的解读，共同点就是保护劳动者权益，这是经济社会发展过程的必然阶段，也是人类发展历史的必然规律。中国政府把握住了这个规律，在 2008 年开始实施《劳动合同法》，从今天的成效判断，的确是一个正确的决策。

三、《劳动合同法》在广东的实施成效

（一）宏观层面的成效

《劳动合同法》的颁布和实施，是中国劳动关系发展史和法治史上一个重大事件，它的意义并不在于树立了劳动法治史上的里程碑，而是在劳动法治史上发挥了承前启后的作用。这部法律的颁布，标志着中国劳动关系的个别调整在法律建构上已经基本完成。但自 2008 年 1 月 1 日《劳动合同法》实施至今，《劳动合同法》被关注的热度一直持续，尤其是其经历了劳动争议的“井喷”、经济危机对就业的冲击以及 2010 年的停工潮，“这些情况的发生，既有不可抗拒的外部因素，也有与《劳动合同法》本身相关的内在因素”①。回顾《劳动合同法》实施以来所发生的各种变化，其颁布与实施对中国的劳动关系乃至整个社会具有重要意义，并对我国的劳动关系发展趋势以及立法产生了深远的影响。

从宏观层面分析，其成效表现在：

第一，劳动合同的签订率稳步上升。北京大学社会学系通过对北京、上海、深圳、泉州、宁波、绍兴、河南等 7 个城市的大规模调查发现，劳动合同签订率总体较好，大约为 72%。同时，劳动合同短期化的情况得到了有效遏制。根据中华全国

---

① 常凯，邱婕．中国劳动关系转型与劳动法治重点［J］．探索与争鸣，2011（10）：43－47.

总工会在《劳动合同法》实施两年后所作的调查看，广东省新签的劳动合同期限三年左右的占60%以上；江苏省一年至三年期限劳动合同增加12.89%，劳动合同期限在三年左右的已占60%以上。人社部的调查也显示，新法实施后劳动合同的签订期限主要为三年。此外，《劳动合同法》规定劳动合同必须明确有关劳动者权利的条款，明确约定工资标准、工作时间、社保缴费、休息休假、职业安全等相关内容。《劳动合同法》的实施促进了对劳动者权利的保护，特别是对关于社保费缴纳情况有较大的改善，基本养老、基本医疗、失业、工伤、生育保险缴纳比例稳步提高，特别是农民工的社保缴费率提高较快。

第二，劳动者维护自身合法权益的意识提高。《劳动合同法》的出台是对全社会的一次普法宣传和教育，劳动法制意识空前高涨，特别是劳工意识显著提高。2007年为配合《劳动合同法》的颁布，中共中央宣传部、劳动保障部、司法部、全国普法办联合出台了《关于进一步加强〈劳动合同法〉〈就业促进法〉普法宣传教育工作的通知》，在全国范围内动用各级政府资源，普及《劳动合同法》的相关知识。工会系统也对《劳动合同法》的宣传做了大量的工作。另外，学界和媒体关于《劳动合同法》的激烈争论，更引发全社会对于这部法律的关注，并提升了《劳动合同法》的社会认知度和影响力。

（二）企业提升人力资源管理法制化成效

《劳动合同法》施行前，在“强资本、弱劳工”的背景下，我国的人力资源管理的法制化程度很低。特别是由于劳动者并没有形成一种有组织的社会力量，致使雇主在劳动关系处理中没有遇到过有组织的对抗力量。《劳动合同法》实施之后，的确引起了企业的重视。以东风日产在广州的公司为例，成立《劳动合同法》专题项目组，先后编制、修订了《东风日产乘用车公司员工手册》《劳动合同管理办法》等文件。2009 年以来，为进一步提升劳动人事管理水平，东风日产对公司人力资源制度加以细化，编制、修订了《东风日产员工行为规范》《东风日产年休假实施办法》《东风日产乘用车公司工资集体协商实施办法（试行）》等制度文件。公司所有涉及员工的切身利益的规章制度都经员工代表大会讨论通过后发布实施。民营企业的代表有广东海印集团股份有限公司，该企业严格按照《劳动法》《劳动合同法》与员工签订劳动合同，购买“五险一金”；根据企业的发展和效益情况不断改善员工福利，在为全体员工办理“社保”和“医保”的基础上，也为员工办理了“重大疾病”和“职工住院互助保障计划”；严格执行《安全生产法》和《职业病防治法》等。

广东企业中类似东风日产公司、广东海印集团股份有限公司的例子非常多，2013 年，广东省雇主工作联席会议支持了一个调查，目标在于了解《劳动合同法》实施五年之后，企业在遵纪守法方面的基本情况。华南理工大学工商管理学院劳动关系研究中心通过省雇主工作联席会议向其会员单位发放调查问卷 125 份。在此之前，省雇主工作联席会议已通过下发文件、电话跟踪确认、会议通知等多种方式取得会员企业对本次调查的信任和认可。另外，省雇主工作联席会议还将本次调查通知及调查问卷在相关网站公布，通过发文的形式让会员单位自己下载问卷填写并返回。最后，本次调查共回收问卷 72 份，其中有效问卷 72 份。基于这 72 家企业的问卷数据，可以基本了解广东企业在《劳动合同法》方面的执行情况。

劳动合同签订规范性评价企业在与劳动者签订劳动合同之前就合同内容与员工进行协商的情况。调查问卷采取“是”和“否”的填答方式，请问卷填答者填写。参与调研的企业中，7.89%的企业在与劳动者签订劳动合同之前没有就合同内容与员工进行协商，这违背了劳动合同签订的协商原则；92.11%的企业在与劳动者签订劳动合同之前与员工进行了协商，符合《劳动合同法》的规定。可见此次调查的企业，大部分企业劳动合同签订还是规范的，不规范的企业只占很少数。

参与调研的企业中 25%的企业使用了劳务派遣工，75%的企业没有使用劳务派遣工。使用劳务派遣工是一种更灵活的用工方式，可以增加企业的灵活度，但是，企业使用劳务派遣工时要严格遵守《劳动法》和《劳动合同法》等法律法规，不能损害劳务派遣工的合法利益。

劳动规章制度评价企业签订、履行、变更、解除和终止劳动合同符合法律法规规定，劳动规章制度要符合相关法律法规，要认真执行《女职工劳动保护》《禁止使用童工规定》，加强女职工、未成年工特殊劳动保护的情况。调查问卷采用李克特量表五点法的形式，其中 1 表示不符合、2 表示较不符合、3 表示一般、4 表示比较符合、5 表示很符合，请问卷填答者选择一个最合适的答案。参与调研的企业中 1.6%的企业的劳动规章制度没有严格遵守法律法规；6.2%

的企业在签订、履行、变更、解除和终止劳动合同方面比较符合法律法规规定，劳动规章制度比较符合相关法律法规如《女职工劳动保护》《禁止使用童工规定》等；92.2%的企业在签订、履行、变更、解除和终止劳动合同方面非常符合法律法规规定，劳动规章制度非常符合相关法律法规如《女职工劳动保护》《禁止使用童工规定》的规定。可见此次调查的企业在很大程度上能够严格地遵守相关的法律法规。

集体合同评价企业签订集体劳动合同的情况以及企业签订专项集体劳动合同的情况。专项集体劳动合同通常包括：工资专项集体合同、劳动安全专项集体合同、女员工权益专项集体合同等。参与调研企业中59.4%的企业签订了集体劳动合同，并且签订了一项专项集体劳动合同；28.1%的企业签订了集体劳动合同并且签订了两项专项集体劳动合同；12.5%的企业签订了集体劳动合同并且签订了三项专项集体劳动合同。可见此次调查的企业都签订了集体劳动合同，符合法律法规的要求，认真维护劳动者的合法利益。

加班工资支付情况评价企业在支付员工加班工资的情况是否符合法律法规的规定，即安排员工加班可以选择补休，也可以按照国家法律规定支付员工加班工资。参与调研的企业中58.57%的企业安排员工加班，虽无加班工资，但会补休，也是符合法律规定的；22.86%的企业安排员工加班，虽然有加班工资，但低于国家规定标准，不符合相关法律法规；10%的企业安排员工加班，有加班工资且符合国家规定标准；8.57%的企业是选择其他，主要根据不同性质岗位给予加班工资或补休，两种中满足一项。公司以员工工作产出及效能发绩效工资，多劳多得。可见此次调查的企业除少数企业不符合法律规定外，大部分都能符合法律法规的要求。

每周工作时间评价企业员工每周的工作时间是多长。《劳动合同法》规定每周标准工作时间是 40 个小时，但有特殊原因需要延长工作时间也是可以的。此次调查中 71.76% 的企业员工每周工作时间在 40 个小时及以下，符合国家法律规定；21.86% 的企业员工每周工作时间在 41 至 50 个小时之间；3.19% 的企业员工每周工作时间在 51 至 60 个小时之间；3.19% 的企业员工每周工作时间 60 个小时以上。可见此次调查的企业除少数企业工作时间较长，大部分企业在工作时间上还是能达到法定标准的。

工资调整机制评价建立工资调整机制的情况。调查问卷采用李克特量表五点法的形式，其中 1 表示不符合、2 表示较不符合、3 表示一般、4 表示比较符合、5 表示很符合，请问卷填答者选择一个最合适的答案。参与调研的企业中 12.5% 的企业认为企业已初步建立了工资调整机制；87.5% 的企业认为企业已建立了完善的工资调整机制。可见此次调查的企业中都建立了工资调整机制。

按时足额支付工资评价企业以货币形式按时、足额支付职工工资的情况。调查问卷采用李克特量表五点法的形式，其中 1 表示不符合、2 表示较不符合、3 表示一般、4 表示比较符合、5 表示很符合，请问卷填答者选择一个最合适的答案。参与调研的企业中 28.07% 的企业认为企业完全是以货币形式按时、足额支付职工工资；71.93% 的企业认为企业大部分时候是以货币形式按时、足额支付职工工资。可见此次调查的大部分企业都能以货币形式按时、足额支付职工工资，不拖欠或以其他形式发放职工工资。

工资分配标准情况评价企业依法确定、调整劳动定额或计件报酬标准的情况。调查问卷采用李克特量表五点法的形式，其中 1 表示不符合、2 表示较不符合、3 表示一般、4 表示比较符合、5 表示很符合，请问卷填答者选择一个最合适的答案。参与调研的企业中 4.7% 的企业认为企业是依法确定、调整劳动定额或计件报酬标准；95.3% 的企业认为完全是依法确定、调整劳动定额或计件报酬标准。可见此次调查的企业中都能依法确定、调整了劳动定额或计件报酬标准。

遵守最低工资标准情况评价本企业最低工资是否高于当地最低工资标准的情况。参与调研的企业中，7.8% 的企业最低工资不高于当地最低工资标准；92.2% 的企业最低工资高于当地最低工资标准。可见此次调查的企业内大部分企业最低工资高于当地最低工资标准，符合法律法规的要求，只有少数几家企业的最低工资低于当地最低工资标准。

带薪休假情况评价严格执行了国家规定的带薪休假制度的情况。调查问卷采用李克特量表五点法的形式，其中 1 表示不符合、2 表示较不符合、3 表示一般、4 表示比较符合、5 表示很符合，请问卷填答者选择一个最合适的答案。参与调研的企业中 4.7% 的企业认为企业没有严格执行国家规定的带薪休假制度；10.9% 的企业认为企业较大程度上执行了国家规定的带薪休假制度；84.4% 的企业认为企业非常严格地执行了国家规定的带薪休假制度。

参保项目情况评价企业为员工提供社会保障项目的情况。社会保障项目包括五险一金、企业年金和其他。参与调研的企业中 1.6% 的企业只为员工提供了一项社会保障项目；32.8% 的企业为员工提供了三险一金，可能没有工伤保险和生育保险；65.6%的企业至少为员工提供了五险一金，有些企业还为员工提供了企业年金和商业保险等。可见此次调查的企业中只有半数多的企业为员工提供了完善的社会保障。

职业安全与卫生情况评价企业是否严格遵守劳动安全卫生方面的相关法律法规和企业的工作环境。调查问卷采用李克特量表五点法的形式，其中1表示不符合、2表示较不符合、3表示一般、4表示比较符合、5表示很符合，请问卷填答者选择一个最合适的答案。参与调研的企业中12.5%的企业认为本企业比较遵守劳动安全卫生方面的相关法律法规（安全生产、工伤和职业病处理等方面），企业的工作环境较为舒适卫生；87.5%的企业认为本企业严格遵守劳动安全卫生方面的相关法律法规（安全生产、工伤和职业病处理等方面），企业的工作环境非常卫生舒适。可见此次调查的企业中大部分企业在职业安全和卫生方面都能严格遵守劳动安全卫生方面的相关法律法规，避免员工在工作中受到伤害。

劳动合同签订率用来评价企业劳动合同签订的状况以及反映其规范程度。此次调查的企业中，全部72家企业都与员工签订了劳动合同，签订率达到100%。

四、员工建言与公平感和组织绩效案例研究

（一）员工建言对于组织绩效和员工公平感知的意义

如何在工作场所提高员工的工作积极性和工作投入，改善员工关系管理，最终提高组织的绩效和竞争力，员工建言是一个关键因素。目前，在组织行为、劳动关系、人力资源管理等学术领域，大家公认员工建言对于组织绩效、员工公平感知是

重要的前因变量，但是在企业，如何实现这些关系需要针对每一个企业的实践去探索。

1. Morrison 的员工建言模型

从组织行为学的角度分析，员工建言能够提高组织决策、组织纠错以及组织学习的能力，同时，促进同事之间关系的和谐。员工建言还能够强化员工的自我控制感和工作态度，降低工作压力，提高员工绩效。但是，员工建言也可能存在负面影响，例如对员工的个人形象、绩效考评和奖惩等带来潜在的负面评价（Morrison，2011）。因此，其关注的焦点问题是什么因素会促使员工建言，达成改善组织绩效的目标。研究结果发现：建言安全感和建言效用决定员工是否会建言，而组织情境因素和个体因素会影响建言安全感和建言效用。由此，Morrison（2011）完成了使用元分析的方法建立一个员工建言模型，详见图 4. 1。在这个模型中，Morrison 认为员工建言的首要因素是员工要具备有帮助提高组织运营绩效的动机，有了建言动机，员工下一步就会衡量建言的安全感以及建言的效用。因此，图 4. 1 的模型建议有必要研究员工建言导致某结果可能的前因变量，即如何促使员工建言，例如应如何引导员工阐述他们的观点；建言目标如何设立，可以激励员工建言；什么时间建言；是否需要构建一个团队来建言，以降低个人建言的风险。

2. Kaufman 的员工建言模型

Kaufman（2015）从劳动关系的角度拓展了 Morrison 有关员工建言决定因素模型，详见图 4. 2。

Kaufman 教授认为员工建言是由多种因素决定的，包括外部环境、组织轮廓、公司治理结构、劳动关系、劳资双方对得

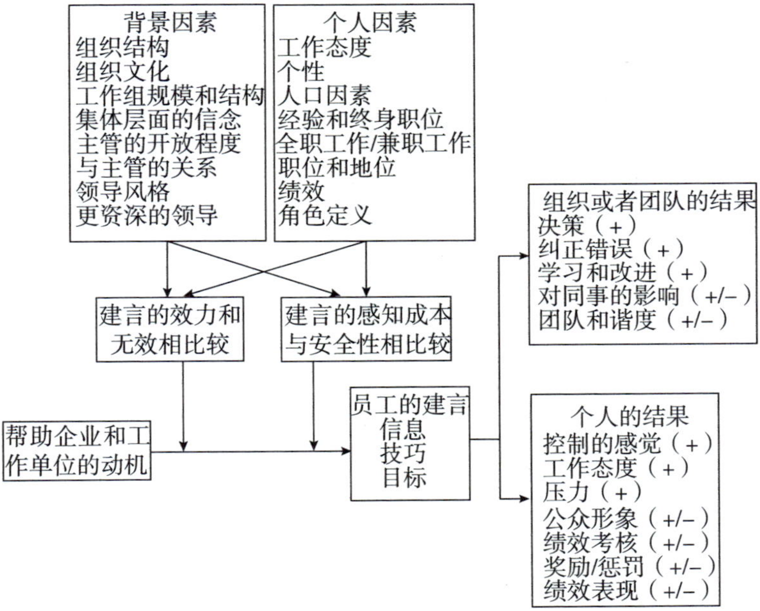

图 4.1　员工建言模型（Morrison，2011）

失的权衡和双方的战略定位、组织内部权变因素、员工建言系统和员工建言的供求关系。组织的外部环境由经济、法律和社会文化环境组成。经济是否衰退会影响劳动场所的问题及强度、员工怎样在工作中建言；法律对公司解雇员工难易程度的规定，决定了公司是聘用全职还是兼职员工；员工的文化背景也决定了员工建言的数量，例如：强调个人主义的员工可能比集体主义文化背景的员工更喜欢建言。

结构简单的组织，员工建言更少，且非正式；而采用高绩效工作系统的组织，员工建言质量和数量也都更高。从劳资关系角度看，员工建言少，会产生不满，因而离职。劳动力市场对建言有影响，当失业率高时，员工通常较少建言。

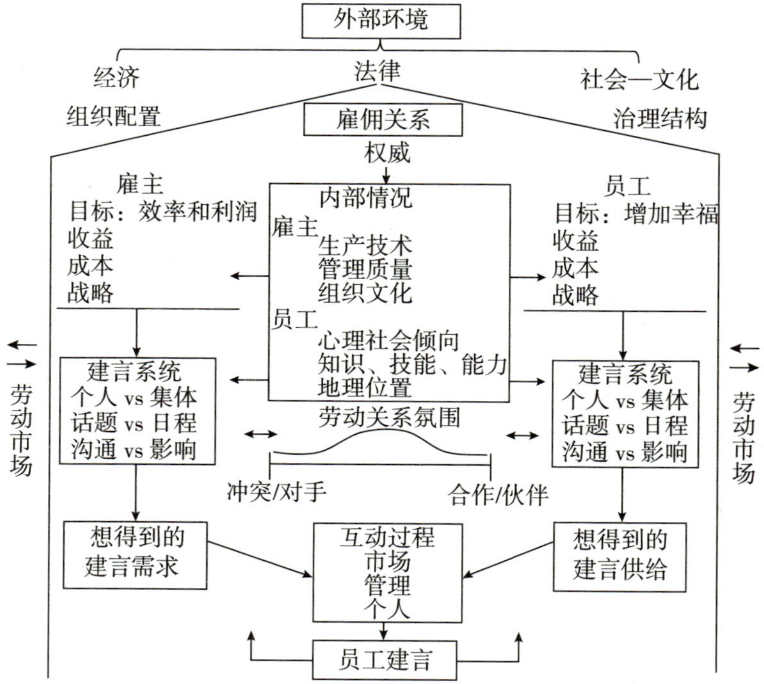

图 4.2　劳动关系角度的员工建言决定因素模型（Kaufman，2015）

Kaufman 观察到：目前的公司觉得投资营造有利于建言的氛围是不经济的，因为较高的失业率和日益降低的就职时间和组织忠诚，这是由于强大的外部就业市场和萎缩的内部就业市场而导致的。因此，公司需要较少的员工建言来促进有效的管理协作。

劳资双方在衡量建言的利益得失后，才做出是否建言的决策。对于资方而言，建言的好处是提高效率和积极的组织氛围；而坏处则是更高的工资和对权威的稀释。而对于员工来说，建言的好处是更高的工资和待遇以及老板的赞扬；而缺点则是有被解雇和造成人际冲突的风险。建言与否还与劳资双方的战略有关。从资方角度而言，如果采取的是成本领先的战略，则更可能不希望员工建言；反之，如果采取的是质量领先的战略，则必须鼓励员工建言。有些员工可能会为了更快的晋升而放弃建言。

组织内的权变因素对员工建言有影响。组织内是否有生产线、自我管理团队和生产的官僚结构会对建言的数量和自主建言的形式有影响。建言系统的设计对员工建言有影响。如果建言的目的只是提高组织运营，而且生产对组织和知识是相互依赖的，那么员工委员会是一种有效的手段。员工对组织公平的感知会影响员工是否愿意参与集体建言的决定。员工对建言的供应和管理者对建言的需求会达成平衡，如果组织给予员工话语权少，那么员工可能会离职，随着离职率的提高，公司会因为有压力而增加员工话语权和提高工资。如果员工不离职，但是表现出不满，主管会识别和改正不满的根源以鼓励员工建言。

现有 OB 领域有关员工建言的模型和实证研究过分聚焦于心理和个体方面，同时，该领域所提出的影响员工建言的变量不够全面并且缺乏案例分析的证据，使得该领域的研究结果缺乏对现实的指导意义。在 IR 和 HRM 领域，许多有关员工建言的案例研究为管理者提供了良好的建议，例如 Gollan 等人（2015）对美国、英国、加拿大和澳大利亚的 12 个组织进行了有关员工建言的案例研究，分析了 NER（Non – Union Employee Representation，非工会员工代表计划，NER 是提供员工建言的一种形式）的形成过程、劳资双方的战略和动机、NER 成功和失败的因素、对于 NER 结果变量的考虑以及提出了对企业和政府决策者的建议。

3. Gollan 等对 NER 的案例研究

NER 是提供员工建言的一种形式。NER 包括：员工建言和参与的论坛、委员会、劳资协商会等。Gollan 等人（2015）的研究回应了学界对 NER 的支持和批判。NER 的支持者认为：正确的 NER 类型，对组织绩效和员工福祉有积极作用。而 NER 的批判者则认为：NER 是被边缘化的并且大多数情况只是种摆设，是为了不让员工组织工会而设置的机制。作者的研究发现，评价 NER 是否有效，需要看公司 NER 的表现形式、实行 NER 背后的理由、NER 是否为组织带来了更好的绩效。作者总结到有效的 NER 能够提升员工满意度、组织承诺、促进员工发展；而差的员工代表计划总是伴随着不利的条件，例如骚扰、客户满意度的下降。

NER 是对应西方工会参会率下降的因素，但在中国，工会参与率非常高。因此，在中国研究 UER（Union Employee Representation，工会员工代表计划）或者说在高绩效的人力资源管理系统中工会员工建言对组织绩效和员工福祉的作用更具有现实意义。虽然 Gollan 等人（2015）已经做了相关的研究，但是，其研究案例源于资本主义国家，因此，在与之不同的商业、政治、社会文化等背景下的中国，验证和拓展以上研究发现就很有现实意义。

（二）相关概念界定

1. 员工建言

Freeman 和 Medoff（1984）的研究使员工建言这个概念备受关注，虽然这个概念在 200 年前就已经被提出来了。但是在 1984 年之后的 10 年里，有关员工建言的文章和书籍才在工业社会学、组织行为学和人力资源管理领域如雨后春笋般涌现出来。管理者认为员工建言既有整合的维度也有分配的维度，包含从5分钟对解决问题的讨论到集体协商。建言的形式可以是面对面谈话、Email、申诉申请。

学者对员工建言的研究成果都是基于不同的理论框架和方法。当定义员工建言为个人对解决问题的表述时，许多劳动经济学家定义员工建言是工会和集体协商的同义词。因此，建言应定义为：对员工的想法、建议、顾虑以及与工作相关问题意见的自由沟通，这些与工作相关问题的意见通常具备提升组织和工作单元运作的目的。员工建言定义为：员工试图去表达和潜在影响组织事物的方式和方法，这些事物通常影响员工的工作以及管理者和所有者的利益。

2. 绩效

定义绩效在组织文献中是一个颇有争议的话题。争议源于绩效可以从几个不同的方面进行评估，而且只有几个绩效指标被广泛接受。对子公司的绩效评估尤其困难，因为母公司通常用合并财务报表的方式编制财务报表。而且我们的研究对象的产出基本都供给其控股公司以及战略合作伙伴。因此，我们只能基于制造绩效来考评其公司绩效。

Sakakibar 等（1997）的研究为制造绩效的考核提供了依据，即库存转换率、产品的生产和送达时间以及生产产品所需的时间。

3. 组织公平

组织公平是指成果应如何分配的规则和社会规范、用于做出该分配决策的程序以及在此过程中人们是如何被对待的。当人们感知到较少的公平时，士气会降低，他们更可能离职以及更有可能对组织进行报复。而公平对待则正好相反，它能使员工对组织产生承诺，提高留职意向，产生有益的组织公民行为并且使员工做角色外的工作。

组织公平包括分配公平、程序公平和互动公平。分配公平是个体对所得的公平感。分配不公会导致员工工作绩效下降，参与退缩行为，更少地与同事合作，行窃以及提高压力。

程序公平是对成果分配决策过程的评估。证据显示：当人们相信决策制定过程是不公平的，则会减少对雇主的承诺，增加行窃行为，产生更高的离职意向，降低绩效以及更少产生组织公民行为。

互动公平是个人所感受到在人际交往中被对待的质量。公平对待应充满礼貌和尊重。没有受到尊重的员工更有可能表现态度差、冲突、低绩效。互动公平还包括解释，解释是管理者对员工充分解释不好结果发生的原因。当给个人提供足够的解释时，个人对不好结果的忍耐度会提高。

4. 工会工具性

Gordon 等人（1995）提出了工会工具性的概念，即员工对工会提高其工作条件的感知，这一工作条件包括传统的工资、福利、劳动保护、晋升和工时等，也包括员工生产率、员工和企业关系、工作趣味性、工作丰富化等非传统因素。

西方诸多研究表明，员工对工会工具性的感知与公平感知、员工对工会的支持行为之间存在相关关系，是工会态度、工会忠诚、工会支持感、情感承诺和工会参与等构念的重要前因变量。根据社会交换理论，个体与组织之间的关系本质上是一种交换互惠关系。组织对个体投入薪酬、培训、荣誉和关怀等因素，个体则以态度和实际行动来回报组织的投入，两者在这种互动过程中形成交换关系，承诺就是个体和组织之间良性交换的结果。

目前，有一些研究针对工会工具性对员工公平感和企业效率的影响提供了证据支持，认为工会的申诉程序为员工们提供了一个话语权机制，由于工会的独立性，它被视为唯一并且最佳的话语权代表机制。在工会情境下，工作场所公平是通过申诉体系建立的。申诉体系所带来的程序公平和分配公平比集体协商合同更能使工会和会员的关系变得紧密。研究表明，由于雇员感知工会发挥了一系列的职能，这些职能带来分配上和程序上的结果，从而给员工带来分配公平感和程序公平感。工会工具性对企业效率的影响具有双重性。尽管工会为保障员工经济利益和满足员工情感需求方面作出了积极的贡献，但是，工会与企业效率呈负相关关系。在中国情境下，根据《工会法》，工会的职责是在保障员工利益的同时，鼓励和教育员工参与企业建设，为企业发展建言献策，为促进企业的生产作贡献。许多学者的研究表明，在中国情境下，工会对提高企业效率起到了积极的作用。

（三）案例企业 JA 公司简介与数据收集和编码

1. 案例企业简介

案例企业 JA 公司是一家位于广东省的生产汽车核心零部件的日资企业。汽车制造业是广东省的支柱产业，并且在中国名列前茅。据财媒经济 2018 的报道，广东省汽车制造 2017 年 GDP 高达 5000 亿元。位于广东的主要汽车公司有：一汽大众、广州本田、广汽传祺、东风日产。除了这些汽车整车厂以外，还有成千上万的汽车零部件公司也位于广东省。上述许多公司是100%外资或中外合资。

JA公司的劳资关系较和谐，且公司绩效位于行业前列。作为世界上最大汽车核心零部件生产厂家之一的中国分公司，从公司建立之日起，一直处于满负荷生产状态，并且员工离职率低于一线城市行业平均水平。

2. 数据收集和编码

通过焦点小组和档案资料收集案例数据，并对公司高层管理人员进行了深度访谈。除了焦点小组，研究还收集了公司手册、母公司组织结构图、公司视频、有关公司的报纸和杂志文章。

本案例研究用典型的内容分析程序对不同来源的数据进行编码。我们将数据分为五类：员工建言、员工授权、公司人力资源实践、公司绩效、组织公平。结合先前的研究创建了子类别，将数据进行分类，例如，员工薪水水平被归入分配公平，而分配公平和程序公平被归类到组织公平下。表4.3提供了数据编码的例子。

表4.3　编码举例

编码类别	例子
员工建言	公司把员工在工作中发现的问题收集起来，通过E-Learning的方式递交到公司的相关部门。 低级别员工通常会被分配到一些比较简单的问题，需要花2至4周时间解决。 在公司定期的分享会上，公司和工会通过提议、准备议案，然后用员工参与的方式对公司生产、运营、管理等方面进行决策。

续表

编码类别	例子
员工授权	员工进行生产现场的人才自主管理。 公司的 TEAM 文化，意为每个人都可以领导一个团队。 被分配到课题之后，员工可以自己组建一个解决问题团队，并且自主选择领导者。
公司人力资源实践	公司通过员工提名的方式选择理想继任者人选。 员工只有通过培训课程的答辩才能够毕业以及获得晋升的机会。 员工的胜任能力被分解为 4 个维度进行评估，将其与员工的报酬、采用、人才育成相联系。
公司绩效	公司的 TEAM 文化与其他日资企业相比更高效、简洁。 该公司为全球三大某汽车零部件供应商之一。 公司自建立开始，一直保持满负荷生产。
组织公平	员工的工资水平位于行业水平的前四分之一。公司基于咨询公司和工会的建议来制定员工工资。咨询公司告知公司行业的薪资水平，而工会通过当地的开发区联合会、汽车零部件行业了解该行业在该区域的薪资状况，给予公司薪资建议。 员工有 25 种不同的福利，例如补贴、津贴、假期、春节活动、对于家远的员工的额外假期。员工还拥有 4 种奖励，如岗位补贴、资格奖金等。

（四）案例分析

1. 员工建言

在案例分析中我们发现 JA 公司非常重视员工，通过 NVIVO 分析聚焦小组访谈内容，我们发现“员工”两字出现的频率最高，详见图 4.3。

图 4.3　JA 公司聚焦小组访谈词语云

JA 公司认为员工是其制胜的秘诀。公司对员工的投入非常大，通过给予员工话语权、技能培训充分调动员工工作的积极性。

根据 Wilkinson 等人（2014）对员工建言的定义：员工试图去表达和潜在影响组织事物的方式和方法，这些事物通常影响员工的工作和管理者与所有者的利益。在 JA 公司的运营中看到，公司给予员工许多表达自己对组织运作看法的机会，最显著的就是公司的“课题银行”机制。员工可以将自己在工作中遇到的问题以及自己认为组织运营需要改进的方面，通过 E－learing 的方式递交到公司的“课题银行”。在后续的培训中，公司要求员工针对一些“课题银行”中的课题提出解决方案。通常员工是通过团队合作的形式解决问题，团队是自主团队，团队领导由成员自主决定。员工对课题的解决方案会受到公司专家小组的评估，方案的评估结果用来决定员工能否从这次培训中结业，也同时被作为员工晋升的条件之一。被评为优秀的方案可能会被公司所采纳，作为公司改进管理运作的备选方案。

除了“课题银行”机制，在公司定期的分享会上，公司和工会通过提议、准备议案，让员工对公司生产、运营、管理等方面进行决策，这体现了公司对员工的重视。

2. 绩效

由于JA公司的75%的股权由一家知名汽车品牌所有，并且JA的所有产品都供给该汽车品牌以及其战略伙伴，所以，JA公司的财务报表是通过合并报表的形式编制的，因此，我们无法得知其财务绩效信息。

由于JA公司采用精益生产的方式，公司能将生产绩效维持在非常高的水平。许多学者对精益生产的研究发现，精益生产能够降低库存水平，尤其是半成品的库存水平，提高生产率，降低完成一件产品所需的加工周期，更好利用工作区域。精益生产使不合理的工作流程被去除，使工人具备控制其工作的必须技能，并且不断挑战自己，使工作运作更高效。

JA公司作为全球第三大汽车核心零部件供应商在中国的子公司，在产品质量、环保和企业信用方面得到了社会的高度认可，同时，地方政府、供应商和员工家属对JA公司信赖有加。公司不忘其社会责任，积极参与社会贡献活动，例如对环境保护和教育事业的投入。

在生产方面，JA公司对产品有非常高水平的要求，其研发水平已向根据客户需求进行改造的方向迈进，不断改造生产线，以提高生产效率和生产能力。自2007年正式投产以来，公司一直处于满负荷运作状态。

公司对员工的大量投入，使公司的离职率远远低于行业平均水平。JA公司的月离职率为1.3%，而一线城市同行业的每月平均离职率为2%至3%。公司的员工人数自建厂以来一直保持稳定。

公司能取得以上成果，与其运营哲学密不可分。JA 公司采用 P. D. C. A 的方式运营。P 代表的是“Plan”，即确定项目的方针和目标，进一步确定活动计划。D 代表“Do”，即执行，去实行计划中的内容。C 代表“Check”，意为检查，总结执行计划的结果，注意效果，找出问题。A 代表“Action”，意为行动，即对检查过程中找出的问题进行处理，将处理成功的经验加以肯定并适当的推广、标准化，总结失败的教训以免下次重现，而对未解决的问题放到下一个 P. D. C. A 循环。JA 公司孕育了 TEAM 文化，即鼓励每位员工成为领导者，虽然 TEAM 文化在日本企业中并不少见，但是不同于其他日本企业的是，JA 公司的 TEAM 文化更加高效和简洁。

3. 组织公平

JA 公司的组织公平体现在分配公平和程序公平的方面。分配公平体现在两个方面：一是对比外部组织，JA 公司员工较高的工资、福利和奖励。JA 公司的员工工资保持在行业前四分之一的水平，员工享有 25 种福利，例如：各种补贴、津贴、假期、对家远的员工的额外假期、各种公司活动，同时，员工还享有多种奖励，例如：岗位补贴、资格奖金。二是企业内部分配较为公平，绩效奖励措施执行公平公正。

公司制定工资和福利公开、透明的过程既体现了分配公平，也体现了程序公平。公司基于咨询公司和工会的薪资建议，在每年的 4 至 5 月份调薪。咨询公司通过报告的形式告知行业的薪资水平。工会通过当地的开发区联合会、汽车零部件行业，了解区域该行业的薪资状况，给予公司薪资建议。

4. 员工建言与绩效

Huselid（1995）认为优秀的人力资源管理实践可以提高企业绩效。基于前人的研究，优秀的人力资源管理实践主要包括：严格的选拔员工、培训流程、正式信息共享、工作设计、申诉机制、劳资参与项目、绩效评估、基于绩效评估的晋升、基于对员工认可和奖励的奖金体系。

Huselid（1995）通过询问企业如下问题，评测其人力资源管理实践是否优秀。在员工技能和组织结构方面涉及以下问题：使用正式信息共享项目的员工比例、使用正式工作分析的员工比例、有多少员工需要参与有关态度的问卷调查、享有公司利润分享计划和奖金计划的员工比例、一个典型员工每年接受培训的时间、可以使用公司申诉机制的员工比例、需要参加入职测试的员工比例。在员工激励方面涉及以下问题：通过绩效决定晋升的员工比例、得到证实绩效考评的员工比例、在决定员工晋升时最常考虑哪些因素、招聘员工时成功应聘的员工比例。

通过将案例数据与优秀人力资源管理实践的测评问题比对，我们可以看出 JA 公司的人力资源管理实践是较为优秀的。所有员工都能够使用正式的信息共享项目，例如“课题银行”机制。所有的员工都使用正式工作分析，能够享有公司奖金计划以及接受培训。基于员工较高的满意度，仅有极少数被动离职者，由于不满公司的处理方式，提出劳动仲裁。公司进行人员招聘时，对员工专业要求较高，公司只聘请与公司主营业务相关的高级技校毕业生。

公司通过接纳员工的建议，不断改进其生产流程，使企业效率不断得到提升。JA 公司的员工通过“课题银行”机制，对工作中遇到的问题提出解决方案，并且该解决方案可能最终被推广到员工的日常工作当中。员工通过参与公司的劳动、生产、安全、品质、环境、方针例会，为公司制定更好的决策作出了积极的贡献。

5. 员工建言与公平感知

Leventhal（1976）提出，公平的程序应该具备以下特征：一致性、无偏见、准确、当出现错误时可以改正、对所有员工都适用以及符合道德标准。JA 公司的“课题银行”机制和例会程序是公平的，它向所有员工开放，并且对所有员工以及管理人员一视同仁。课题解决方案经由公司专家小组评审，保证了解决方案的准确性和有效性。

员工建言能够促进程序公平感。公司通过“课题银行”机制和例会，给予员工建言的平台，使员工觉得自己的意见得到了管理层的倾听。其规范的程序，不论员工的意见最终是否被公司所采纳，都会更可能让员工所接受并感知到程序公平和互动公平。公司公开和透明的提薪程序，进一步强化员工的分配公平感和程序公平感。

公司的薪酬机制让员工感到分配公平。精益生产方式最具争议的方面是：学者认为此种生产方式极大地增加了员工的工作量和工作强度。因此，公司将员工的薪酬定在行业水平的前四分之一，用高薪资奖励高绩效员工。

6. 工会工具性的调节作用

JA 公司工会的民主性以及对员工利益的争取，提升了员工的公平感知和工作投入，从而提高效率。工会直选背景下，员工通过工会参与企业事项的程度在加深，参与感的提高会提升员工的程序公平感知。基于工会的薪资建议，公司每年 4 至

5 月份会进行调薪，通常将薪资水平保持在行业的前四分之一。这个程序对于员工是公开的，因此，员工感受到了公平的加薪程序。如果工会没有履行加薪程序，那么员工的分配公平感知可能会受到影响。根据社会交换理论，工会职能发挥越充分，员工感受到的工会工具性越大，就越是依赖和在情感上归属工会，并增加对工作的投入。在 JA 公司，工会定期举行员工运动会、团队旅行、摄影、书法以及家庭开放日等活动，工会为员工争取更好的福利待遇作出了积极贡献。基于社会交换理论，员工感受到的工会工具性较强，对工会的依赖和归属感较强，具有较高的工作积极性，从而为提高企业效率奠定了基础。

工会为员工争取话语权作出了积极的贡献，从而增加了员工的公平感知。工会在年度的劳动例会、生产会议、安全会议、品质会议、环境会议和方针会议上，通过对管理层提出议案和员工代表参与讨论的方式来对公司生产、运营、管理等方面提出解决方案。然而，如果员工代表没有资格参加这些会议的话，其表达自己话语权的机会就非常有限，并且看不到公司决策计划和执行的过程，这样会影响员工的公平感知，最终影响企业效率。正如 Budd（2013）说的那样，话语权是员工追求的基本利益，保障员工话语权有利于提高雇主效率。换言之，减少员工的话语权可能会降低雇主效率。

（五）案例讨论

综合以上分析，本文提出员工建言对效率和公平感起到了正向作用，以及工会在其过程中起到了调节作用，研究结论框架图如图 4.4 所示。

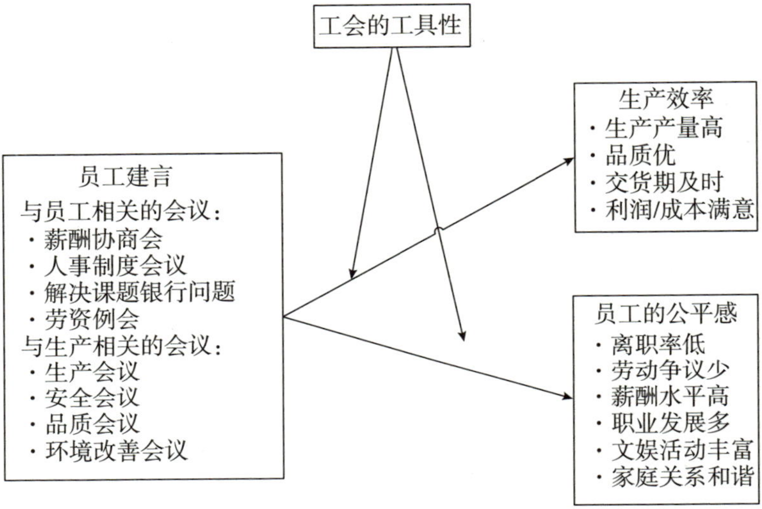

图 4.4　研究结论框架图

通过分析案例企业 JA 公司的员工建言形成过程和结果，看到员工建言确实对促进企业绩效和增进员工公平感有积极作用，对其他企业实践具有借鉴意义。这意味着，在中国特有的工会运作体系中，在华经营的外商独资企业如果很好地适应了中国的环境因素，有机整合工会的工具性力量，与公司高绩效的人力资源管理系统相互合作，就可以营造出员工的建言氛围，促使员工提出有利于公司发展的合理化建议。

第二节　集体劳动关系争议管理对策

有关集体劳动关系，在改革开放之后的劳动关系市场化转型中，并没有放在与个别劳动关系同等地位来展开分析与规制，现有的《劳动法》《劳动合同法》《劳动争议处理条例》

等都是针对个别劳动关系的法律法规，其中很少的条款涉及集体劳动关系。

虽然2008年生效的《劳动合同法》基本上聚焦在个别劳动关系方面，没有专门的一部法规针对集体劳动关系，但在2015年开始有了转折点，这个转折点还是发生在广东。2014年9月25日，广东省人大通过《广东省企业集体合同条例》，该条例于2015年1月1日开始实施，虽然不是强制性地方法规，但标志着劳动者一方与资方的集体利益博弈被法律所规制，劳方被允许与资方展开利益之争，一旦劳方提出工资集体协商，资方需回应。在广东的产业转型升级中，个别劳动关系争议是主要争议，但所发生的集体劳动争议还是有一些值得关注的焦点。

一、共建民主协商机制案例

东风日产乘用车公司把讲民主作为一直追求的目标。公司一直致力于建立民主协商制度，鼓励员工与公司之间开展平等对话，鼓励员工积极参与到企业民主管理中来。成立员工代表大会并作为企业民主管理的基本形式和员工行使民主权利的决策机构，凡涉及企业发展的重大事项及员工关心的热点问题，广泛征求和听取员工意见，充分考虑员工承受度。2012年，公司领导、各总部领导多次到基层召开“面对面、心贴心、实打实服务基层”调研沟通会，针对员工提出的现场作业环境、员工劳动强度等切身问题展开调查，收集员工意见30多项，督促相关部门整改落实，整改率达90%。与此同时，公司坚持召开员工代表会，进一步完善和严格大会的程序，明确议事的规则，有效地保证了各项重大决策的科学化、民主化。

创新工作机制，探索形成了“党委统一领导，工会组织实施，职能部门各负其责，员工群众积极参与”的工作格局。在劳资协调方面，公司通过成立劳动争议调解委员会，有效解决劳资矛盾，保障公司和员工的合法权益，促进公司劳动关系和谐稳定。员工合理化建议活动、员工满意度调查及平等协商活动、民主的绩效管理制度等已经融入公司的各项日常管理活动。

鼓励员工积极开展合理化建议活动。在 2012 年群众性经济技术创新活动中，员工提出合理化建议 3036 条，推广先进操作法 122 项，完成创新成果 335 项，创造经济效益 3319.8 万元。对于群众性创新活动成果，公司也加以展示与宣传。2013 年，广州风神工会推出了首个群众性创新活动改善体验馆，将员工改善成果以展览的形式向公众开放，取得很好的宣传效果，激发员工的创新意识。

二、完善工资集体协商案例

广汽丰田汽车有限公司成立于 2004 年 9 月 1 日，由广汽集团与丰田汽车各出资 50% 组建，主要生产凯美瑞、雅力士、汉兰达、逸致系列乘用车。在广州汽车产业中，广汽丰田是和谐劳动关系构建的典型代表，公司内部不仅有人事科，还专门成立劳动关系科，管理工作现场的劳动关系各项工作，包括工资集体协商。

广汽丰田的工会在企业与员工之间起桥梁作用，在工资集体协商、维护员工权利和丰富员工的业余生活等方面做了大量工作。

广汽丰田的工会与日本公司的工会相比，虽然不会把集体协商作为主要工作内容，但每年也会花费很多时间和精力收集各种与工资相关的社会信息、员工意见和国家法律法规以供工资集体协商，这在促进职工工资正常增长和企业劳动关系和谐稳定等方面发挥了积极作用。在日常工作中，工会会通过多种渠道收集员工对一线生产、管理等方面的意见，及时反馈到公司并跟进各项改进措施。

广汽丰田是制造型企业，员工的劳动强度较高。为了缓解员工的劳动强度、丰富员工的业余生活以及加强集体凝聚力，工会成立了多个文体协会，如足球、篮球、羽毛球、歌舞协会等，每个月都有 2 至 3 项活动，有些举办效果好的活动基本上每年都会举办，而且费用全部由公司划拨。广汽丰田的工会工作，不仅维护了员工的利益，也提高了公司的集体凝聚力，有利于企业建立和谐的劳资关系，实现劳资双赢。

第三节　人工智能的发展与工作现场的人力资源管理

一、人工智能发展促进“机器换人”

近年来，人工智能广泛应用于各行各业，日益成为趋势。特别是在 2013 年，德国汉诺威工业博览会推出“工业 4.0”的概念，受到广泛的关注。“工业 4.0”的生产模式通过建设信息物理系统，融合虚拟网络世界与实体物理系统，将资源、信息、物体以及人员紧密联系在一起，创造物联网及相关服务，建设智能工厂，进行智能生产，促进价值链上企业间的横向集成、网络化制造系统的纵向集成、端对端工程数字化集成，实现生产由集中向分散、产品由大规模趋同向个性化定制的转变。世界范围内再次兴起对工业技术的改造。

2015 至 2018 年，中国人工智能市场规模的复合增长率高达 21%。中国政府发布的《新一代人工智能发展规划》提到，到 2030 年将使中国人工智能核心产业规模超过 1 万亿元，成为世界主要人工智能创新中心。中国工业机器人的应用目前主要是在汽车、电子电气、工程机械等行业。2016 年底，北京现代汽车第一分厂就有 400 台左右的机器人。中国重型汽车集团有限公司从 2005 年到 2011 年间大规模引入工业机器人，卡车年产量从 4 万多辆增至 15 万辆。电子电气行业应用的工业机器人有采用国际上通用机器人，也有由企业自主开发的专区内机器人。

近年来，人工智能与其他产业加速融合，涌现出智能制造、智能医疗、智能家居、智能农业等一批新兴业态，呈现出蓬勃的发展态势。智能制造方面，数控成型机床、高档数控系统等高档机床优势明显，产业发展速度不断加快，2017 年，全省 10 个智能制造示范基地产值达 10230 亿元，同比增长 10%。智能医疗方面，计算机辅助诊断和治疗、医学影像分析等领域在全国处于领先地位，形成了一批以腾讯觅影为代表的重大科研成果。智能家居方面，格力智能环保家居系统成效显著，智能家电技术水平居全国前列。智能农业方面，涌现出智能采摘机器人、智能农田管理系统等一大批科技成果，农业设备、生产管理、农产品加工等智能化水平不断提升。

广东省经信委此前披露的数据显示，2016 年，广东全省新增应用机器人达 2.2 万台，总量超过 6 万台，保有量约占全国五分之一，每年还计划要新增应用机器人 2 万台左右。广东形成了广州佛山工业机器人与系统集成、深圳东莞机器人关键零部件配套等多个机器人产业集群，已初步形成了从关键零部件到整机应用，从研发、设计到检测完整的机器人产业链。发展机器人产业的同时，广东珠三角特别是佛山、东莞等城市的制造企业已经掀起“机器换人”的计划。地方政府推行扶持“机器换人”的政策，从供给侧进行改革。广东省政府发布《广东省智能制造发展规划（2015—2025年）》《广东省机器人产业发展专项行动计划》等政策支持人工智能制造相关产业，各地方政府也推出各自的扶持规划。例如，东莞接连推出《关于强化产业政策支持推动先进装备制造业发展的工作方案》《关于省市共建发展中小企业设备融资租赁试点工作方案》《东莞市人民政府国家开发银行广东省分行关于以融资租赁推进“机器换人”的产融合作方案》等三份关于“机器换人”的政策文件，通过直接经费补贴、融资租赁、产融合作等方式加快“机器换人”的步伐。

继“机器换人”后，不少广东制造企业正开始进一步探索“数据换人”，即加速将工业大数据应用到销售、研发、设计、制造、供应和决策等各环节，探索迈向智能制造的本土化路径。例如，东莞劲胜精密组件股份有限公司通过对机床主轴电流大数据监控与对比，实时检测刀具破损情况，及时停机，仅此一项就降低29%的综合成本。可以预见在未来，人工智能应用将以不可抵挡之势迅速发展。

二、人工智能发展带来人力资源管理的变化

（一）对宏观人力资源的影响

1. 替代性影响

历史上屡次技术进步都对就业带来深远的影响，新兴技术

对工作的内容、工作方式、工作设计等各个方面产生影响。人工智能技术的到来，让人们再次把"'机器换人'会不会导致大量失业"的话题推上风口浪尖。在分析20世纪80年代工作变化时，美国学者们按照复杂程度以及性质把工作分为四种类型，详见图4.5。根据统计，不仅是体力类还是认知类程序性的工作，工作需求都有显著的下降，而非程序性的工作需求则保持旺盛。

非程序性	如美发、保姆	如财务分析
程序性	如装配工、操作工	如出纳、银行柜员
	体力类	认知类

图4.5　工作类型

制造业中一些劳动强度大、质量要求高的岗位，也逐渐被机器人取代，如塑料与橡胶行业以及模内标签、复杂的内饰件等工作，铸造行业中高温、高污染和工作环境恶劣的岗位，例如传统的重力铸造采用人工勺取铝液的浇铸模式，对操作工体力要求高，工业机器人代替了这些繁重的劳动并整体提高了浇铸的质量（周文斌，2017）。从上一小节的介绍中可以看到，新的技术开始逐渐打破这种局面，机器智能化程度越来越高，非程序性的工作也开始被代替，一系列的工作在可以预见的未来将可以由机器人代替。技术的发展替代旧技术、旧生产方式，必然把工作方式和职业埋藏到历史中。

除此以外，人工智能技术的应用还会产生间接的替代效应：新的技术提高劳动生产率，使产品生产所需投入的单位劳动力大幅下降；产品更新换代，旧产品逐渐丧失吸引力，无人购买，从事这些行业的生产工人也失业；技术提高了资本的生产效率、有机构成，从而产生资本对劳动力的替代。

2. 创造性影响

人工智能技术的应用在替代许多岗位的同时也带来新的就业机会。例如，银行出纳和柜员逐渐被替代，但同时需要增加理解业务的人工智能工程师岗位，从而开发程序和维护设备。不仅如此，新的技术带来全新的商业模式，例如共享平台滴滴打车中，需要根据大数据估算和管理需求的岗位，引导司机接送高需求区域服务。

3. 结构性影响

人工智能技术的应用会产生对产业结构和技能结构的影响。人工智能技术的应用使得智能机器人及相关产业迅速发展，产业发展需要掌握高新技术的工人，技术性劳动岗位大幅增加。智能制造相关行业存在巨大的人才缺口，缺口最大的新一代信息技术产业到2020年人口缺口预测达750万人。随着产业优化，产能落后的企业如加工型劳动密集型企业面临调整、限制和淘汰，一些重复性、危险性或者体力性的劳动岗位被替代。

人工智能技术的应用和发展对劳动者的素质提出更高的要求。根据教育部、人力资源和社会保障部、工业和信息化部联合印发的《制造业人才发展规划指南》预测，到2020年底，制造业从业人员平均受教育年限达到11年以上，制造业从业人员中受过高等教育的比例将从目前的13.4%提升到22%，高技能人才占技能劳动者的比例达到28%左右，研发人员占从业人员比例达到6%以上。劳动者需要增加新技能，以适应与智能机器人共同工作的任务。

人工智能技术的应用对就业带来的影响到底是替代性更多还是创造性更多？答案正在动态发展，还未完全显现。唯一可以肯定的是，这种影响将扩散到经济、商业、环保、社会等各个领域，最终改变人类的生活。

（二）对企业人力资源管理内部实践的影响

1. 人力资源规划与管理

人工智能的应用使人力资源安排更加多样化、更复杂，工作外包、使用机器人替代工人工作等，需要对企业人力资源规划提出更高的要求，通过结合产能预测、劳动力供求情况等进行动态规划。此外，智能机器人需要和人机配合完成，在引入智能机器人前和引入之后，需要重新规划岗位和工作流程，也需要改变组织架构和管理方式配合变革。智能机器人不仅改变了工厂的生产模式，实现“无人工厂”，同时，也为人力资源管理实践提供了新方式和新思路。人力资源管理是企业运用现代管理方法，对人力资源的选择、培训、使用和保留等方面进行的计划、组织、指挥、控制和协调等一系列活动，最终实现企业目标。企业使用智能机器人以后，协调并管理工人与机器人的配合将成为人力资源管理实践新的内容（王萍、姚冉，2017）。

2. 劳动关系

人工智能的应用对劳动关系的影响是双面的。一方面，使用智能机器人从事危险性、对人健康有害的、劳动力强度大的岗位，能够避免工伤和职业病的发生，有力地改善劳动关系。另一方面，由智能机器人引起的岗位变动，需要对原有岗位人员转岗、下岗处理，涉及转岗培训、劳动关系解除等方面。新增岗位要重新招聘或内部安排，这些问题的处理都对人力资源管理提出挑战。

3. 员工心理与行为

引入智能机器人造成岗位需求缩减，变革对员工心理和行为产生重要的影响。对于转岗员工，难免会产生抵触、不安，甚至发生劳动争议；再培训工人需要适应新技术，尤其是普通工人文化程度不高，新技术对于他们而言学习难度较大，从而产生挫折感和退缩感，转岗培训需要付出更大的努力和特别的安排；在岗员工就业安全感低，容易产生离职倾向或者怠工情绪，影响稳定等。这些变革带来的问题都需要人力资源部门关注和解决。

除了变革带来的挑战以外，由于人工智能相关技术的人才缺口太大，技术工人流失问题严重，如何稳定人才队伍成为众多企业面临的挑战。一项对东莞现场招聘企业的调查显示，324 家企业中，存在专业技术人才严重流失的企业占 53%。调查同时显示由于离职率较高，企业不愿意投入过多的资源进行培训，而基础教育又未能提供足够支持，人才缺乏成为企业发展的重要制约因素。

第四节　企业构建和谐劳动关系的定量分析

基于冲突管理理论、利益相关者理论和社会交换理论等，研究不同情境下的企业劳动过程中发生的劳动关系冲突类型和相应的冲突管理策略。本研究将通过剖析劳动冲突的过程，研究企业的内外部因素如何影响冲突发展以及冲突管理策略。例如，在世界工厂设计的流水线上，单一、枯燥的岗位设计与工作丰富化设计所带来的雇员心理差异；以生产为中心或以组织为中心、以关系为中心或以员工为中心的劳动过程对劳动关系冲突的影响，在不同的冲突类型中，企业管理者是如何控制其劳动过程的，采取了哪些冲突管理策略。

探索广东省产业转型升级时期劳动过程中的和谐劳动关系冲突管理的路径。在完成前面四个研究目标之后，进一步分析前因变量、不同冲突类型的冲突管理策略、冲突管理成效之间的关系，包括探索中介变量和调节变量。在此基础上，研究如何为企业管理、政府政策制定提供参考依据。

一、定量研究目的和研究内容

采用组织绩效和个体绩效来衡量冲突管理策略成效是目前主要的研究方法，本研究也将采用组织绩效和员工绩效来衡量冲突管理成效。无论是组织绩效还是员工绩效，都将兼顾企业效率、员工公平感和员工的发言权，力求平衡劳动关系双方的权益。具体分析，组织绩效不仅包括利润，还包括雇主品牌等；员工绩效包括工作绩效、员工参与管理、公平感知等。

集体性争议的爆发对于企业生产而言具有极大破坏力，无论使用何种补救对策，损失都不可避免。2010 年夏季，南海本田事件更是将劳动关系、社会公平、工会职能等问题推到了舆论的风口浪尖。虽然在此之后政府采取积极措施化解劳资矛盾，竭力促进构建和谐劳动关系，并在一定程度上缓和了劳资关系，但是近年来，集体劳资冲突事件时有发生。2014 年，东莞裕元鞋厂事件极大地影响了企业生产和社会的稳定。企业对于劳动冲突特别是集体冲突都极力避免，预防劳动关系冲突爆发成为许多企业必不可少的管理命题。例如，不少企业从人力资源管理的角度，构建良好的企业文化倡导合作共赢、建立伙伴关系和员工参与等机制预防和管理冲突。

冲突管理策略是工作场所劳动关系系统中重要的一环。寇肯（2008）在拓展邓诺普（1958）关于劳动关系形成的框架时，认为把劳动关系仅仅看作由雇员、雇主和环境互动的结果形成，不足以细致地描述工作场所层面的机制。他把劳动关系调整机制细分为三个层级的调整机制，即宏观决策、集体谈判和工作场所的个人与组织关系。工作场所劳动关系系统由工作组织和规则、个人态度和行为、冲突管理和预警机制三个方面组成。虽没有明确定义雇主策略这一概念，但将策略选择引入劳动关系系统之中，带入新的研究维度。本研究考察的冲突管理策略主要集中在日常管理中的劳动关系冲突管理与预警机制，属于工作场所层次劳动关系管理策略。

为了更好地分析企业的冲突管理策略，有必要考察在广东产业转型升级背景下劳动争议的类型和情况。劳动关系冲突的表现形式有很多，包括劳资不和、产业纠纷等，这被视为一种巨大而复杂的社会现象（席猛、赵曙明，2014）。而劳动关系冲突实质是雇主与雇员之间因某种原因而发生的直接性的不一致互动行为过程或对抗（李敏、张彤，2002）。劳动争议往往是劳动关系冲突发生的导火线。在经济转型期间，由于多方面的因素，导致我国劳动争议呈上升的趋势。例如：地方政府过分强调 GDP，对劳动者权利保护不足（方浩，2011）。拖欠工资、签订劳动合同、加班费等与权利密切相关的争议日益成为个别劳动冲突的主体（邓陕峡，2010）。2008 年，《劳动合同法》修订，加强了对劳动者的保护。有研究表明，个体劳动争议中劳动合同的比例在下降，而劳动报酬和社会保险案件不断上升（程延园、王甫希，2012）。从这些研究可以发现，受环境的影响，不同时期劳动争议具有不同的特点。那么，在广东产业转型升级时期，哪些劳动争议表现突出，情况如何？

由于受中国转型经济情境和传统文化的影响，在劳动和生产过程中中国企业也有独特的工人抗争行为。根据劳动关系领域知名学者常凯（2011）的分析，转型经济给劳动关系冲突带来的影响主要在于两个方面：第一，从个别劳动关系向集体劳动关系转变。第二，劳动关系冲突的重点已经从权利之争向利益之争转变。若这些劳动关系冲突发生在西方国家的企业中，往往由工会启动集体谈判程序，谈判不成功，则采取停工行为，而雇主则可以采取回避、合作、对抗、妥协、克制等冲突管理对策。但发生在中国的这些新挑战，多数是工人先停工，然后才引起雇主的重视，双方协商，工会和政府介入。中国企业外部的制约因素和内部控制系统有别于西方国家企业，政府、企业雇主、工会采取的是有中国特色的冲突管理策略。一方面，近年来，国家加大对劳动冲突的干预，通过法律、行政管理等手段，设立一系列的规定预防和调节劳动关系冲突。例如，修订《劳动合同法》等法律法规，在合同签订、社会保险、最低工资等方面进行明确要求。又如进一步加强工会在外资、私营企业劳动关系协调中的作用。这些措施经过历年的推动和实施，对企业的管理策略产生积极的影响。无论积极响应或者应付，这些调整规范都成为企业劳动关系冲突的策略之一。另一方面，有的企业雇主主动实施了深入劳动过程的人文关怀、预防冲突的管理策略，采用管理中员工参与等策略。有研究表明，员工参与有利于改善劳动关系。因此，本研究将重点研究以下几个方面的策略：发挥工会作用、遵纪守法、员工参与、人文关怀。

上述的劳动冲突管理策略的效果如何。约翰·巴德

（2007）认为劳动关系最理想的状态是平衡雇佣双方的利益，效率、公平和发言权是衡量劳动关系的三大标准。采用巴德的思想，本研究从企业和员工的角度评价这些冲突管理策略的效果。对于企业来说，管理的目标之一是完成企业的绩效，因此，本研究从企业和个人绩效两个方面衡量冲突管理策略的效果，当在冲突较少、劳动关系良好的情况下，企业对人才的吸引力进一步加强。公平和发言机会则是从员工的角度衡量冲突管理策略的效果。具体而言，本研究从员工感知的公平和参与管理程度两个方面衡量冲突管理策略的效果。

二、研究设计与数据收集

本研究的目的是从定量的角度评价冲突管理策略的效果，研究层次包括个人层次和组织层次，需要大规模的嵌套数据才能保证统计结论效度，因此，采用快速、有效、廉价和方便的问卷调查法。

（一）劳动争议的类型

劳动争议的表现形式分为集体劳动争议和个体劳动争议（时金芝，2013）。集体劳动争议发生的频率较小，因此，本研究聚焦在个体劳动争议。从和解程序的角度，一般把劳动争议分为权利之争和利益之争，这种分类受到不少学者选用。从法学角度，任广浩等（2004）认为，利益冲突是不同的利益主体在争取利益实现的过程中所产生的冲突，是人们之间利益矛盾发展的外在表现；权利冲突的实质是利益的冲突和价值的冲突。从研究的操作定义来看，邓陕峡（2010）把劳动争议从内容上分为拖欠工资、追讨加班费、签订合同、工伤、待遇保险等项。侯雨欣（2012）把劳动争议分为合同相关争议、辞退离职、工作时间、报酬与福利等项。程延园与王甫希（2012）把劳动争议分为劳动报酬、社会保险、解除劳动合同、变更劳动合同等项。综合上述研究，本研究按照劳动争议的类型，分为工资和加班工资、工时劳动合同、社会保险、福利待遇、工作环境及其他。时间界定在调查前一年是否发生过这些争议，所有变量的测量采用哑变量，曾经发生过为1，无则为0。

（二）冲突管理策略

本研究中，劳动关系冲突管理策略包括发挥工会作用、员工参与、遵纪守法、人文关怀。这些策略是企业日常调整劳动关系争议、预防劳动冲突的基本措施。

1. 发挥工会作用

通过大规模的访谈调研，总结出企业设立工会的原因包括认为工会有益于企业生产的需要、当作一种政治资源、经济上的考虑、迫于法律法规要求设立等。前面两种原因体现企业采取合作的策略，而后面两种原因则是妥协的策略。也有一些企业无视法律，不设立工会。当企业采取合作策略，会充分发挥工会的积极作用，工会能够很好地履行职责。而妥协策略下，工会可能沦为一种摆设，工会的职责作用受限，特别是为工人维权职能、参与管理职能等相关方面。因此，从工会职责履行程度能够很好地反映企业对工会采用的策略。

王永丽、郑婉玉（2012）总结四个方面的工会职责：维权职能，包括为员工办理社会保险、维护职工工资福利利益、进行工资集体协商、建立员工投诉平台和处理机制等 4 个指标；建设职能，包括配备专职工会干部、有工会专门的工作场所、工会的参会率较高、举办工会活动和制定相关规章制度等 5 个指标；教育职能，包括对员工进行技能培训 1 个指标；参与职能，包括工会负责人参与高层管理决策会议、组织参加职工代表大会共谋企业发展大计、向上反馈员工提出的合理化建议等 3 个指标。本研究采用王永丽、郑婉玉（2012）的指标，并结合前期访谈的结果，使用修订这些指标制作成调查项目，使用 5 级评分。

2. 员工参与

在劳动关系领域和管理学领域都使用员工参与一词。从狭义来说，劳动关系领域更加强调员工在与自身相关的领域中参与决策，形式包括通过代表如工会、委员会或者其他员工代表形式进行，也包括所有管理层和员工之间进行的直接对话方式。劳动关系研究者倾向把员工参与和发言权合并成一个概念使用，包括工会代表或者其他员工代表通过政治协商或者集体谈判的方式与管理层共同决定企业事务。管理学领域强调员工参与决策的过程，不包含工会代表工人参与的方式，并被视为是提高效率、改善决策效果、激励员工等的措施。另外一条研究脉络倾向整合的观点，如麦克格雷格（1960）认为，员工参与是授权活动，下级影响有关他们的决策，在有关他自己的事务上具有更大的控制权、更多的选择。李克特和麦克格雷格提出“参与”是一个连续变量，即从“少量参与”到“大量参与”。

在我国的研究中，有员工参与、民主参与、工业民主、民主管理和建言等相关词语。社会学科中工人参与管理，一种是与社会主义国家相联系的，称为职工民主管理，另一种是与资本主义国家相联系的，称为工人参与管理，但也有学者不太同意，认为双方会互相学习、融合（常凯，2005）。政治学、社会学、劳动关系学领域更多使用工业民主的概念，管理学领域则更倾向于使用员工参与概念（谢玉华、何包钢，2008）。国有企业实行的民主管理制度，从程序、内容、目的、方法、机制等方面来看，也属于员工参与管理（程延园，2006）。

本研究采用融合的观点，员工参与指员工参与管理，参与程度从“低水平的参与”到“高水平的参与”。参与的形式包括班组例会、合理化建议、员工满意度调查、品质小组或工作改进小组、工作自主团队、职工代表大会等。调查问卷让被调查者评价所在企业对这些参与形式的重视程度。

3. 遵纪守法

从以往的研究中发现，我国劳动冲突中有重要一部分是企业违反法律法规赋予工人权利。这些争议一旦没有得到很好的解决，就容易酿成群体事件。因此，本研究根据《劳动法》有关规定整理企业有关的法规，并结合前期对劳动争议的调研，整理 10 条主要的规定进行调研，包括签订、履行、变更和解除劳动合同符合规定、加班工时等。

4. 人文关怀

随着经济全球化的深化发展，资本在全球市场进行产业链布局。发达国家企业把生产制造环节向发展中国家转移，由于吸引外资的需求和宽松的劳动政策，以廉价劳动力为代价的各种“血汗工厂”出现，这些企业受到国际社会的指责。但可以看到广东地区在 2008 年前后经历“民工荒”，“人口红利”

的优势逐渐消失，以廉价劳动力为代价的模式难以为继。2010年的群体事件，促使企业开展人文关怀等措施以改善紧张的劳动关系（丁彬，2010）。这种转变是与世界范围内出现“公司生产守则”、企业社会责任等雇主策略的趋势相一致的（周琳，2016）。20世纪末，面临“反血汗工厂”运动的压力，许多世界知名的品牌经营商和零售商纷纷制定“公司生产守则”，从承担社会责任的角度要求其供应商按照守则的要求改善劳动条件，尊重工人的基本合法权益。随后，又建立“内部监察”、“外部监察”和“多方监察”的机制，以保证生产守则的顺利推行（余晓敏，2006）。同时，企业社会责任运动也在逐步进入全球化劳资冲突的调节平台。雇主试图通过这些以人文关怀为出发点的措施从当下被指责的被动形势中抽身。在产业转型升级的背景下，本研究考察人文关怀作为冲突管理策略的效果。本研究采用 Trevino（1986）设计的题项，包括“公司主要关注的是如何对每位员工最有利、公司非常关注所有员工的整体利益、我们总是关注什么措施会对其他人有利”等项。

（三）冲突管理策略的影响与作用

冲突管理策略和预警机制是为了防止和化解冲突，建立良好的劳动关系。根据巴德的思想，认为良好的劳动关系能平衡效率、公平和发言权三个方面。

良好的劳动关系为雇主赢得声誉和美名。近年来，媒体、雇主组织、政府相关机构等推行好雇主评价。本研究采用企业是否曾经得到过好雇主称号这一客观指标进行衡量，并转化成为哑变量（曾经得到好雇主称号为1，其他为 0）。

在员工个体层次的效果衡量中，员工的公平感采用 Niehoff 和 Moorman（1993）研究中组织公平感进行衡量，包括程序公平、分配公平和交往公平 3 个方面、9 个题项。发言权是指员工能够参与到管理中的程度，采用 Joensson（2008）的量表，由员工对有关的决策和事物的影响力进行评价，包括如何完成每天的工作任务、公司的劳动政策和员工政策、员工的薪酬福利等财务决策方面。个体的绩效采用自评的方式，共 4 项，如“您的工作质量，请给自己评分为”、“您的工作效率，请给自己评分为”等。

根据以上的设计和考虑，研究框架情况详见图 4.6。研究框架包含组织层次和个人层次，其中，冲突管理策略对公平感、发言权和员工绩效的影响评估是跨层次的设计。

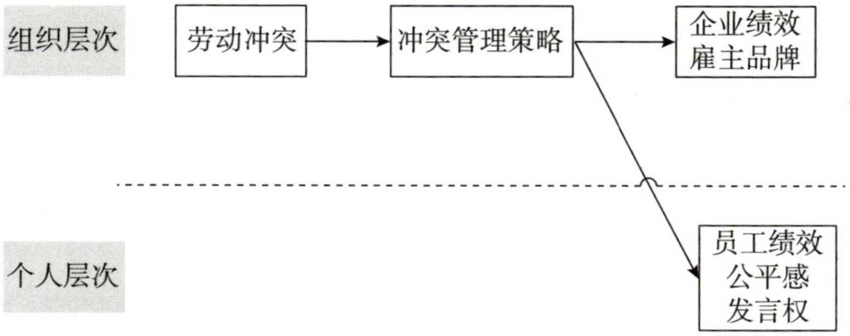

图 4.6　研究框架

三、数据收集和样本分布

根据研究框架，本研究采用问卷调查的方式进行，分两个途径收集数据形成嵌套数据。组织层次的变量包括劳动冲突、冲突管理策略、企业绩效和雇主品牌，由人力资源经理或者负责人填写。个人层次的变量从员工中采集，包括员工绩效、公平感和发言权。为了提高回答率，研究者首先联系企业人力资源经理或者相关负责人，并取得他们同意和协助，在他们协助下向员工发放问卷。为了提高质量，一封来自研究团队的信随问卷同时向被调查者发放，在信中，研究者就研究目的、保密措施、填写说明等问题一一说明，以便调查者能够很好地理解该研究，并顺利填写问卷。员工填写完问卷以后封装在信封直接寄回研究者手中。

本研究向 140 家企业发出问卷，每家企业 20 至 30 份问卷。问卷调查历时约 3 个月，共收集了 137 家企业、2565 位员工的有效数据，每家企业员工的调查人数从 7 至 27 人不等，平均每家 17 人。企业类型包括国有及国有控股企业（以下简称国有企业）、外商投资企业（以下简称外资企业）、港澳台商投资企业（以下简称港澳台企业）、民营企业。每种类型的企业详见表 4.4。

表 4.4　企业所有制类型统计表

企业所有制类型	数量	百分比
国有企业	44	32%
外资企业	39	28.5%
港澳台企业	12	8.8%
民营企业	42	30.7%
合计	137	100%

从表 4.5 企业行业类型分布来看，技术密集型企业最多，有 54 家，劳动密集型企业有 52 家，资金密集型企业有 29 家，不少企业同时属于不同类型的行业。

表 4.5　企业行业类型统计表

类型	数量	百分比
劳动密集型	52	38%
技术密集型	54	39.4%
资金密集型	29	22.6%
合计	135	100%

四、描述性分析结果

（一）劳动争议

在过去的一年中，共有 50 家企业曾经发生过劳动争议。其中，在工资和加班工资方面发生的争议较多，共有 21 家企业报告发生过工资和加班工资方面的劳动争议，还有社会保险方面，共有 23 家企业报告发生过社会保险方面的劳动争议。在其他类型中，有 2 家企业报告发生过工伤争议，2 家企业报告发生过违反劳动纪律争议，因工作调岗及经济补偿金发生争议的各有 1 家。

按照企业类型来分，国有企业报告过去一年曾经发生过劳动争议的有 22 家，占 50%，外资企业次之，有 13 家。发生劳动争议的国有企业中，工资和加班工资争议发生较频繁，有近一半企业曾经发生。在外资企业中，劳动合同争议较频繁，占外资企业劳动争议 69%。

（二）企业绩效与雇主品牌

106 家企业基本实现了企业的经营目标，105 家认为市场份额得到快速的增长。本研究中的企业绩效指标综合了对这两方面的评分并取平均值，详见表 4.6 及表 4.7。一共有 20 家企业曾经获得各类雇主的称号，其他企业没有参评或者没有获得。

表 4.6 企业实现经营目标情况

目标实现情况	频率	百分比	有效百分比
没有实现目标	2	1.5%	1.5%
实现了部分目标	26	19%	19.4%
一般	6	4.4%	4.5%
实现了大部分目标	91	66.4%	67.9%
实现了所有目标	9	6.5%	6.7%
合计	134	97.8%	100.0%
缺失	3	2.2%	—

表 4.7 企业市场份额增长情况

市场份额增长情况	频率	百分比	有效百分比
很慢	6	4.4%	4.5%
较慢	21	15.4%	15.9%
一般	43	31.4%	32.6%
较快	55	40.1%	41.7%
很快	7	5.1%	5.3%
合计	132	96.4%	100.0%
缺失	5	3.6%	—

（三）员工绩效、发言权和公平感

员工绩效采用 100 分制，平均分是 84.4369 分，说明员工的绩效在良好的水平。公平感均值是 3.4565，说明达到一般的水平，发言权的均值是 3.1168，也达到一般的水平。

五、相关分析结果

（一）劳动争议与冲突管理策略

过去一年发生过的劳动争议与遵纪守法负相关，表明越是遵守法律，发生劳动争议的可能性越小，发生劳动争议的概率与其他冲突管理策略未发现有相关关系。短期争议发生情况与是否采用冲突策略无关，这些策略更有可能是针对长期的。

福利待遇与员工参与、人文关怀负相关。工作环境争议和遵纪守法负相关。

（二）冲突管理策略与企业绩效、雇主品牌

发挥工会作用与其他策略显著负相关，说明工会策略和其他策略是替代关系。其他策略显著正相关，说明员工参与、遵纪守法、人文关怀之间相互相成、互为补充。

企业的绩效与冲突策略都显著相关。其中企业绩效与员工参与、遵纪守法、人文关怀显著正相关，说明这三种冲突策略能够提高企业绩效。工会作用与企业绩效负相关，显示工会在为员工维权、组织建设、培训、参与企业决策方面做得越好，企业的绩效越低。但从描述性统计可以得知，样本企业在发挥工会作用方面得分较低，样本属于严重偏态，会影响相关关系的验证。

雇主品牌仅与遵纪守法正相关，说明企业严格遵守法律的规定，保护员工的权利，会享有更多的外部声誉。

六、结论与讨论

本研究聚焦于企业管理个体劳动冲突的策略，重点考察起预防作用的四种冲突策略，包括发挥工会作用、员工参与、遵纪守法、人文关怀。研究通过问卷调查的方式，收集了 137 家企业、2565 位员工的嵌套数据验证研究模型。调查采用了描述统计、相关分析和跨层次分析等方法，得出的主要结论有以下几个方面。

（一）冲突管理策略的类型

通过描述性分析可以得出，在冲突管理策略中，发挥工会作用的策略最容易被企业忽视，说明被调查的企业非常不重视工会的作用。该发现与一些关于工会的研究类似。调研发现，我国工会作用非常有限，不少企业无视法律法规要求不成立工会，或者成立工会后，工会变成福利发放机构，沦为摆设。研究还发现，比起其他所有制，国有企业发挥工会作用最低，这可能跟工会的双重角色有关。工会既要代表党和国家的整体利益，又要代表工人的具体利益，在新中国成立初期，中国工会制定了“以生产为中心，生产、生活、教育三位一体”的工会工作方针，这种工会体制注重组织群众性的增产节约运动，较少涉及参与劳动关系冲突的协调（乔健，2008）。

企业更加重视对员工直接管理的其他冲突管理策略：员工参与、遵纪守法、人文关怀。随着《劳动合同法》的修订和 2008 年群体事件的爆发，国家加强了劳动相关法律的实施。加上新生代员工法律意识进一步加强（李燕萍、徐嘉，2013），企业更加需要严格地遵守法律法规的规定。国有企业一直有职工参与民主管理的传统，在改革开放之后，西方管理理念传入，强调控制的管理方式一度成为外资企业的管理手段，民主参与的传统一度被丢弃。高压控制管理方式导致企业员工压力过大，西方发达的市场经济环境下，企业更加趋向使用员工参与代替工会调整劳动关系。而我国劳动冲突呈上升趋势，员工参与、人文关怀重新被摆到重要的位置。

（二）劳动关系争议和冲突管理策略

为了加强调查的准确性，本研究仅仅调查过去一年内企业是否发生过劳动争议。结果表明，劳动争议是否发生与遵纪守法负相关，不发生争议的企业更加遵守法律规定。是否发生劳动争议和员工参与、发挥工会作用、人文关怀三种策略未发现有相关性，表明短期内是否发生劳动争议与采用何种冲突管理策略的关系不紧密，冲突管理策略是针对长期的策略，并且是预防性质，因此，未能检验出相关关系。

从不同的类型冲突是否发生情况来看，工资及加班工资类型的冲突与发挥工会作用正相关，说明发生这些冲突的企业更倾向于发挥工会的作用，即工会发挥作用越高，工人维权成本更低，所以，可能会有更多争议发生。

此外，福利待遇与员工参与、人文关怀负相关，说明有发生福利待遇方面冲突的企业在员工参与、人文关怀上做得比较差。工作环境争议和遵纪守法负相关，说明发生工作环境冲突的企业在遵纪守法方面做得比较差。

（三）劳动冲突管理策略的作用和影响

本研究分别考察了四种劳动冲突管理策略对企业绩效、雇主品牌以及员工绩效、公平感和发言权的影响。

首先，员工参与对企业绩效有正向影响。这一发现与 Markey、Townsend（2013）的研究一致，他们发现员工参与能够提高利润、股东权益和产品质量。新生代员工拥有参与到企业决策和管理的需求，与之匹配的措施可以产生积极的效果（谢玉华、陈佳，2014）。员工参与不仅仅提高管理效果，还增加了员工对自身权益的发言权。

其次，遵纪守法与雇主品牌正相关，说明遵纪守法可以让企业提高获得好雇主称号的可能性。遵纪守法与企业绩效正相关，遵纪守法也与发言权正相关，遵纪守法的企业让员工有更多发言的机会。

再次，人文关怀与企业绩效正相关，能够提高企业的绩效。人文关怀能够提高员工的忠诚度（盖玉妍，2013），从而更加努力工作，提高企业的整体绩效。人文关怀是以员工为出发点考虑问题的措施，促进了员工对于企业信息、工作安排、企业重大决策的参与度。

最后，因为我们选择的样本具有局限性，样本分析结果得出，工会所起作用较小。可能因为这个原因，研究中发现工会对企业绩效、雇主品牌以及员工绩效、公平感和发言权影响较轻。

遗憾的是，没有发现四种冲突管理措施对企业个人绩效产生直接影响，从而提高或者降低员工绩效整体水平。可能是个人绩效主要受到个人层次因素的影响，而企业这次措施仅仅是一个环境变量。同样地，也没有发现四种措施对公平感有直接的影响。未来可以进一步研究其他类型的关系，如引入恰当的变量。

第五章

新兴产业的
劳动关系新问题与管理对策

随着第三次、第四次工业革命的兴起，众多的新兴产业在技术发展中产生。这些产业不仅应用了新的技术，还应用了新的生产模式和经营模式，为这些产业的劳动关系管理带来新的问题。目前，新兴产业的劳动关系的形式多样，与传统产业的劳动关系有所区别，学术界、法律界对新兴产业的劳动关系应该归属于雇佣关系还是劳务关系存在争论。与此同时，世界各地新兴产业劳动关系保障屡出问题，为我们敲响了警钟。广东转型升级下一步策略需要思考新兴产业劳动关系相应的管理对策。本章将探讨新兴产业的劳动关系的性质和劳动属性。在此基础上，研究新兴产业劳动者劳动保障问题。新兴产业从业人员多为新一代年轻劳动者，了解他们的需求和期望，能够更好地为新兴产业劳动关系的员工管理问题提出建议。为此，本章最后呈现关于互联网行业员工期望实现和员工管理的实证研究，分别从应届毕业生、互联网企业和员工三个方面收集数据，通过统计分析相关问题。

第一节　雇佣关系与劳务关系之争

一、个别劳动关系的雇佣性质

在西方学术界，个别劳动关系特指为“ Individualize Employment Contracts”，有少数学者会简称为“ Individual Contracts”，前者翻译为“个体化的雇佣合同”，后者则翻译为“个人合同”。由此界定的个别劳动关系是指劳动者个体与雇主签订的劳动合同所规范的雇佣契约关系，其对应的是“集体化的雇佣合同”，后者在我国企业劳动关系的实践中被称为“集体合同”。

在 Brown（1998）等学者看来，个别劳动关系与集体劳动关系的区别在于“个体化”，即在签订和管理个别劳动关系契约合同中的具体条款和雇佣条件时，在程序中排除了所有的“集体”机制因素，具体表现在所有的雇佣契约决策过程都是在劳动者个体与雇主之间进行，没有工会的元素参与其中。这种情况在西方国家越来越普遍，其背景因素在于政府对个别劳动关系规制的加强，从业者不需要寻求工会力量以保护个人的劳动权益，导致工会会员比率的下降；同时，企业从成本节约和股东要求盈利增加的压力角度出发，也更欢迎劳动关系的个别化，使得工会的力量进一步弱化。

然而，在我国的《劳动法》立法过程中，从一开始就没有刻意划分个别劳动关系与集体劳动关系，而是统称为“劳动关系”，在法律条款上是将两者合并在《劳动法》和《劳动合同法》之中。例如《劳动法》第三章就把“劳动合同和集体合同”作为标题，其中一共 20 个条款，个别劳动关系就有 18 条，集体合同的规定仅仅 2 条。在《劳动合同法》中，集体合同是作为特别规定在第五章，一共 16 条。同时，涉及“劳动关系”的界定，我国劳动法学界的基本逻辑是：《劳动法》是调整劳动关系以及与劳动关系有密切其他社会关系的法律规范的总称，劳动关系是《劳动法》的基本调整对象。

我国《劳动法》和《劳动合同法》在规定使用范围时都使用了劳动关系的概念，确定主体间形成的劳动关系作为劳动法律规制的前提。但遗憾的是，两部重要的劳动法规均缺乏最关键的要素，即没有给出劳动关系是有关谁与谁的明确界定，造成实务中劳动关系认定以及《劳动法》适用的困难。例如，合同签订的一方规定为“中华人民共和国境内的企业、个体经济组织、民办非企业单位等组织”（以下统称用人单位），另一方则统称为“劳动者”，在实践中遇到解聘公司高管时，是适用《公司法》还是《劳动法》？资方提出的争议焦点在于公司高层管理人员一方面是资方聘用的经营者，另一方面又代表资方履行雇主的职责，雇用普通雇员，而高管则坚持认为自己是“劳动者”。《劳动法》实施至今已有20多年历史，目前把一般主体与普通劳动者同等看待适用于《劳动法》，但由于公司高层管理人员其身份属性的特殊性，使《劳动法》在现实生活中对其适用时产生了诸多扭曲的现象，例如天价经济补偿金、公司高管索要加班工资的争议。

虽然我国《劳动法》在法律层面上没有对劳动关系给出劳动者具体所指的解释，但是在劳动行政法规中有涉及：

《劳动部关于贯彻执行〈中华人民共和国劳动法〉若干问题的意见》（劳部发〔1995〕309号）规定：“中国境内的企业、个体经济组织与劳动者之间，只要形成劳动关系，即劳动者事实上已成为企业、个体经济组织的成员，并为其提供有偿劳动，适用《劳动法》。”该意见虽然只是《劳动法》适用范围的扩大性说明，而不是“劳动关系”的内涵解释，但针对事实劳动关系，其关键点是“劳动者成为企业、个体经济组织的成员”。

我国原劳动和社会保障部于2005年颁布了《关于确立劳动关系有关事项的通知》（以下简称《通知》），该《通知》规定：“用人单位招用劳动者未订立书面劳动合同，但同时具备下列情形的，劳动关系成立。用人单位和劳动者符合法律、法规规定的主体资格；用人单位依法制定的各项劳动规章制度适用于劳动者，劳动者受用人单位的劳动管理，从事用人单位安排的有报酬的劳动；劳动者提供的劳动是用人单位业务的组成部分。”该《通知》采用了“控制标准”和“组织标准”的理论。

因此，本书所涉及的个别劳动关系规制，是在《劳动部关于贯彻执行〈中华人民共和国劳动法〉若干问题的意见》（劳部发〔1995〕309号）以及原劳动和社会保障部于2005年颁布的《通知》范围内的劳动关系。

需要补充说明的是，被纳入《劳动法》规制范围的社会关系被称为劳动关系，没有被纳入《劳动法》调整范围的那部分社会关系则以雇佣关系的形式存在，接受民事法律的规制。常见的雇佣形式有：家庭雇佣保姆、私人之间的雇佣、雇请钟点工、聘用离退休人员、不具有招工资格的单位招用临时工等。

二、新就业模式中劳动属性的新内涵

劳动是人们使用劳动资料作用于劳动对象，创造自己生存和发展所必需的物质财富和精神财富的有目的的活动，伴随着整个人类历史的发展。然而，在不同阶段，劳动形态不同，经历了奴隶劳动、租赁劳动、雇佣劳动、契约劳动。在契约劳动阶段，才真正认识到劳动关系不仅仅是劳务与报酬的纯债权关系，还含有不能与人格分离的人格价值部分，于是，国家开始对雇佣关系进行立法干预，形成了工业文明的规则。

但随着经济社会的转型，尤其是21世纪的知识经济和网络经济发展，带来了一些新的就业方式，劳动形态中的“劳务关系”不再是主流的形式，出现了新现象和新问题。典型的事例是2012年12月召开的第十一届全国人民代表大会常务委员会第三十次会议决议修改《劳动合同法》中有关劳务派遣的制度，但在实践中，企业一方面执行新的制度，另一方面采用劳务外包合同改变整个经济活动的属性，从而规避用工规制的限制。

事实上，劳务关系本身并不是一个法律概念，在法律规范中也未见有劳务关系的提法，只是我国学者在学术研讨中曾提出此概念以期区分那些与劳动关系相近却又不属于劳动关系的社会关系。平等的民事主体之间，一方按照约定向另一方提供有偿劳动，而另一方享受劳动成果并向其支付约定的报酬，这种权利和义务关系即为劳务关系，二者最主要区别在于是否具有从属性。但正如常凯所强调的，“研究劳动关系，必须要对劳动关系的主体进行界定和分析”，社会学意义上的劳动者，其含义最为宽泛；劳动法律意义上的劳动者，则是劳动经济意义上的劳动者法律反映和体现，是指“与雇主、企业主或资产所有者相对应的受雇于他人、以出卖劳动力而获得工资收入的劳动者”（常凯，1997）。因此，劳动关系的劳动者必须加入用人单位、成为用人单位的成员，身份上从属于用人单位，遵守用人单位的内部劳动规则和各项规章制度，其工作内容也需要按照单位的程序要求以及各项指令，而且应当亲自履行，不可代为履行。用人单位关注的是劳动力的使用过程，劳动成果经营风险和劳动者在劳动过程中的职业风险由用人单位承担；而劳务关系双方完全是平等的民事主体，从建立劳务关系开始至结束都是平等的，不存在管理与被管理的关系，劳务提供者的工作内容及方式不受劳务需求者的控制，自主管理、自由支配劳动力，劳务需求者只享受劳动成果，这种劳务关系逐渐被新生代和新的网络经济模式所接受。

如果回顾英国的《劳动法》发展进程，以上有关个别劳动关系的界定是狭义的定义，具有前工业时代特征，即根据当事人的身份和雇佣性质来决定关系的内容。[①] 英国《劳动法》从前工业时代的“劳务”概念出发，通过普通法系列，将劳务合同和劳动合同做了区分，自 19 世纪以来，已有的劳动立法通常限制于劳动合同下的劳动者。然而，自二次世界大战结束后，英国劳动力市场的劳动力结构发生了变化，由全职雇佣作为劳动力市场核心的雇佣模式转变为多元化模式，兼职工作、临时工作、家庭工作广泛存在，自营的人数也在增加，处于受雇与自营之间模糊状态的人数在增多，这些改变“凸显了英国普通法概念中雇佣关系的不确定性、不连贯性和不充足性”[②]。例如，在英国的建筑行业，建筑工人被视为独立劳动者，他们在层层分包系统中，不被认为是在劳动合同下工作，签订工作合同的内容形成了建筑工人规避适用劳动立法的漏洞。

尽管英国法院对于劳动合同与劳务合同的区分有了基本的评定标准：控制的程度、遭受损失的风险以及获利的概

① 史蒂芬·哈迪．英国劳动法与劳资关系［M］．北京：商务印书馆，2012：89.
② 史蒂芬·哈迪．英国劳动法与劳资关系［M］．北京：商务印书馆，2012：90.

率，设备的提供、纳税的方式以及国家保险的支付和当事人的意愿，但有些边缘性劳动还是难以界定，例如家政工作者、临时工、持续一段时间内航程中的渔民等，造成弱势的劳动者没有得到法律的保护。基于现实劳动力市场多元化的考虑，英国现有的立法和判决依据于劳动的性质，划分了 12 种劳动者类型，包括：雇员、职工、公营领域雇员、官员、体力劳动者、家政服务者、特定雇佣从业者、学徒与培训生、散工与固定期限工人、由中介提供的临时工、居家工作者、兼职工作者，这 12 种劳动者的劳动是否全部属于劳动关系的范畴，正在争议和逐步完善政府的规制之中。在中国的经济社会转型过程中，英国划分的这 12 种劳动者类型全部出现并存在，目前，有的劳动者类型还在增长，形成了当下的劳动力市场状态，如果仅仅研究其中某些形式的劳动者，显然不符合现实需要。

从德国《劳动法》对劳动关系的界定分析，其对于“雇员”的界定没有明确定义，仅仅在《德国商法典》中对“自雇者”做了规定。从自雇者定义的反面推断“雇员”是指“一种人身从属关系，基于私人契约有义务为他人工作的人，而与工资收入没有关联”。但这个界定自 20 世纪 70 年代中期以后有许多争议，大众传播媒体的从业者、音乐人等无法获得劳动保护的现实，使得德国的法院采取重要的要素来评定“雇员”的身份，这些重要的要素为：企业希望个人随时待命，准备接受新任务；个人不能拒绝企业安排的工作任务；某种程度上，个人已经融入到企业的组织结构中；个人要求为企业执行任务的时间相当长。然而，直至今天，这些要素没有确切的定义，仍然在争论中，甚至出现“类似雇员”的人，例如代理商、家庭劳动者。

与德国相似，意大利对“雇员”的界定起初也是基于“从属关系”，其《劳动法》的规制围绕这个界定而制定。但随着“非典型”就业形式的多样化，在意大利，“雇员”的定义和监管也出现了争议。用于识别由《劳动法》原则所涵盖的雇员标准，已经通过法律评论家和法庭辩论了数十年。

从以上的分析看出，在西方发达国家，随着市场经济的发展和科学技术的进步，劳动者出现了多样化的现实。但无论哪一种劳动者，其本质内涵都是依靠个人的劳动，凭借劳动报酬而维持个人和家庭的再生产，区别于依赖资金、资本投资获益而维持再生产的生活方式。从外延分析，西方国家对个别劳动关系的外延界定已经从狭义的角度延伸至所有的劳动形式，形成广义的个别劳动关系。在政府规制方面，则通过判例逐步完善具体的劳动关系冲突处理法律条例。

西方国家个别劳动关系的这些变化，促使了学术研究所属领域专门名称的改变。在 2012 年 7 月美国费城召开的第十六届国际劳动与雇佣关系全球大会时，专门把原来的全球大会名称“IIRA”改为“ILERA”，把雇佣关系和劳动关系区分开来了，其中雇佣关系延续传统意义上的雇佣关系，包括个别和集体两种类型，而劳动关系则既包括传统的雇佣关系，也包括那些没有签订劳动合同的就业方式，并且把“劳动关系”这个名称放在“雇佣关系”之前。其背景因素在于：随着全球化的进展加速，网络技术和电子商务技术的进步带来了各个国家劳动力市场的变化，居家工作者、开办个人网店的增加，灵活就业和移动办公等新就业形态不断出现，新的工作方式受到越来越多年轻人的欢迎，他们可能不与任何组织签订雇佣合同，但在劳动力市场上，通过个体的人力资本和社会资本，参与市场经济的运作，实现自主就业，带动就业创业。这些网店经营者、独立的文学创作者、咨询顾问、设计师、独立编辑等自由职业者等，他们的劳动关系已经无法用传统的雇佣关系去解释和规制了。

总之，判断某种社会关系是否属于个别劳动关系，并没有一个绝对的、一成不变的标准。对劳动关系的界定是一个对客观要素的主观判断过程，属于主观认识，存在多变性。现阶段对我国劳动关系的认识，应当充分考虑劳动形式多样性、灵活性的发展趋势，考虑从属性的基本特征，我国现阶段的经济发展以及人们的价值理念，从保护劳动者角度出发综合考量各种因素进行界定。

第二节　新兴产业从业者的劳动保障问题与对策

新兴产业从业者的劳动保障问题目前处于争议之中。一方面，不少专家学者呼吁为新兴产业从业者制定劳动保障的法律法规，如王文珍与李文静（2017）认为应该加快制定《劳动基准法》，为各种形式下劳动进行保护。另一方面，政府和部分学者持较为审慎的态度，顾虑草率行事会影响新兴产业的发展而迟迟未展开实际性的工作。

从事新兴产业的技术人才缺口比较大，在市场上的可雇佣能力强，他们不仅可以获得高薪、高待遇，而且能够通过人才市场的调节实现自己的价值、就业要求和保障，因此，他们的劳动保障基本上不成问题。网络平台的服务业如滴滴打车、美团外卖等，聚集较多新兴产业中从事较为低端、以体力劳动为主的从业者。虽然目前平台和从业者的关系是劳动关系还是劳务关系还有争议。现行法律保障体系均以传统劳动关系为基础，平台从业者的劳动关系未认定，使得法律不适用。但是，对于相当一部分的从业者，从事平台服务是他们唯一的工作，或者是他们的主要收入来源。因此，他们的劳动保障问题如果不能好好解决，将会成为隐患。此节主要分析这部分群体的劳动保障问题。

一、平台型劳动者的劳动保障问题

（一）收入保障

一项对北京地区多平台从业者的调查显示，网络平台从业者担心的第一位是收入不稳定，第二位是客流不稳定，[1] 这两项都涉及收入保障。传统行业的从业者受雇于企业，企业直接面对市场的需求波动，员工的收入相对稳定。但平台从业者需要直接面对需求波动，收入保障不足。

（二）劳动标准

政府对传统行业从业者规定了最低工资、工作时间、休假等劳动标准。但对于平台型劳动者而言，收入是由市场情况决定的，几乎完全市场化，而且没有相关的社会保险。然而，劳动力并不是商品，劳动力的回报需要维持生活、体现人的价值。现行的劳动标准并不适合灵活性的平台用工，由于平台从业者工作时间、地点、方式的分散，需要换另一种思路给劳动

---

① 张成刚．共享经济平台劳动者就业及劳动关系现状——基于北京市多平台的调查研究［J］．中国劳动关系学院学报，2018（3）：61－70.

者设定恰当的劳动标准。

（三）职业安全和工伤

传统行业中企业需要对员工的职业安全和工伤负责。但是，对于平台从业者，职业安全和工伤事故完全由个人承担，而往往没什么选择。例如，部分外卖骑手在人群中横冲直撞，不管红绿灯，因为超时送达，不仅没有报酬，甚至还会倒扣款项。为了保住好不容易赚的钱，不得不冒险。又如网约司机深夜接单，有时候不得不到偏远地区，还会碰上醉酒客人，人身安全没保障。

（四）劳动保障监管

平台的灵活用工、分散用工对政府的劳动监管是一项重大挑战。劳动用工的分散化，进而降低了劳动关系的稳定性和劳动者的组织化程度，缺乏前期的集体协商和民主参与程序，势必增加后期争议的发生概率。

二、劳动保障的现状与隐忧

目前，我国对于劳动保障的法律法规大部分是以劳动关系为前提，针对平台劳动者劳动保障的法律法规几乎空白。从已有相关的平台和个人的劳动争议案件来看，法院判决大多数的劳动关系并不成立，例如 2018 年 4 月北京市海淀区法院《互联网平台用工劳动争议审判白皮书》中统计，2015 年至 2018 年第一季度，共受理互联网平台用工劳动争议案件 188 件，超过 84% 的案件双方对是否建立劳动关系存在争议。

关于如何认定新兴产业从业者的劳动关系问题。2018 年 7

月，广东省高级人民法院办公室印发《广东省高级人民法院广东省劳动人事争议仲裁委员会关于劳动人事争议仲裁与诉讼衔接若干意见》，规定“出租汽车驾驶员与经营者订立劳动合同并按劳动合同履行的，认定为劳动关系；双方订立承包、租赁、联营等合同，并建立营运风险共担、利益共享分配机制的，按双方约定执行。实际履行与约定不一致或双方未约定的，以实际履行情况认定”，“网络平台经营者与相关从业人员之间的用工关系性质，原则上按约定处理。如双方属于自负盈亏的承包关系或已订立经营合同、投资合同等，建立了风险共担、利益共享的分配机制的，不应认定双方存在劳动关系。实际履行与约定不一致或双方未约定的，以实际履行情况认定”。在实际运营中，网络平台希望控制成本，倾向于选择责任更少的承包关系或联合经营方式。当劳动关系不成立时，网络平台从业者并未纳入现有的劳动保障体系中，平台从业者的劳动保障只能靠企业自律。

在这种情况下，新兴产业的劳动保障问题紧迫性为什么没有凸显？原因在于目前有因素让这种情况得以缓冲。

首先，新兴产业正在高速发展，为了吸引劳动力，给予较高的平均工资，高回报补偿了保障的不足。特别是不少行业聚集了大量国际资本，在资本介入下，为了迅速占领市场成为“独角兽”，在发展初期对人力资源投入较大。例如，共享打车平台、外卖平台早期对司机和外卖骑手给予高额补贴或奖励。而后虽然补贴和奖励都下降甚至取消，但平台的高市场占有率以及运作模式高效性让司机和骑手收入较高。

其次，灵活的用工安排让“用脚投票”变得容易。由于行业仍处于发展中，新兴产业吸引了众多的竞争者，从业者能够在其他平台较为容易地找到工作，甚至从一个行业转换到另外一个行业。一名美团外卖骑手可能同时也是饿了么骑手，兼职送货员；一个滴滴司机平时在滴滴平台接单，同时有自己固定的客户，每周接送一次。目前互联网上有一个流行词叫“斜杠青年”，形容具有多种才能的人，他们可能兼职好几份不同类型的工作。当他们对某个工作不满意时，就会换到更为有利的工作中去。

最后，广东正处于经济转型时期，经济发展平稳，第三产业还有较高吸收就业人员的能力，就业的基本需求能够缓冲就业保障缺失带来的问题。然而，上述的经济社会环境状态并不稳定，随着产业发展，平台从业者的劳动保障问题存在不少隐忧。行业竞争会发生变化，互联网企业热衷于向“独角兽”思路发展，大多数遵循“融资、烧钱占领市场、达到规模效应、盈利”的模式，当市场集中度过大，就不再使用补贴或者高薪方式稳定人力资源。从业者需要直接面对市场竞争风险，一旦行业竞争加剧，容易陷入报酬等逐底竞争之中。平台从业者与平台关系不对等，平台从业者处于劣势地位。平台拥有最为重要的信息资源，包括需求状况、订单情况等。互联网平台使用信息资源控制从业者，例如控制接单的可能性、优质客源的分配等。此外，平台从业者缺少培训，需要的技能比较低，从业者无法通过技术优势获得优势地位。互联网平台的优势地位容易让从业者接受严苛条件。分散模式使从业者处于无组织状态，没有工会、协商制度或其他参与制度为其争取权益。灵活用工的模式让政府的劳动监管困难，要监察隐藏的劳动保障问题显得比较困难。

三、关于建立新兴产业劳动保障体系的思考

（一）新兴产业发展与劳动保障的平衡

新兴产业发展迅速，但也非常不稳定，不少获得千万投资的企业也迅速倒闭。新兴产业发展对国民经济发展具有重要的作用。此外，新兴产业特别是互联网平台企业吸纳众多就业岗位，尤其使得下岗人员、无技能人员、暂时失业人员、家庭妇女都有可能找到适当的工作。相关从业人员保障问题如果全部交由互联网平台企业，无疑加重负担，不利于行业发展，从而影响就业。考虑对新兴产业的保护，各国对于新兴产业的劳动关系规制都显得特别谨慎。例如，在美国，尽管相关案件时有发生，但联邦至今没有相关立法，应对的主要措施交由司法部门就个案进行处理（陆胤、李盛楠，2016）。因此，如何对新兴产业从业者进行劳动保障、保障范围多广、保障力度如何等问题的本质是如何平衡新兴产业发展与劳动保障。因此，一些学者认为观察分析新兴产业用工的特点、趋势和问题，将实务中发生的争议问题交由司法部门结合个案“自由裁量”，等待平台经济相对定型后再上升到立法层次（王文珍、李文静，2017），在目前劳动保障问题还有缓冲地带的时候谨慎行事。

（二）国内外关于新兴产业劳动保障体系的设想

虽然目前很多国家包括我国都把新兴产业的劳动保障纳入现有保障体系中，在原有框架进行补充规定。对于认定是否构成劳动关系主要考察平台对劳动者有多大程度的控制或者劳动

者有多大程度的自由。但是，张成刚（2018）通过对多平台劳动者的调查发现，多数劳动者是在劳动力市场供大于求情况下，迫于生存压力被动选择在平台就业；劳动者对工作时间、休息时间的决定权不足；劳动者对工作任务的选择权与否决权有限。因此，新兴劳动产业的工作特点需要增加针对性的措施。

1. 分责的观点

Seth D. Harris 和 Alan B. Krueger（2015）认为应该为平台从业者设定独立员工的身份。不同于普通的雇佣关系，具备两种特征的员工可以决定是否工作、平台进行价格设定，他们认为，在现行的法律中，例如有的法律税收应当适用，有的如最低工资则不行。

丁晓东（2018）认为不应该把平台和从业者的关系定义为完全的劳动关系或者完全的非劳动关系，而应该采用分责的方式，由平台和劳动者分别承担现有劳动保障义务。劳动者对平台具有高度经济依赖性的劳动情形，由平台负责；很多职业安全和涉及工伤类的法律，应当更多地偏向由平台企业来承担责任；对于我国《劳动法》中关于女职工保护等涉及兼具权益保障与反歧视和平等保护的规定，应当结合具体情形进行分析。

2. 分时的观点

杨伟国等人认为应该建立基于工资平台的社会保障体系，政府可以调取平台记录的劳动者时间、地点、模式等数据，然后根据各个平台的劳动时间比例，提取社会保障税费。做法比较像现行的一些规定，即从事满多少小时就是全职员工，使用最低工资的规定。

第三节　互联网行业员工期望实现及员工关系管理定量研究

截至2017年6月，中国的网民规模达到7.51亿，占全球网民总数的五分之一，可以说，互联网已经渗透到经济社会的各个领域（赵立昌，2015）。目前，移动互联网、云计算、大数据、物联网等新一代信息通信技术与各行各业的深度融合和交互融合，是广东产业转型的一个核心内容。“互联网+”通过产业结构优化、业态优化和市场优化，向产业服务化方向调整，形成了中国的三大产业转型，即农业的产业化、工业的服务化、服务业的增值化。广东作为全国最早进行产业转型升级的省份，正在以互联网推动三大产业的转型升级，例如广州、深圳正在把互联网上升为广东创新发展的“主导战略”，以强化“互联网+”对产业转型升级的引领、融合、创新驱动作用（吴伟萍，2015）。

人才总是向富有前景的行业流动。国家统计局公布的2016年平均工资主要数据显示，信息传输、软件和信息技术服务业2016年平均工资位列各行业门类首位，足以说明互联网行业的吸引力。互联网的蓬勃发展使之成为人才聚集之地，也成为众多年轻人就业的选择。年轻一代有自己的价值观，新生代员工进入职场带来管理的新命题，如何有效管理新生代员工是每个互联网企业不可回避的任务。最突出的问题是，优厚待遇并不能带来员工队伍的稳定，前程无忧网站最新公布的《2017离职与调薪调研报告》表明，企业中“90后”员工比例越高，员工平均离职率也相对较高；近几年应届生的离职率持续上升，2016 年高达 26.5%，而以互联网为代表的新兴高科技行业，员工主动离职率约为 21.6%，远远超过 2016 年全行业主动离职率平均水平 16%，占据首位。

聚焦大学生互联网就业的已有研究中，多数仅限于行业供需情况以及劳动待遇差异对比等结构数据的描述分析，并不能回答高薪与高流动性并存的问题。在管理新生代员工时，必须对他们更多地理解，才能使政策有针对性。一方面，到底进入这个行业的年轻人期望从工作中得到什么回报？满足程度如何？互联网企业如何对待？了解这些问题将更好地帮助企业留住年轻人。另一方面，毕业生选择到互联网企业的就业动机又是什么？企业能够响应这种期望、有效吸引优秀的年轻人加入吗？这两个问题的解决，是理解和解决互联网企业年轻员工高离职率的关键。因此，人才市场在 2018 年对互联网年轻员工和高校毕业生两个群体进行调研，在互联网从业的年轻员工的工作相关的期望、企业的员工关系管理以及与离职率的关系，高校毕业生的择业动机和工作期望，这些调研数据能给这些问题提供一些启示。

一、高校毕业生调查

这次调查聚焦于广东工作的高校毕业学生，采用抽样原则，选取广州市高校毕业生就业指导中心 2017 届报到大学生为访问对象，同步结合线上和线下的方式，开展历时两个月左右的问卷调查。此次调查共回收 3927 份问卷，其中纸质问卷 400 份，微信网络链接问卷 3527 份。已经就业的 1920 名，占 48.9%，未就业 1960 名，占 49.9%，创业 47 名，占 1.2%。行业分布方面，互联网行业就业占比 22.23%，非互联网行业就业占比26.66%，未就业占比49.91%，创业占比1.2%。

（一）择业动机

择业动机是指从事什么职业和为什么从事某项职业（付凤莲、黄理稳，2008）。《2014年就业蓝皮书》把择业动机分为个人发展、维持生计、为社会作贡献等。在此基础上，调查组对择业动机进行细化，询问毕业生择业时以下因素的重要性：雇主品牌、职业兴趣、行业发展前景、专业对口、亲友推荐、薪酬福利高、创新显著、社会地位等，被访者可以选择前三个最重要的因素。调查结果显示，行业发展前景最为重要，第二位是职业兴趣，再者是薪酬福利高，反映了择业观念的变化，详见图5.1。比较已经就业的毕业生和未就业的毕业生，意见相似，详见图5.2。

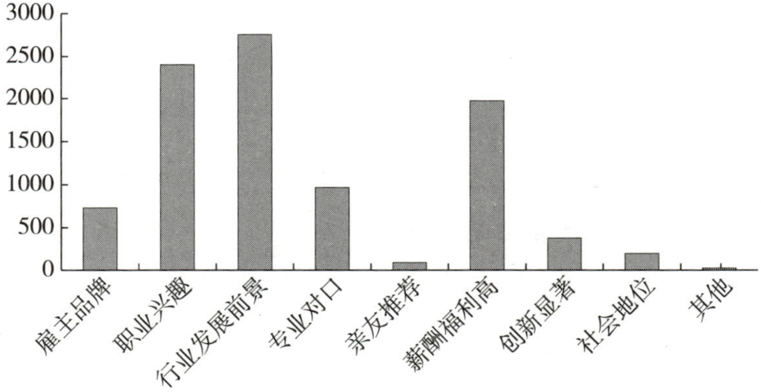

图5.1　应届毕业生择业动机统计图

在已就业的毕业生中，从事互联网工作的应届生择业理由首位是职业兴趣，其次是专业对口和行业发展前景，相比整体毕业生的择业动机排序，专业对口变得更加重要，原因可能是

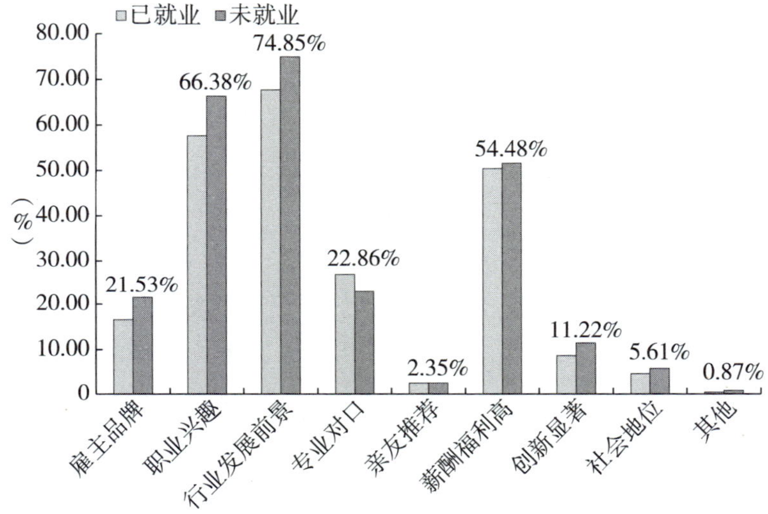

图 5.2 已就业毕业生与未就业毕业生择业动机统计图

因为互联网行业技术要求相对比较高。而薪酬福利变得不太重要，只有 16% 的被访者选择，雇主品牌相比而言也比较不重要，只有 7% 的被访者选择，详见图 5.3。

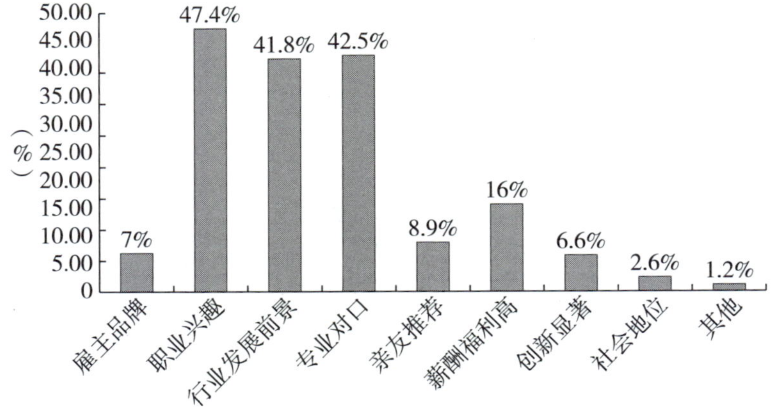

图 5.3 从事互联网行业毕业生的择业动机

（二）应届毕业生对互联网行业就业的看法

在询问是否愿意进入互联网企业工作时，超过一半应届生愿意，说明互联网工作很受欢迎，详见图 5.4。问卷要求愿意进入互联网企业工作的被访者最多回答三个原因，行业发展前景高居首位，70.84% 的毕业生都选择这个原因，第二位是职业兴趣，有 46.51% 的被访者选择，第三位是薪酬福利高，占 35.04%，详见图 5.5。在不愿意到互联网企业工作的被访者当中，专业不对口是最主要的原因，占 54.09%，其次是不感兴趣，占 30.53%，详见图 5.6。

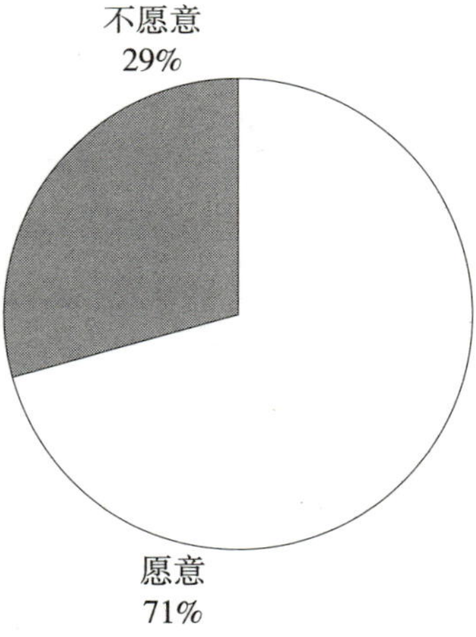

图 5.4　应届毕业生对进入互联网企业工作的意愿

（三）应届毕业生对工作的期望

选择进入互联网行业的毕业生认为选择工作时薪酬福利并不是首要考虑因素，那么他们希望工作带给他们什么回报？对

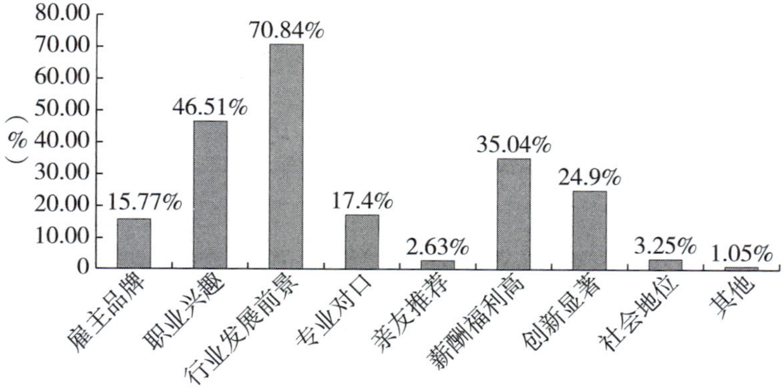

图 5.5　应届毕业生愿意进入互联网企业工作的原因

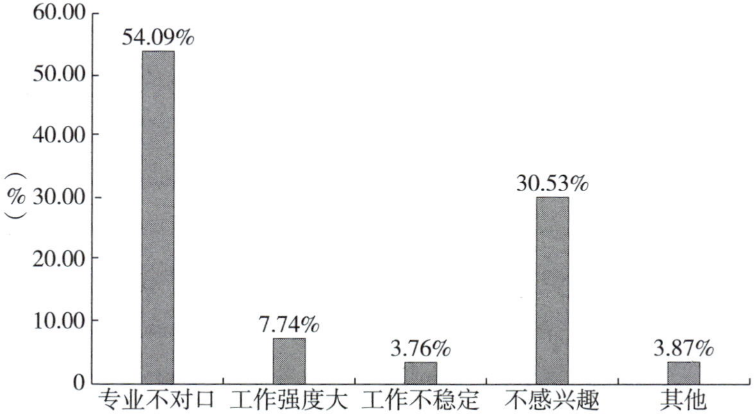

图 5.6　应届毕业生不愿意进入互联网企业工作的原因

工作的期望是指个体在特定的社会背景下，根据自身的实际情况，结合就业市场供求关系的变化，对自己将要从事工作的工资、福利、职业声望、工作环境、发展前景等工作特征预先设定的最低期望目标，反映的是就业对自己物质、精神需求的满足程度（吴薇、吴瑞君，2007）。李燕萍与徐嘉（2013）通过对新浪微博关于新生代员工管理的帖子的评论进行文本分析，总结新生代员工有成就需求（包括自我实现、求知欲望、对金钱的崇拜等内容）、生活需求（包括消费主义等内容）、政治需求（包括政治参与理性化、喜欢民主协商、要求平等、崇尚自由等内容）和人际需求（包括渴望关爱、包容心、强烈的社会交往动机等内容）。根据这些研究，课题组设计询问对工作岗位的期望、工作环境、员工参与等调查内容，详见表 5.1。

表 5.1　调查内容

对工作岗位的期望	丰富的实践经验
	专业的技术能力
	有竞争力的薪酬福利
	广泛的人际关系
	稳定的工作岗位
工作环境	工作自由度
	工作激励
	人际和谐
	上下级关系
	组织公平
	创新氛围
员工参与	意见箱
	职工代表大会
	员工座谈会
	工会
	问卷调查

“对工作岗位的期望”一题中，反映的是职场新人对于工作的期望。48%的毕业生工作期望首先是丰富的实践经验，其次是专业的技术能力，再次才是有竞争力的薪酬福利，可见大部分的学生最希望在工作中提升自己，加强竞争力。广泛的人际关系和稳定的工作岗位已经变成少数人的选择，详见图 5.7。

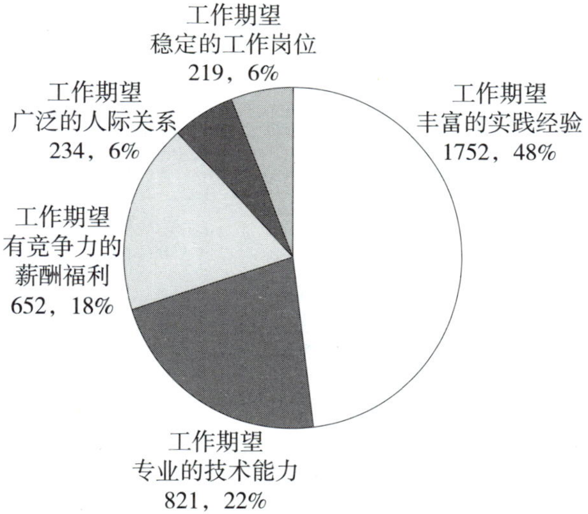

图 5.7　应届毕业生工作期望统计图

对于工作环境的期望，32.3%的毕业生认为工作自由度最重要，27.84%的毕业生选择人际和谐，工作激励是第三个重要的方面，有 22.91%的毕业生选择。选择比例较小的是创新氛围、组织公平和上下级关系，详见图 5.8。

毕业生最期望企业提供的参与方式前三种分别是意见箱、员工座谈会和问卷调查，这些都是直接参与的方式，而通过职工代表大会和工会参与则排在后面，详见图 5.9。

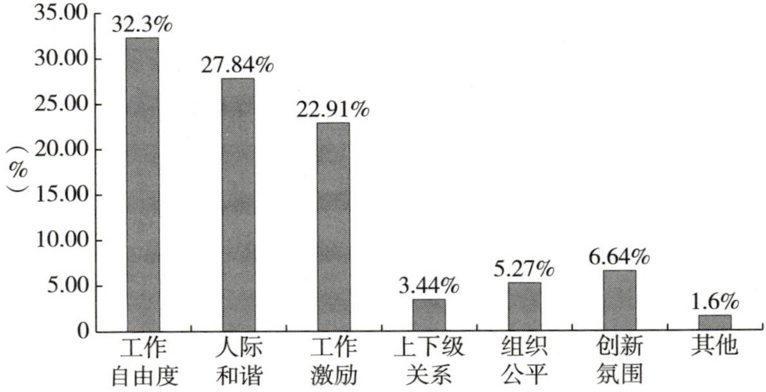

图 5.8　应届毕业生对工作环境的期待

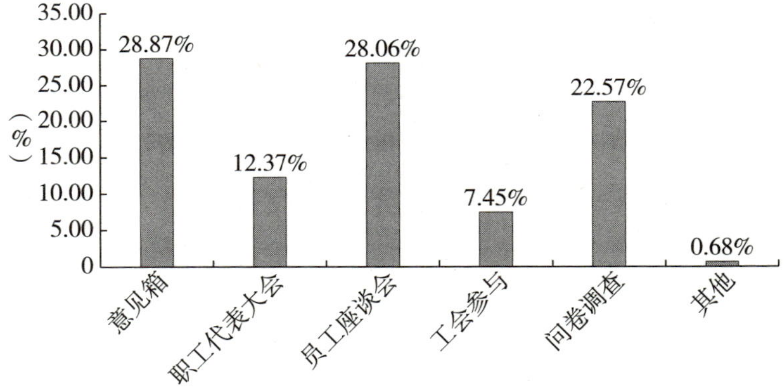

图 5.9　应届毕业生对参与方式的偏好

二、互联网从业人员调查

对互联网从业人员调查回答以下问题：这个行业的年轻人期望从工作中得到什么回报？满足程度如何？互联网企业如何对待？张爱武和李锡元（2006）认为，员工期待企业应该履行的义务包括生涯与发展、激励晋升、工作与生活平衡，这些方面构成员工的心理契约。因此，该研究调查互联网年轻从业人员如何评价心理契约履行情况，也调查企业对于满足这些期望的措施和员工关系管理的情况。之前的研究表明个人和组织匹配与离职呈负相关关系，员工与组织的匹配度越低，离职行为倾向则越高（王忠、张琳，2010）。因此，这个研究也调查员工上述因素对于离、留职意愿与转业意愿的影响。本课题研究设计了从业者问卷和企业问卷，分别由互联网企业的员工和人力资源主管填答。

课题组成员通过广州地区高校就业指导中心等机构的推荐，筛选整理得到广州地区互联网企业名单及其联系方式。调查分为前后两个阶段：前期主要以邮件的方式将电子版问卷发送至广州市各互联网企业人力资源主管或相关负责人邮箱，邮件包含问卷链接和文档附件，以链接方式填写的问卷数据直接在软件后台显示，以文档方式填写的企业在约定时间内将填好的电子问卷发回；后期为增加回收率及数据质量，调查组印制了纸质版问卷邮寄给部分重点互联网企业，要求他们填写后寄回。调查设计是嵌套配对数据，调查共收到63份主管填写的有效问卷，488份员工填写的问卷。整体发放及回收时间从7月18日持续至9月11日。课题组通过整理文献，选择适当的量表制作问卷，问卷内容如下。

员工问卷，包含互联网企业从业人员的个人信息调查以及工作感知调查两部分。其中，工作感知部分选用了7个心理学量表，具体变量包括主观职业成功、任务绩效、工作压力、组织公平感、组织创新氛围、心理契约履行程度、离、留职意愿与转业意愿等。其中，组织公平感包括两个方面，分别是分配公平感和互动公平感。心理契约履行程度分生涯与发展、激励晋升、工作与生活平衡三个方面进行测量。

互联网企业人力资源主管问卷，包含企业基本信息和组织管理实践两部分。其中，组织管理实践调查内容由6个量表构成，分别是创新导向人力资源管理实践、遵守法律法规情况、员工参与状况、组织职业生涯管理政策措施、对员工贡献的期望以及组织为员工提供的回报等。

（一）员工样本的描述统计

1. 互联网年轻从业人员的职业成功

采用 Robinson & Morrison（2000）的职业成功量表进行问卷调查，总共5项。经过因子分析，提取的单一主成分能够累计解释总变异的75.99%，详见表5.2。

表5.2　互联网年轻从业人员职业成功描述性分析

题项	均值	标准差
我满意自己所取得的职业成就	3.36	0.985
我满意自己在实现总体职业目标的进展	3.38	0.982
我满意自己在实现收入目标的进步	3.18	0.969
我满意自己在实现发展目标的进步	3.25	0.919
我满意自己在实现新技能目标的进步	3.25	0.974

2. 互联网年轻从业人员的工作压力

本调查选用了王红丽、张筌钧（2016）的工作压力量表，共3项。经过因子分析，单因素结构可以累计解释总变异的73.402%，效度良好，详见表5.3。

表 5.3　互联网年轻从业人员工作压力描述性分析

题项	均值	标准差
我的工作极具压力	3.27	0.810
工作中很少没有压力的事情（反向计分）	3.34	0.912
对于我的职业，感到压力巨大	3.10	0.791

3. 互联网年轻从业人员的心理契约履行程度

本调查采用了张爱武与李锡元（2006）的心理契约量表，总共9个问题项，详见表5.4。

表 5.4　互联网年轻从业人员心理契约履行程度描述性分析

维度	题项	均值	标准差
生涯与发展	公司帮助员工提升在未来就业市场上的竞争力	3.42	0.813
	公司给员工提供在公司内部晋升的机会	3.49	0.817
	公司为有创意的员工提供实现创意的机会与条件	3.45	0.810
	公司培训员工的技能以增加员工在公司的价值	3.52	0.849
激励晋升	公司根据员工的当前业绩付给报酬	3.48	0.881
	公司根据员工的自身价值和当前贡献付给报酬	3.51	0.832
	公司根据员工的个人业绩加薪调资	3.51	0.832
工作与生活平衡	公司帮助员工解决工作与家庭之间的冲突与矛盾	327	0.904
	公司帮助员工合理安排工作与休闲	3.43	0.898

4. 互联网年轻从业人员的组织公平感知

本调查采用 Moorman（1991）的组织公平感量表。因子分析显示，11个题项可以解释总变异的80.189%，效度良好，详见表5.5。

表 5.5　互联网年轻从业人员组织公平感知描述性分析

维度	题项	均值	标准差
分配公平感	我的工作安排是合理的	3.67	0.769
	我所获得的报酬是公平的	3.51	0.842
	我的工作量是公平的	3.53	0.803
	总的来说，我获得的报酬是相当公平的	3.52	0.856
	我应该承担的工作责任是公平的	3.53	0.851
互动公平感	上司会听取您的意见和观点	3.57	0.887
	上司能够不偏不倚地对待您	3.62	0.890
	上司及时向您解释决策及其含义	3.57	0.884
	上司很善待您	3.68	0.899
	上司关心您作为一个员工的权益	3.70	0.847
	上司充分信任您	3.65	0.828

5. 互联网年轻从业人员的组织创新氛围感知

本调查采用王辉和常阳（2017）使用的组织创新氛围感知量表。因子分析，10 个题项可以解释总变异的 64.185%，效度良好。根据调查，互联网行业年轻从业人员组织创新氛围感知较高，详见表 5.6。

表 5.6　互联网年轻从业人员组织创新氛围感知描述性分析

题项	均值	标准差
我可以自主设定工作进度	3.65	0.758
我可以自主决定如何实施工作方案	3.54	0.829
工作中我有自主发挥的空间	3.65	0.766
同事间经常就工作中的问题进行交流和探讨	3.67	0.818
同事会主动协助我完成工作	3.67	0.799
我能感受到同事的支持和关心	3.69	0.806

续表

题项	均值	标准差
公司对有创新想法的员工会给予奖励和报酬	3.44	0.937
公司的奖励制度使员工富有创新热情	3.39	0.966
工作中我有自主发挥的空间	3.47	0.928
公司的奖励制度有效地促进了工作创新	3.42	0.951

6. 互联网年轻从业人员的离、留职意愿与转业意愿

本调查采用马丽等（2004）使用的离、留职意愿量表。因子分析，5 个题项可以解释总变异的 79.87%，效度良好，详见表 5.7。

表 5.7　互联网年轻从业人员离、留职意愿描述性分析

题项	均值	标准差
在任何情况下，我都不会主动离开现在的公司	3.13	0.915
我不愿意离开现在的公司	3.33	0.914
我从未打算离开现在的公司	3.15	0.943
我打算在现在的公司待尽可能长的时间	3.46	0.925
我希望并打算继续留在现在的公司	3.50	0.901

互联网年轻从业人员的转业意愿采用 Glau（2000）的量表，详见表 5.8。

表 5.8　互联网年轻从业人员转业意愿描述性分析

题项	均值	标准差
我正在考虑离开互联网行业	2.41	1.086
我打算寻找其他行业领域的工作	2.47	1.118
我打算离开互联网行业	2.35	1.119

（二）员工样本的差异性分析

1. 性别差异

调查发现，不同性别的互联网企业员工在主观职业成功、工作与生活平衡、激励晋升、工作压力、组织公平感等许多方面并不存在显著差异。女性工作与生活平衡显著低于男性。受传统思想影响，女性需要承担更多的家庭责任，加之受身体素质等因素影响，女性对工作与生活平衡期望更高，所以会比男性更易感受到落差。在创新行为的评价上，男性稍高于女性，详见表 5.9。

表 5.9　不同性别互联网年轻从业人员工作感知的差异性分析

	男性		女性		F 值	Sig.
	均值	标准差	均值	标准差		
主观职业成功	3. 2719	0. 9088	3. 2552	0. 8160	2. 541	0. 112
激励晋升	3. 4479	0. 7838	3. 5656	0. 7483	0. 003	0. 959
工作与生活平衡	3. 3555	0. 7850	3. 3439	0. 8839	5. 310	0. 022
工作压力	3. 2734	0. 7765	3. 0830	0. 8431	0. 010	0. 922
分配公平感	3. 5820	0. 7417	3. 5176	0. 7188	0. 469	0. 494
互动公平感	3. 6348	0. 8115	3. 6139	0. 7253	1. 014	0. 314
创新行为	3. 5280	0. 75145	3. 2594	0. 90847	12. 482	0. 000
留职意愿	3. 3516	0. 82823	3. 2489	0. 83892	1. 802	0. 180
转业意愿	2. 3932	1. 13294	2. 4057	1. 00594	0. 016	0. 899

2. 年龄差异

不同年龄的互联网从业人员在激励晋升、工作与生活平衡和组织公平感上的差异不显著:“80 后”的员工的职业成功显著高于“90 后”,因为“80 后”处于职业生涯发展的上升期,资历与成就会高于“90 后”,“70 后”与“80 后”和“90 后”在职业成功上没有显著差异。“70 后”互联网从业人员工作压力最高,其次是“80 后”,最低是“90 后”,“70 后”的压力显著高于“90 后”。

“70 后”互联网年轻从业人员的创新行为评价最高,“80 后”和“90 后”的评价较低,两者的差距不显著。“70 后”互联网年轻从业人员的留职意愿最高,“80 后”的留职意愿最低,两者的差距具有统计意义,说明“80 后”相对比较稳定。转业意愿在不同的年龄组别中并没有差异。

3. 学历差异

通过调查发现,不同学历的年轻从业人员在激励晋升、工作与生活平衡、组织公平感、创新行为等方面的差异不显著。

在职业成功上,博士学历的员工显著高于专科、本科和硕士学历的员工。博士学历的员工工作与生活平衡的期望显著高于本科学历的员工。博士学历的员工工作压力高于硕士学历的员工。博士生的知识水平以及思想教育水平相对更高,在就业市场上会更加具有竞争力,在工作中也会体现着较高的智商和情商,所以,会存在着较高的职业满意和生涯发展期望。一定的高度代表着一定的责任,在工作中往往得到更多的依赖和期望,博士生往往处于适婚年龄,面临着更大的经济压力,所以,就要努力工作、养家糊口,从而工作压力也较大。不同学历的被访者的创新行为、留职意愿、转业意愿没有显著差异。

（三）企业问卷描述性统计

1. 创新导向的管理实践

企业调查问卷采用张瑞娟和孙健敏（2014）开发的创新导向人力资源管理实践量表，包含4个维度：培训开发、奖励晋升、沟通参与和工作设计，共19项，详见表5.10。

表5.10　互联网企业创新导向人力资源管理实践的信度检验

原量表维度	题项个数	Cronbach Alpha 值
培训开发	5	0.802
奖励晋升	7	0.800
沟通参与	4	0.835
工作设计	3	0.779
总量表	19	0.908

4个维度中，培训开发的得分最高，这说明互联网企业对培训开发较为重视，主要集中在为员工提供知识和技能的培训，其次是采用经验交流会、研讨会等内训方式提升员工能力。奖励晋升位列第二，互联网企业通常会为员工设置有挑战性的绩效目标，员工个人的奖金和团队的绩效结果挂钩。沟通参与得分较低，"员工的建议通常会被采纳"以及"员工代表能够参与公司设计员工利益的重大决策"题项平均得分很低，说明互联网企业在员工建言和民主决策方面还有很大的提升空间。工作设计得分最低，互联网企业在工作设计过程中需要加强员工工作创新性，详见表5.11。

表 5.11　互联网企业创新导向人力资源管理实践的描述统计

维度	题项	均值	标准差
培训开发	员工拥有在公司内部不同岗位上流动的机会	3.913	0.965
	为员工提供知识和技能的培训	4.484	0.783
	采用经验交流会、研讨会等内训方式提升员工能力	4.167	0.971
	为员工设计多元化的职业发展路径	3.905	0.983
	绩效反馈时，主管领导给予员工工作改进方面的建议	4.087	0.835
	小结	4.111	0.681
奖励晋升	奖励小发明、小创造、小革新	3.984	1.020
	对创新的工作团队进行奖励	4.127	0.929
	员工个人的奖金和团队的绩效结果挂钩	4.248	0.811
	为员工设置有挑战性的绩效目标	4.320	0.671
	对员工的创新能力和创新行为进行考核	3.802	0.896
	以工作业绩为员工晋升的依据	4.075	0.748
	对核心员工进行股票期权或按利润分享等激励	3.694	1.285
	小结	4.029	0.637
沟通参与	为员工提供沟通的渠道，以利于员工之间分享信息	4.214	0.705
	工作中，员工有机会提出合理改进工作绩效的建议	4.325	0.691
	员工代表能够参与公司设计员工利益的重大决策	3.694	0.981
	员工的建议通常会被采纳	3.671	0.893
	小结	3.976	0.676

续表

维度	题项	均值	标准差
工作设计	工作具有较为宽泛的工作职责	3.918	0.741
	为员工提供需要多样化技能的工作任务	4.016	0.798
	员工具有工作的自主性特征值	3.826	0.942
	小结	3.919	0.696
创新导向人力资源管理实践		4.029	0.554

2. 互联网企业遵守法律法规情况评价

为测量互联网企业相关劳动保障法律法规遵守情况，项目组根据《劳动法》的相关条款整理得到自制量表。

互联网企业基本能够很好地遵守法律法规，尤其是在签订、履行、变更和解除劳动合同时遵守相关规定，此外，在劳动安全卫生措施方面也较为符合国家规定标准。然而，互联网企业在“依法按时足额发放加班工资报酬”和“依法执行国家规定的工作时间”方面得分较低，这反映出互联网行业普遍加班的现象。互联网行业加班严重，却并没有依法按时足额发放加班工资报酬，这可能是由于互联网企业一般实行项目制，以项目的完成情况计算薪资，他们并不在乎员工是否加班，只看任务目标是否完成，详见表5.12。

表5.12 互联网企业遵守劳动法律法规的描述统计

题项	均值	标准差
签订、履行、变更和解除劳动合同符合规定	4.845	0.398
劳动规章制度符合相关法律法规	4.762	0.581
认真执行女职工和童工保护规定	4.746	0.560
依法执行国家规定的工作时间	4.651	0.841

续表

题项	均值	标准差
依法执行休息和休假制度	4.770	0.490
按时足额支付员工工资	4.773	0.614
依法按时足额发放加班工资报酬	4.591	0.936
劳动安全卫生措施符合国家规定标准	4.790	0.512
依法为员工缴纳五险一金	4.758	0.552
企业遵守劳动保障法律法规	4.740	0.507

3. 互联网企业对员工参与管理的评价分析

为测量互联网企业对员工参与管理的重视程度，本研究在调查问卷中采用了自制量表，同时，综合参考了 Tüselmann (2006)、谢玉华（2009）等学者开发的测量工具，详见表 5.13。

互联网企业对员工参与管理的评价总体评分较低，主要采用定期内部信息公告、班组例会等形式来实现员工参与管理，虽然这些形式可以让员工获取企业信息，但员工始终处于被动接受的地位，而不是主动参与。此外，员工有机会提出合理化建议也是实现员工参与管理的主要方式。然而，职工代表大会作为员工参与管理的重要形式，却并没有得到互联网企业重视，也没有发挥其应有的作用。

表 5.13　互联网企业员工参与管理的描述统计

题项	均值	标准差
职工代表大会	3.417	1.300
部分权力的工作自主团队	3.746	1.146
品质小组、工作改进小组	3.693	1.074

续表

题项	均值	标准差
员工满意度调查	3.906	0.962
合理化建议	4.132	0.923
与员工定期座谈会	3.976	0.891
公司内部刊物	3.889	1.284
班组例会	4.210	0.938
定期内部信息公告	4.333	0.828
员工参与管理	3.920	0.802

4. 互联网企业对员工职业生涯管理的评价分析

为测量互联网企业对员工职业生涯管理的情况，本研究采用 Sturges 等（2002）开发的量表，详见表 5.14。

互联网企业对员工的职业生涯管理情况总体良好，大部分互联网企业都会为新员工安排至少一位老员工作为工作导师或师傅，以帮助他们尽快适应岗位工作。此外，企业还鼓励员工之间在工作上互相帮助和提高，给员工安排公司管理规定和组织文化方面的教育。相对来说，互联网企业在“为员工制定合适的职业发展计划”方面稍显不足。

表 5.14　互联网企业组织职业生涯管理的描述统计

题项	均值	标准差
为员工提供职业技能培训	4.191	0.882
确认员工是否已获得所需职业技能培训	4.271	0.740
给员工安排公司管理规定和组织文化方面的教育	4.287	0.738
为员工制定合适的职业发展计划	4.052	0.862

续表

题项	均值	标准差
为员工提供有利于其未来职业技能发展的工作安排	4. 179	0. 786
为员工提供清楚的工作反馈	4. 178	0. 857
给予员工中肯的职业发展建议	4. 164	0. 891
鼓励员工之间在工作上互相帮助和提高	4. 393	0. 810
为新员工安排至少一位老员工作为工作导师或师傅	4. 575	0. 689
组织职业生涯管理	4. 254	0. 688

5. 互联网企业的员工激励

企业期望员工对组织有所贡献，首先要提供相应的激励。为测量互联网企业为员工激励的情况，项目组采用 Jia 等（2014）设计的量表，既包含企业对员工的尊重、劳动保护，也包含公平对待每个员工以及帮助员工成长进步和接受员工意见等，详见表 5. 15。

在所有题项中，“尊重员工的个人尊严”得分最高，这体现出改革开放以来人们的观念不断转变，企业普遍尊重员工个人的尊严。为了提高员工的工作绩效，提供相应的培训是必不可少的，互联网企业在“培训员工岗位所需的知识和技能”方面表现良好。“认真研究处理员工提出的工作建议和意见”和“公平对待每一个员工”位列第三位、第五位，同样表现出企业对员工的尊重。“除法律规定外，提供比较高的住房补贴”题项得分最低，“除法律规定外，还提供较好的医疗、健康等额外保险”题项得分次之，这表明目前的社会福利保障还是依赖于法律，互联网企业较少提供法律以外的保障。

表 5.15　互联网企业员工激励的描述统计

题项	均值	标准差
重视员工对有关公司政策、决策的反馈意见	5.373	1.323
重视考虑员工职业生涯的发展	5.496	1.262
关心员工对工作的满意程度	5.623	1.206
创造条件让员工充分发挥他们的聪明才智	5.738	0.962
公平对待每一个员工	5.883	1.285
认真研究处理员工提出的工作建议和意见	5.905	0.950
在员工的职责范围内给员工充分授权	5.897	0.930
鼓励员工积极参与部门或公司层面的经营决策	5.512	1.135
尊重员工的个人尊严	6.068	1.067
培训员工岗位所需的知识和技能	5.933	1.023
提供有竞争力的工资水平	5.825	1.209
除法律规定外，提供比较高的住房补贴	4.159	1.921
提供比较高的奖金水平	5.413	1.595
除法律规定外，还提供较好的医疗、健康等额外保险	5.115	1.640
提供的员工激励	5.555	1.023

6. 互联网企业对员工贡献的期望

为测量互联网企业对员工贡献的期望情况，项目组同样采用了 Jia 等（2014）设计的量表，详见表 5.16。

互联网企业对员工贡献的期望较高，其中“做事合法，并符合公司规章制度”最受到企业看重，体现了企业对法律和公司制度的维护。其次是“认真完成上级临时布置的工作任务”，这体现了对上级权威的维护。“工作中团队合作”紧随其后，现如今企业尤其是互联网企业越来越强调团队的作用，越来越重视团队管理，互联网企业普遍采用项目制，通常由团队来完成。值得关注的是“工作中任劳任怨”得分最低，“工作认真踏实，很少出错”次之，任劳任怨是传统的职业美德，而现如今人们的观念逐渐改变，企业不再过多要求员工的无条件付出，也不再一味追求高正确率、追求“很少出错”，尤其是互联网等高新技术产业甚至非常容忍失败，很多有趣的产品从所谓的失败中发展而来。

表 5.16　互联网企业员工贡献期望的描述统计

题项	均值	标准差
工作中尽职尽责	6.258	0.987
保质保量完成绩效目标	6.331	0.862
做事合法，并符合公司规章制度	6.476	0.845
认真完成上级临时布置的工作任务	6.444	0.824
工作认真踏实，很少出错	6.194	0.900
工作中团队合作	6.424	0.777
工作中任劳任怨	6.033	0.943
能够为公司或部门的前途和发展作贡献	6.329	0.902
积极维护公司的形象	6.389	0.882
积极主动向公司提出合理化建议	6.345	0.949
积极采用新方法、新思路来改进工作	6.254	0.967
不断改进工作程序与方法	6.321	0.933
主动承担新的或具有挑战性的工作	6.318	0.857
期望的员工贡献	6.312	0.782

三、研究结论与建议

（一）研究结论和讨论

本研究设计了针对应届毕业生和互联网企业从业人员两项调查，以了解他们对于互联网工作的看法，从而为企业如何吸引和留任员工提供建议。经过以上各种分析，得到结论如下。

1. 应届毕业生的择业动机

此次调查共回收3942份问卷，从样本分布来看，已就业和未就业的群体数量差不多，还有少量创业的应届生群体，样本基本涵盖本研究所要调查的人群。应届毕业生的择业动机分别是行业发展前景、职业兴趣和薪酬福利高，已就业和未就业的应届生群体的动机基本一致。可以看到，外部因素——行业发展前景是吸引人才流动的最重要的动力。另外，新生代高校毕业生强调个人的选择，属于个人因素的职业兴趣成为另一个重要动力。职业兴趣在进入互联网企业工作的毕业生中更重要，是他们择业的首选因素，与行业发展前景、专业对口两大因素平分秋色，选择的人数比例相当接近。翻阅一份对20世纪90年代广东大学生择业动机的调查（郭正林，1994），发现当时择业的第一动机是收入，现在的应届毕业生已经把这个因素排除在“三甲”之外。职业兴趣在当时的研究根本没有被关注。可见，工作价值观已经发生翻天覆地的变化。

应届毕业生对进入互联网行业就业相当积极，回答者中有71%表示愿意到互联网企业就业，他们主要受到行业发展前景吸引。被访者不愿意到互联网工作的最主要原因是专业不对口。

选择进入互联网行业的毕业生认为行业发展前景最重要，那么他们希望工作带给他们什么回报？他们期望工作为他们带来丰富的实践经验、专业的技术能力，然后才是有竞争力的薪酬福利。前面两个因素都是面向自我提升，与长期竞争力有关。对于工作环境，32.3%的被访者认为工作自由度最重要，其次是人际和谐。他们更喜欢通过直接参与到企业管理的方式，而不是通过工会参与或者职工代表大会这种方式。这些都为企业提供吸引人才的依据。

2. 互联网从业人员调查

本研究希望了解互联网从业人员对工作期望、满足程度以及企业的措施起的作用。分别从互联网从业人员以及他们的经理处收集信息。个人问卷调查了主观职业成功、任务绩效、工作压力、组织公平感、组织创新氛围、心理契约履行程度、离、留职意愿与转业意愿等内容以及创新导向人力资源管理实践、企业遵守法律法规、员工参与管理情况、员工职业生涯管理、对员工贡献的期望、组织提供的回报等内容。结果表明，员工对主观职业成功、任务绩效、工作压力、组织公平感、组织创新氛围、心理契约履行程度、离、留职意愿与转业意愿的评价是一般偏上。专业意愿属于不太愿意到一般之间。

从性别差异来看，男性认为工作与生活平衡比较好，而女性的评分稍低，这与之前一些调查结论相一致，对于女性来说更加是一个问题。男性对创新行为自我评价较高，而女性相对比较低，说明男性更加愿意投入到创新行动中。在调查的其他方面，性别差异不显著。

从年龄差距来看，年纪越大的被访者认为自己取得的职业成功更大，压力也更大，“70后”比起刚工作不久的“90

后”压力显著上升。年龄不会导致被访者对企业履行心理契约的程度以及公平感造成差异。“80后”对创新行为的投入最低，还不如年轻的“90后”，可能是“80后”正处于中年时期，各方面的责任比较大，具体的原因还需要进一步调查研究。“70后”的留职意愿最高，“80后”的留职意愿最低。

从不同学历的被访者来看，硕士、本科、专科的评价并没有统计意义上的差别。博士感受到的工作压力显著比硕士的高。在调查的其他方面，不同学历人群之间的评价并没有显著差异。

大部分的互联网企业认为它们在创新导向人力资源管理实践方面做得不错，平均分达到“比较好”的级别。在企业遵守法律法规方面，评分更接近“非常守法”的级别。互联网企业大部分提供员工参与管理的实践措施，其中定期内部信息公告是实施得最好的员工参与方式，班组例会次之，合理化建议随后，这三种均达到4分（满分5分）以上。互联网企业对员工职业生涯管理比较重视，平均分达到4.2以上。企业期望员工作出的贡献分数高于提供的回报。

研究最后分析了岗位绩效、创新行为以及留职意愿三个方面影响因素。结果表明，创新行为受到工作压力、企业履行职业生涯与发展的影响。工作压力分为挑战性压力和阻碍性压力，调查结果显示，互联网企业的压力总体比较正面，能够促进绩效，压力越大，岗位绩效越好。在组织层次，创新导向人力资源管理实践中的激励晋升、沟通参与正向影响员工的绩效。企业遵守法律法规、员工职业生涯管理也与岗位绩效正相关。当这些措施一起进行比较，可以发现激励晋升、企业遵守法律法规两项最能预测岗位绩效。即所有措施一起运用时，要做好这两方面的因素。

工作压力在个人层次正向影响创新行为，压力越大，员工越可能投入创新中。心理契约履行中的生涯与发展正向影响创新行为，说明员工感受企业履行提供职业生涯发展相关的义务的程度越高，员工创新行为更多。在组织层次，研究考察了创新导向人力资源管理实践、企业遵守法律法规、员工职业生涯管理三个方面的作用。创新导向人力资源管理实践采用的是AOM 理论（提升能力的实践、激发员工动机的实践和提供机会的实践）开发的人力资源系统措施（张瑞娟、孙健敏，2014），控制个人层次的变量后，组织层次创新导向的人力资源政策没有发现对创新行为的影响证据。原因可能是创新导向人力资源管理实践需要通过个人感受才能影响创新行为，也可能是在互联网企业中，还需要思考 AOM 理论以外其他方式促进创新行为，内在原因需要进一步研究。企业遵守法律法规正向影响员工创新行为，遵守法律法规的企业，员工更会投入创新中。

在个人层次，留职意愿受到工作与生活平衡的正向影响。结论与万利、黄镐煐等（2014）做的研究类似，他们的研究认为工作与生活平衡会影响离职倾向。李群（2015）发现组织公平感与新生代工人的留职意愿相关，本研究进一步发现留职意愿受到分配公平感和互动公平感两个具体维度的正向影响。在组织层次，研究暂时没有发现创新导向人力资源管理实践、企业遵守法律法规、员工职业生涯管理三个方面作用的证据。

（二）启示和建议

1. 关于吸引人才

行业前景是应届生择业的最重要因素，是促进人才流动的重要外部机制。值得注意的是，职业兴趣作为个人因素成为第二大择业原因。多元化发展的需求要求企业在吸引人才时需要考虑的方面更多，提供的回报应该是整体和多元的，"总体报酬"的概念需要进入企业的视野（张山虎，2018）。企业对年轻应聘者而言不仅要有前景，还需很有趣。不少互联网企业提出很多新鲜有趣的措施，例如招聘公告不再严肃古板，文字嬉笑怒骂反而得到更多关注。

2. 关于绩效

研究发现，组织对员工的激励晋升政策、沟通参与政策、职业生涯管理相关政策与岗位绩效有关。新生代员工更强调被尊重，有话语权、加强沟通和参与程度能够让他们更加敬业，岗位绩效更高。企业可以通过以下措施加强沟通和参与：为员工提供沟通的渠道，以利于员工之间分享信息；工作中，员工有机会提出合理改进工作绩效的建议，优秀建议能够被采纳；员工代表能够参与公司设计员工利益的重大决策；等等。

值得注意的是，企业遵守法律法规看起来是一项关健因素，但是，本研究发现与岗位绩效、创新行为有关，甚至影响程度比起员工职业生涯管理和创新导向人力资源管理实践更加明显，合法、合规深入人心，企业如果没有很好地履行，将影响员工绩效。

3. 关于留任

留任意愿受到报酬、职业发展等方面的影响并不明显，而工作与生活平衡正向影响留任意愿。这一发现启示企业应该更多地帮助员工缓解工作和生活冲突带来的压力，很多优秀的企业如谷歌，早在前几年已经开始研究这一主题，为更好地留住人才、激发员工潜能做准备。

第六章

构建和谐
劳动关系与中国特色

在广东产业转型升级之前的一年，中央就做出构建和谐社会的决定，意味着在转型升级过程中构建和谐劳动关系要始终坚持党的领导。2006 年 10 月，党的十六届六中全会通过的《中共中央关于构建社会主义和谐社会若干重大问题的决定》明确提出：“构建社会主义和谐社会，关键在党。必须充分发挥党的领导核心作用，坚持立党为公、执政为民，以党的执政能力建设和先进性建设推动社会主义和谐社会建设，为构建社会主义和谐社会提供坚强有力的政治保证。”前文第三章介绍了在产业转型升级、构建和谐劳动关系过程中，中央政府逐渐清晰地提出了“共建共治共享”社会治理体系，这是中国的特色，在这个体系中，领导核心是中国共产党。坚持党的领导，始终是构建和谐劳动关系的中心任务，《工会法》第四条规定：“工会必须遵守和维护《宪法》，以《宪法》为根本的活动准则，以经济建设为中心，坚持社会主义道路、坚持人民民主专政、坚持中国共产党的领导、坚持马克思列宁主义毛泽东思想邓小平理论，坚持改革开放，依照工会章程独立自主地开展工作。”可以说在所有国家的劳动关系“三方”机制中，工会坚持共产党领导，这是唯一的例外，本书称为“构建和谐劳动关系与中国特色”，有别于西方国家的三方协调关系。本章从理论到历史，从历史到实践，阐述广东产业转型升级中党的领导地位和作用机制。

第一节　中国特色的党建带工建历史分析

一、中国共产党是工人阶级的先锋队

从中国的工会创立之初，共产党就开始直接领导工会各项工作，共产党作为工人阶级的先锋队，带领以工农为主体的全国人民推翻了三座大山，最终建立了新中国。

历史的回顾有助于更好地理解中国共产党与工会关系的特殊性。1998 年，广东人民出版社出版了《广东工人运动大事记》一书，由孔祥鸿等主编。该书记录了 1840 至 1995 年，150 多年间发生在广东的工人运动大事。特别有价值的是回顾 1840 年到 1921 年中国共产党成立期间，广东工人运动的抗争对象。根据记载，1840 年 6 月，英国侵华军舰、船只 40 艘、官兵 4000 余人陆续开到广州口岸海面，封锁广州所有河道港口，第一次鸦片战争正式开始。1856 年 10 月爆发第二次鸦片战争，到 1857 年 1 月 9 日，英法占领军对广州实行军事殖民统治。第二年的 2 月，三元里 103 乡人民号召南海、番禺两县人民在佛山成立团练局，进行反侵略斗争。由此可见，工人们最早的抗争对象是外国列强以及军事殖民者，即从广东工人运动早期历史记录看出，1840 年甲午中日战争以后，工人就被组织起来反抗英国等外国列强的欺凌。

1911 年 4 月 27 日，广东的产业工人积极参与反清起义，1911 年 10 月辛亥革命武昌起义之中，同盟会组织粤籍工人赴武汉作战。1912 年 2 月，随着民国的建立，广州邮差反对英国总监强迫他们穿“大清”号衣服而停工。之后成立了各个行业的工会，支持北伐、参与五四运动，与帝国主义斗争。

1921 年 2 月，中共广东党支部成立之后，梁复然、王寒烬、郭植生等人参加广东工人运动，陈独秀指导的《劳动与妇女》周报也在广州创刊。尤其是著名的省港大罢工，在“中华海员工业联合总会”的组织领导下，组织香港海员工人为反对英国资本家对中国工人的奴隶待遇，要求增加工资而举行罢工。此外，中共广东支部领导广州工人支持和援助香港海员。1921 年 7 月，在上海召开了中国共产党的第一次全国代表大会，宣告了中国共产党的正式成立，之后立即努力领导工人运动。

1922 年 5 月 1 日，第一次全国劳动大会在广州举行。这次大会由中国劳动组合书记部发起，到会代表 173 人，代表 100 多个工会、34 万工人，中国劳动组合书记部代表张特立宣布开会，大会的目的是加强全国工人阶级的团结，建立全国职工运动的领导机关，大会制定了《八小时工作制案》《全国总工会组织原则案》等十大决议案。

同一天，广州工人在广州市第一公园、东园两处开大会庆祝劳动节，第一次全国劳动大会的全体代表和广州市工人群众 5 万余人，包括广东总工会、工人互助总社、华侨工业联合总会、机器总会等 200 多个团体的群众参加，还包括外省的代表。1922 年 7 月，中国共产党“二大”后，中央决定将中共广东支部改组为中共粤区委员会，领导广东广西两省的革命工作，书记为谭平山。8 月，在北洋军阀政府召开“国会”酝酿制定《宪法》时，中国劳动组合书记部发布了《关于开展劳动立法运动的通告》，提出了劳动立法原则，拟定了劳动法案提纲等。

1931 年，为了领导中央苏区工人运动的开展，在吉安县富田成立中华全国总工会苏区执行局，1932 年底至 1933 年 1 月，刘少奇、陈云等从上海转移至瑞金，成立了中华全国总工会苏区中央执行局，刘少奇任委员长，陈云任副委员长兼党团书记。

从近代中国劳工运动的历史可以看出，中国共产党从成立之时，就以工人阶级的先锋队为政治立场，并与工人运动紧密联系在一起，所组织的大规模劳工运动抗争对象都是殖民者、军阀、官僚买办资本家。也可以说，正是中国共产党的组织和领导，工人阶级才成为先锋队。

所以，中国特色的和谐劳动关系构建必须要尊重中国工会的发展历史，工会接受中国共产党的领导，是历史的选择，也是现实制度的必要，这是中国工会的特色。

二、中国工人的抗争对象是“三座大山”而不是民族资本家

19 世纪中叶，随着现代工业在中国的起步，出现了工人身份的就业者。工会成立之前，工人加入的是以工商团体、行会、公馆、公行等为组织形式的社会团体，雇主和受雇人参加同一行会，当时的行会与之后的现代工会没有共同点（史探径，1990）。但由此看出，工人与雇主之间的对立并不尖锐。

在 19 世纪中期至 20 世纪初期，大规模的工人集体抗争对象针对的是外国列强、殖民者、军阀以及官僚买办。在新民主主义革命时期，就明确了工人阶级所面对的敌人为“三座大山”，即帝国主义、封建主义以及官僚资本主义。民族资本家在国破家亡之时，往往与工人阶级站在一起，一起推翻满清政

权，抵抗外国列强，实业救国以资助新民主主义革命，并在新中国成立之后继续作贡献。最典型的例子就是永利碱厂，其创办人是范旭东，先后聘请热心化学工业、劳动心理上图强爱国的青年知识分子、化学工程师陈调甫、著名化学家侯德榜，并由陈调甫联系天津工学院、江苏省立苏州工业专科学校、北京工学院，从这些学校和学院招聘数十名毕业生，任用他们为车间技术员。一班人技术攻关，终于试制成功了纯碱，不仅为永利碱厂的初创发展作出了贡献，乃至于新中国成立后的相当长时期，仍然为中国的化学工业出力（祝慈寿，1999）。

另一个典型例子是推崇民生主义与实业救国的中国企业家卢作孚。在 20 世纪上半叶，中国社会处于激烈的社会动荡变革时期，清政府刚刚倒台，国民党政府面临内部军阀混战、外国列强虎视眈眈的局面，无暇顾及劳资冲突的处理，导致 20 年代以后，劳资纠纷有愈演愈烈的趋向。据徐思彦（2007）对历史文献的研究，当时的报刊几乎每天都有关于劳资纠纷的文字，涉及工人被解雇、欠薪、不公平对待等劳资纠纷。

然而，在经济社会变革的时代，却有一家企业——民生实业股份有限公司迅速发展，其成功之处在于民生公司的创始人卢作孚的劳资合作思想。卢作孚是在辛亥革命影响下成长起来的民主主义者，特别推崇孙中山的民生主义与建国思想，主张“实业救国”，成为旧中国一位著名的爱国实业家。他与张之洞、张謇、范旭东曾被毛泽东誉为旧中国实业界“四个不能忘记”的人物。

1925 年，卢作孚创办了民生实业股份有限公司，在 20 多年里，从仅有一艘 70.6 吨的潜水铁壳小船，发展到拥有各种轮船 120 艘、总吨位 58000 余吨，职工有 89000 余人。航线不仅遍及长江各口岸，而且在中国台湾地区和香港地区设立了办事处和分公司，使航线延伸到日本和东南亚。同时，广泛向钢铁、机械、煤炭、纺织、建筑、食品、服装、银行、教育、保险等70多个企业投资，迅速成为近代中国一个以轮船航运业为主的大型民族资本航运集团。公司的发展与卢作孚实施民主管理、重视职工的教育与培训、保障员工福利待遇和塑造“民生精神”来缓和劳资矛盾、实现劳资和谐和劳资合作密切相关。

在物质激励方面，卢作孚在当时可以说理念领先、措施罕见。卢作孚认为，给职工谋福利，要全面考虑个人、家庭、当前的乃至未来的实际情况。有关福利之设施，“其属于物质方面者，应视经济能力实施之，其属于服务方面者，应竭所有人力趋赴之”。在吃的方面，职工膳费全部由公司负担，八人一桌，四菜一汤，有荤有素。在穿的方面，全体职工统一制服，制服津贴由公司拨付。在住的方面，单身职工免费居住公司宿舍，带家属者可住公司的“代租宿舍”，每月租金较少，且房租全部用作每年该屋补修之用。在医疗保健方面，除了在轮船上备有急救药品外，公司设有医务组，员工及家属一般药品免费，诊费全免；职工及家属住院、手术、医药费一律九折；职工因工受伤，医药费由公司支付，因工致残或殉职有救助金、抚恤金，员工生病期间工资照发，退休有养老金（龙汉武，2000）。在交通方面，凡职工回家或职工家属调遣迁移，均可免费乘坐公司轮船，职工家属平时可以半费搭轮船。在精神激励方面，卢作孚积极倡导民主管理，反对个人独断，鼓励全体职工积极参与公司的经营管理，畅所欲言（高静，2008）。这不仅提高了公司的管理水平和决策水平，而且激励了职工，激发出职工的工作热情，增强了职工的归属感、主人翁精神。他指出："有最高才能的领导者，不在其凭个人的天才能力监督人群，而在能建立人群的秩序监督个人，不但应当发挥每一个工作人员的能力，而且应当发挥整个社会组织的能力。"公司的各种工作进展情况也都通过自办的《新世界》《简讯》刊物随时公布，让广大职工了解、关心、监督公司的事业；当公司事业出现问题和障碍时，也面向广大职工求取办法，号召全体总动员去干。

卢作孚自称"民生公司的基础不是在百余万资本上、几桩事业上、几十只轮船上，乃在这种精神上"（周永林等，2001）。这种精神，就是"民生精神"，主要包括：其一，爱国主义精神。卢作孚一直把爱国主义放在第一位，他将"服务社会，便利人群，开发产业，富强国家"作为公司的宗旨。其二，集团生活思想。卢作孚认为，要建设现代化的国家，必须建立现代化的集团生活。眼下中国人只知有家庭、有亲戚、有朋友，而不知有事业、有社会，因此，卢作孚主张建立一种"新的适于现代生存的集团生活"，使人们走出个人及家庭的圈子，为团体、为社会乃至国家谋出路。其三，服务社会精神。以卢作孚为首的领导层提出一系列服务社会、一切为了顾客的优质服务口号。其四，艰苦创业精神。虽然民生公司业务发展很快，职工福利待遇较高，但卢作孚经常告诫职工，必须"继续不断地忍耐着生活上的痛苦，去从艰难困苦中奋斗"，"忍着痛苦拼命去为这桩事业创造前途"，并在职工中多次开展廉洁运动，倡导"大胆生产之谓勤，小心享用之谓俭"，务使"各职工骄奢淫逸之旧习，逐渐减少以至于无，而能够俭以养廉"（金铮等，1990）。

在这种独特的文化氛围之下，民生公司的员工在工作生活中，逐渐产生出对本职工作的自豪感和使命感，对公司的认同感和归属感，促使员工把自己的理想、目标、行为同民生公司联系起来，形成强大的凝聚力和向心力。

第二节　新时代党的领导与和谐劳动关系的构建

一、新时代与社会主要矛盾

中国特色社会主义进入了新时代，这是我国发展新的历史方位。根据马克思的时代观，每一个时代有三个主要问题需要思考：社会条件、社会主要矛盾、怎么办。

首先，需要界定“新时代的社会条件”具体涵义。“新时代”不是抽象概念，其判断基础在于改革开放 40 年来尤其是党的十八大之后取得的发展成就，中国进入了使自己强大、使自己自信的时代，尤其是文化自信、理论自信。改革开放以来，我国经济高速增长，让人民群众有了更多获得感，经历了邓小平同志所主张的“和平与发展时代”。过去五年，以供给侧结构性改革为主线推进新旧动能转换，实现换挡升级，进入经济新常态。也是党的十八大后的五年，中国日益靠近世界舞台中央，成为第二大经济体。五年来的经济成就，为进入中国特色社会主义新时代打下了坚实的物质基础，也为实现经济从高速度增长迈向高质量增长的转变奠定了坚实基础。

其次，新时代需要思考：社会主要矛盾是什么。新时代有许多新理论、新思维、新战略、新部署、新任务，当然也面临新的社会主要矛盾，即“人民日益增长的美好生活需要和不平衡不充分的发展之间的矛盾”。党的十九大之前，党的关于我国社会主要矛盾的论断是“人民群众日益增长的物质文化需要同落后的社会生产之间的矛盾”，该论断形成于 1981 年的党的十一届六中全会，党的第一任务就是发展生产力，对和谐劳动关系构建带来的影响则是就业优先，尽量提供充分的就业机会，在工作现场的劳动关系规制重点放在依据劳动法规保障劳动者的合法权利，较少涉及员工参与分享企业发展所带来的盈利。进入新时代，和谐劳动关系构建的目标就不仅仅是劳权的基本保障了，而是要解决收入差距、贫富差距导致的“不平衡不充分”问题。我国社会主要矛盾的变化是关系全局的历史性变化，必然影响和谐劳动关系的构建机制和路径，企业不仅要大力提升发展质量和效益，还要更好地满足员工在物质和精神等各方面的心理需求，达成效率、公平、发言权的平衡。

自 2015 年开始，中国的经济社会发展进入了新常态。经过多年的转型探索，确定了和谐劳动关系构建的目标和原则等，尤其是 2017 年 10 月举行的中国共产党第十九次全国代表大会上，习近平同志向世界庄严宣示，中国特色社会主义进入了新时代，这是我国发展新的历史方位。然而，也是和谐劳动关系构建的新时代。党的十九大报告中论及和谐劳动关系的构建，强调了“提高就业质量和人民收入水平”，表明党要重点从劳动关系的角度解决社会主要矛盾，即从就业数量转向就业质量，从基本的劳动权利保障转向共享经济发展成果的权益保障。

二、坚持党的领导以构建和谐劳动关系的现实背景

（一）中国特色和谐劳动关系治理理念与机制的形成背景

自 1978 年改革开放以来，中国选择的经济发展道路是一

条具有中国特色的社会主义建设路径。早在1982年中国共产党第十二次全国代表大会上就提出了“中国特色”，而构建“中国特色和谐劳动关系”则是近几年的关注焦点（乔健，2015）。根据乔健所发表论文“略论中国特色和谐劳动关系”观点，之所以逐步形成“中国特色和谐劳动关系”的治理理念和机制，原因有三个：

第一，治理模式不同。2008年世界金融危机之后，西方发达国家放松集体劳动关系的规制，中国却逆势上扬，不仅密集颁行劳动立法，党的十八大还推动“更高质量的就业”，且协调机制正在从个别走向集体劳动关系，党的十九大则把“提高就业质量和人民收入水平”同时作为劳动关系的治理目标，强调了“完善政府、工会、企业共同参与的协商协调机制，构建和谐劳动关系”，从而首创“中国特色和谐劳动关系”的新治理模式，形成了迥异于工业化国家的治理理念和体制机制格局。

第二，不同国家制度因素影响。不同国家的劳动关系存在广泛持久的差异，部分是受到国家整套制度因素的影响。与西方国家的劳动关系沿着“放任自流”到有组织的对抗，然后向社会统合主义的演变路径不同，中国劳动关系的趋势是由国家主义过渡为国家统合主义，并向社会统合主义演化（邵思军，2013）。

第三，执政党和国家领导人的重视。2006年，中共十六届六中全会通过了《关于构建社会主义和谐社会若干重大问题的决定》；2011年，中央政策研究室等六部委参与完成了从浙江到全国的各类企业和谐劳动关系构建的经验调查；国家主席习近平也在多次的讲话中提及了劳动关系问题等，这就在全国形成了一种自上而下的对劳动关系问题的高度重视。构建“中国特色和谐劳动关系”体系的目标并非以保障劳动关系主体的权利为依归，其最终目标是保持国家和社会稳定，促进实现“两个一百年”奋斗目标的中国梦。

（二）坚持党的领导构建和谐劳动关系的机制

面对新时代劳动关系的问题，应该怎么办？党的十九大报告给出了答案：坚持党的领导。

西方劳动关系规制的基本体系是三方机制，即劳资政三方关系，我国在1990年11月批准了国际劳工组织的《三方协商促进实施国际劳工标准公约（第144号）》，随后，《工会法》第三十四条第二款修订为“各级人民政府劳动行政部门应当会同同级工会和企业方面代表，建立劳动关系三方协商机制，共同研究解决劳动关系方面的重大问题”，为三方协商机制提供了法律基础和法律保障。党的十九大报告也传递了三方机制在我国的重要性，即“完善政府、工会、企业共同参与的协商协调机制，构建和谐劳动关系”。这个三方协商机制在社会劳动关系层面，中国与西方国家几乎没有差别。

但在企业层面，中国有自己的特色，其特色在于企业层面劳资双方关系的组织架构之中还有党组织。根据2017年10月修订的《中国共产党章程》第五章，企业有正式党员三人以上的，都应当成立党的基层组织，并明确了在国有企业、非公有制经济组织、社会组织中，党的基层组织领导工会。这种架构在中国情境中具有合理性，而在西方发达国家，没有任何政党在其宗旨中宣誓代表全体人民的利益，为全体人民谋幸福，因此，这些西方国家政府只能设计一种机制让资方与劳方进行直接的利益博弈，政府居中协调来处理劳资矛盾。随着西方劳动关系规制的完善以及工会的“异化”，工会得不到多数工人的支持，逐渐衰弱，工人的利益实际上是受损的，以美国底特律为例，劳资之间对立谈判的结果影响到汽车产业的竞争力下降，最后导致工人大量失业。但在中国，共产党能够代表劳资双方的利益，在构建和谐劳动关系中调解资方和劳方的利益冲突并平衡双方利益，工会在共产党的领导下，不是一味与资方对立，而是动员和组织职工积极参加经济建设，努力完成生产任务和工作任务。教育职工不断提高思想道德、技术业务和科学文化素质，建设有理想、有道德、有文化、有纪律的职工队伍。从审辩的哲学角度思考，世界上没有任何证据证明存在唯一正确的社会体系和制度，人类社会是一个开放系统，每一个系统的构成都是独一无二的，自然就存在适合某一个具体社会系统的最具特色的制度，正如党的十九大报告所要求的“实现中华民族伟大复兴，必须建立符合我国实际的先进社会制度”。西方的工会是独立运作的，中国的工会则是在共产党领导之下的，这是中国特色。

习近平总书记在参加党的十九大贵州省代表团讨论时强调，中国特色社会主义进入了新时代，这是我国发展新的历史方位。做出这个重大政治判断，是一项关系全局的战略考虑，我们必须按照新时代的要求，完善发展战略和各项政策，推进和落实各项工作。

三、企业和谐劳动关系构建与党的领导

中国经济社会正处于转型升级阶段，社会主要矛盾在不同领域会表现出不同的新问题。因此，梳理不同公有制企业

和非公企业中的和谐劳动关系构建策略，都必须要坚持党的领导。

（一）国有企业

2015 年 8 月 24 日，中共中央、国务院启动了新一轮的国有企业改革。其改革的背景在于公司制改革基本完成，今后的国有企业要在混合所有制经济取得积极进展，使法人治理结构更加健全，完善优胜劣汰、经营自主灵活、内部管理人员能上能下、员工能进能出、收入能增能减的市场化机制，这些改革必定会直接涉及劳动者的劳动关系并可能引发劳动争议。

要处理国有企业劳动者的劳动关系可能引发的各种争议，政府规制体系已经具备，即相关的《劳动法》《劳动合同法》等法律法规都已经健全，关键是程序正义。而要落实劳动关系争议处理的程序正义，工会的角色不可缺少。但在国有企业新一轮改革中，兼并重组的进程可能会影响工会的组织工作，进而影响劳动争议的处理成效。目前，国有企业劳动关系存在四个主要问题：一是没有及时在新的企业中建立工会组织和党组织；二是职工代表大会不健全，即使建立也比较形式化，涉及职工切身利益的重大决策没有经过职工代表大会通过，留下隐患；三是国有企业和企业化运作的事业单位，职工的劳动隶属关系发生变化，导致各种劳动争议；四是国有企业搬迁引发的劳动关系争议问题，而且往往是人数较多的群体性事件。

如何顺利完成国有企业的深化改革？中共中央、国务院强调在改革过程中要加强党的领导，即坚持党对国有企业的领导，这是深化国有企业改革必须坚守的政治方向、政治原则。在改革过程中要贯彻全面从严治党方针，充分发挥企业党组织政治核心作用，加强企业领导班子建设，创新基层党建工作，深入开展党风廉政建设，坚持全心全意依靠工人阶级，维护职工合法权益，为国有企业改革发展提供坚强有力的政治保证、组织保证和人才支撑。

针对国有企业的党建工作，2016 年 10 月中央召开专门会议，习近平总书记发表重要讲话，强调了国企必须具备的“六种力量”，即：成为党和国家最可信赖的依靠力量；成为坚决贯彻党中央决策部署的重要力量；成为贯彻新发展理念、全面深化改革的重要力量；成为实施“走出去”战略、“一带一路”倡议等重大战略的重要力量；成为壮大综合国力、促进经济社会发展、保障和改善民生的重要力量；成为我们党赢得具有许多新的历史特点的伟大斗争胜利的重要力量。发挥这“六种力量”，既是对国有企业发展的目标要求，也是对国有企业地位作用的具体化阐释。

（二）非公企业

2017 年 12 月 1 日，《环球时报》发布一则新闻，报道了德国企业在中国官方会员组织“中国德国商会”所发布的一个声明。在记者进行调查之后，经询问发现：在中国的大型德国企业，比如宝马、奥迪、大众等著名德国车企，不论这些企业有或没有党支部，他们都不觉得成立党支部对企业来说是一种压力，毕竟这是中国法律的规定，任何来中国发展的企业都会对此有所准备。

这就带来一个值得研究的问题：如何在理论上诠释非公企

业党组织的定位？在实践中其作用机制、路径和成效如何，以使非公企业的资方自觉、主动接受？

非公企业指的是外资企业和私营企业，这类企业与国有企业的区别在于所有权，所有权差异决定了公司治理结构的不同，进而影响了企业的党组织与工会的关系。许多非公企业并没有建立党组织，但其建立工会的情况较普遍。对于非公企业，《中国共产党章程》第五章规定："凡是有正式党员三人以上的，都应当成立党的基层组织。"还规定："非公有制经济组织中党的基层组织，贯彻党的方针政策，引导和监督企业遵守国家的法律法规，领导工会、共青团等群团组织，团结凝聚职工群众，维护各方的合法权益，促进企业健康发展。"针对雇主参与的各种社会组织，例如行业协会等，《中国共产党章程》规定："社会组织中党的基层组织，宣传和执行党的路线、方针、政策，领导工会、共青团等群团组织，教育管理党员，引领服务群众，推动事业发展。"

但是基层组织的党建工作距离中央的要求还有一定的差距，例如，广州花都区的狮岭镇是中国皮革皮具的产业基地，集聚了大量的非公企业，根据广州市总工会 2017 年的调查，狮岭镇目前共组建了"两新"组织党组织 114 个，"两新"组织党员 709 名，企业建立"两新"组织比率低，党建、团建意识不强，组织能力较差，党建工作滞后，制约党建带工建工作。工会建设方面，大部分企业还没有建立工会组织，甚至约 35% 的企业不打算建立工会，建立了职工监事制度的企业也只占 30%。已建立工会的企业，也只有约 45% 的员工入会，而安排专职或兼职工会工作人员的企业也只有 23%。

第三节　党建带工建的理论与实践思考

一、党建带工建的中国特色

“中国特色”指的是“中国特色社会主义”，就是在中国共产党领导下，立足基本国情，以经济建设为中心，坚持四项基本原则，坚持改革开放和发展社会生产力，巩固和完善社会主义制度。建设有中国特色社会主义是由中国改革开放的总设计师邓小平同志提出的。自邓小平同志在1982年中共十二大开幕词中提出“走自己的道路，建设有中国特色的社会主义”以来，从中共十三大到中共十九大都始终强调中国特色社会主义，可以说“中国特色社会主义”建设历程有三十多年了。

中国特色的社会主义具有五个基本特征：以民为本、市场经济、共同富裕、中华文化、民主政治。这五个特征体现在劳动关系上，可以理解为：劳动关系冲突属于人民内部矛盾，劳资双方的根本利益是一致的；劳动关系的建立需要遵循契约精神，矛盾的处理依从法治体系；资方要履行社会责任，并与劳方分享利益；劳资双方要共同建设和谐关系，和平共处；在工作现场，民主管理，员工参与，达成员工的体面劳动。中国特色的和谐劳动关系构建需要发挥党组织的作用，工会建设与党组织的建设相互关联。尤其是中国的发展进入新时代，和谐劳动关系构建应放在中国特色情境里开展，把党的领导放入机制中去设计。近年来，国有企业的劳动关系渐趋规范、稳定与和谐，其中，党组织起了很大的作用，通过党组织与工会共建工作的加强，成功化解了国有企业战略性重组过程中许多尖锐的劳资冲突。许多民营企业尽管参差不齐，但已经出现了非公企业党建带工建、工建促党建的成功案例，有的非公企业是先有党组织，通过党组织的力量，在企业内组建工会，党员起着先锋模范带头作用，领导着工会的各项活动；有的非公企业则是先有工会组织，通过工会发展党员，之后成立党组织，即工会促进了党建工作。在非公企业内部形成“党建指导工建、工建服务党建”的做法是中国特色，有利于非公企业内部良好工作氛围和和谐劳资关系的形成。

对应到党与工会的关系，更加具有中国特色，这是历史的选择。中国工会在中国工人运动发展的基础上诞生，1921 年 7 月，中国共产党成立后不久，就成立了中国劳动组合书记部，作为全国工会的通信联络机关；1922 年 5 月，中国劳动组合书记部在广州召开了第一次全国劳动大会，确定筹备全国性工会组织；1925 年 5 月 1 日，在广州召开了第二次全国劳动大会，正式成立了中华全国总工会。抗日战争时期暂停使用中华全国总工会的名称，成立陕甘宁边区总工会和各抗日根据地总工会；解放战争时期边区总工会和各根据地总工会联合为解放区总工会。1948 年 8 月 1 日，由解放区总工会和国民党统治区工会在哈尔滨联合召开了第六次全国劳动大会，决定恢复中华全国总工会，其政治地位确定为：中国工会是中国共产党领导的职工自愿结合的工人阶级群众组织，是党联系职工群众的桥梁和纽带，是国家政权的重要社会支柱，是会员和职工利益的代表。中华全国总工会是各地方总工会和各产业工会全国组织的领导机关，由中共中央书记处领导。

根据中华全国总工会的解释，工会工作的方针是：以经济建设为中心，立足改革全局，把发展社会生产力和维护职工具体利益结合起来，增强基层活力，实现工会的群众化、民主化，团结教育广大职工为建设有中国特色的社会主义而奋斗。在工会改革的历史中，其目标是要把中国工会建设成为中国共产党领导的、独立自主、充分民主、职工信赖的工人阶级群众组织，在国家的社会生活中发挥重要作用的社会政治团体。工会改革的主要内容是：进一步明确工会的社会职能，理顺工会与共产党、工会与政府、工会与企事业行政方面的关系，以增强基层工会活力为中心环节，密切工会与群众的关系，改革工会的组织制度和活动方式，实现工会的群众化、民主化。

广东省各地区工会也在中华全国总工会的号召下，将“增三性、去四化”作为当前工作的重点。比如，2016 年 8 月召开的广州市工会主席会议以及 2016 年 7 月 28 日召开的深圳市龙岗区总工会四届七次全体（扩大）会议均着重强调了这项工作。实际上，在政府规制劳动关系方面，广东省一直很注重推广基层企业的党组织和工会协同管理劳动关系。比如，早在 2005 年，深圳市就召开了“党建带工建，党工共建”工作会议，组织部长和工会主席作为直接责任人，推广“党工共建”和谐劳动关系。

在本书的研究过程中，也对广东的企业工会和党组织在企业劳动关系管理中的现状有了基本了解和调查研究，包括对国有企业广州地铁集团和鹰金钱集团，非公有制企业立白集团、唯美集团、捷普公司以及雅图仕公司进行了深入的实地调研，在党组织和工会协同管理劳动关系方面有如下发现：

第一，党组织和工会的关系。《中国共产党章程》中规定：“中国共产党是中国工人阶级的先锋队，同时是中国人民和中华民族的先锋队，是中国特色社会主义事业的领导核心，代表中国先进生产力的发展要求，代表中国先进文化的前进方向，代表中国最广大人民的根本利益。”在国有企业中，目前仍然注重在劳动关系管理中发挥党的领导地位，例如，广州地铁集团的工会就在访谈时明确表示其在党委的领导下开展工作。在民营企业中，越来越多的企业主开始注重树立党组织的领导地位，例如：唯美集团和立白集团都强调企业工会是在企业党组织的领导之下，立白集团的党委主要负责人兼任工会的常务副主席。在外资企业中，党组织相对处于弱势的地位，在实地调研中发现，美资的奥迪斯电梯公司、电子代工行业的捷普公司均表示工会才是代表劳方的主要组织。2017 年 5 月在南海本田公司调研发现，2010 年停工事件造成的巨大损失促使资方和管理层思考“如何适应中国的制度环境以保持公司的长期发展”，其决策是劳动关系当地化策略的转型，不但大力支持工会的发展，而且在企业内部成立党总支，落实党建带工建的管理模式，接受访谈的工会主席和工会委员一致认同一个结果：工会的凝聚力提升了，资方因为工会对企业发展的正面效果，大力支持工会的工作，每年正式展开三次集体协商，企业的劳动关系和谐了。

第二，企业的党组织管理劳动关系。一种方式是企业党组织通过介入企业经营管理体系来管理劳动关系。比如，广州地铁集团每个星期会召开一次“领导班子联席会议”，党政工负责人均会参会。会上，每个领导班子成员对重大事项均有一票投票权，但涉及劳动关系的重大事项，工会和党组织的意见会被重点考虑。与之类似，鹰金钱集团也建立了“党政联席会议”制度，涉及劳动关系的重大事项将在此会议上讨论，并重点考虑党委的意见，通过直接介入工会主席的选举过程管理劳动关系。比如，国有企业广州地铁集团、民营企业唯美集团以及雅图仕公司在调研中均表示在选举过程中会重点关注具备党员身份的企业工会主席候选人。另一种方式是通过传统的思想教育方式管理劳动关系，不过这种方式更多存在于国有企业中。比如：广州地铁集团在调研中表示思想教育是其党组织管理劳动关系的主要方式之一。进一步调研发现，企业的党组织与政府之间的关系，成为其在与工会协同管理劳动关系的过程中独特的政治优势。比如：雅图仕公司表示，由于企业的党组织经常参加政府组织的培训，因此，对政府的劳动关系政策有更深入的了解，可以确保企业在合法的框架下管理劳动关系。某地方工会主席在接受访谈时也表示，企业党组织的政府关系是一种政治优势。

在研究中发现，企业的党组织和工会协同管理劳动关系的过程中尚存在如下问题：一是如何平衡“政治性”与“群众性”。当下，增强“政治性、先进性和群众性”工作成为工会工作的重中之重。然而，在企业调研中发现：在实践中存在工会“政治性”和“群众性”发展不平衡的情况，即有的企业过度重视工会的“政治性”而失去了群众基础，另有一些企业片面地强调工人权益而忽略了企业发展和社会稳定。二是如何平衡劳工权益保护与当地经济发展的需求。在广东的调研中发现，不少地区都存在如何平衡劳工权益保护与当地经济发展的困惑。

针对这两个问题，有的企业进行了探索。例如，针对工会的“政治性”与“群众性”之间的平衡问题，雅图仕公司的做法值得借鉴。以工会主席的选举为例：雅图仕公司过去曾要求工会主席必须是党委委员兼任，以保证其“政治性”，但这样做的结果是使得工人认为工会主席是“老板身边的人”，失去了“群众性”。为此，雅图仕公司对工会主席的当选标准进行了修正，仅要求工会主席是党员，而不要求其是党委委员，从而实现了工会的“政治性”与“群众性”的平衡。又例如，针对劳工权益保护与地区经济发展之间的平衡性问题，唯美集团的做法值得借鉴。调研结果显示，唯美集团在行业内并非当地工资水平最高的企业，然而劳动关系却非常和谐，其中一个重要原因是该企业为员工生活的方方面面都提供了完善的福利，为了解决工人的后顾之忧，公司出面与当地政府协调沟通，解决了工人子女在当地公办学校的入读问题。在调研访谈中发现，当地社会公共品的供给是提升工人的生活质量从而缓和劳资矛盾非常重要的一环，然而这一点经常被各地政府所忽视。因此，建议地方政府在规制劳动关系的过程中，除了平衡劳资双方的利益之争和权益之争外，更应着力于增加公共品的供给。

二、非公企业党建带工建案例分析

近几年非公企业开展党建的趋势持续增强。然而，非公企业党组织并不像国有企业党组织般易于发挥政治核心作用，甚至难以达到团结企业和职工的目标而形同虚设。部分学者认为，党组织发挥作用最好的切入点就是领导和支持工会等群团组织在企业开展活动，并且有实践证明企业党建带工建的方式是行之有效的。因此，如何通过党建带工建构建非公企业的和谐劳资关系，成为学者们关注的热点问题。其中，典范代表企业即为广州的立白企业集团有限公司（以下简称立白集团），其党建带工建的经验具有独特性，值得总结。

广东作为先行一步的改革开放试验区，拥有较为优越的民营经济发展环境，[①] 孕育了一批批优秀的民营企业，广东立白集团便是其一。立白集团成立于 1994 年，作为国内日化龙头企业，其洗涤用品多年来为全国销量第一，公司年销售收入达 100 多亿元，连年向国家上缴税收超过 10 亿元。立白集团自 2000 年建立党组织、2001 年建立工会、2008 年成立党委，一直采用党建带工建的发展模式，多年来并未发生任何大型劳动争议案件。2014 年，立白集团成立了职代会，通过职代会的流程选出了职代会的委员，并于 2014 年 9 月召开了第一届职代会的联席会议。2015 年 4 月，CCTV - 2《中国财经报道》栏目组拍摄《探寻劳动关系新平衡》专题片，立白集团作为广东省优秀民营企业工会典范接受了央视的采访与拍摄。

对立白集团调研时，主要采用半结构化访谈法和文献分析法：首先，半结构化访谈有助于访谈者获得真实有效的一手资料，本研究共访谈了立白集团党委书记兼工会副主席、党群工作部党委专职副书记及成员代表、党委成员代表、工会成员代表和人力资源部员工代表近 10 人，访谈时间共 3 小时，形成了近 35000 字的访谈稿；其次，文献分析与半结构化访谈互为补充，分析的文档有大量的档案资料，如企业资料、商业出版物等；党中央和国家级、广东省等发布的法律法规、规章制度等与之有关的文档资料；媒体、互联网、社交平台的相关报道与社会评价。最后，通过整理、总结，归纳出立白集团党建带工建实践的具体做法。

---

① 庄伟光. 广东民营经济发展前景看好 [N]. 亚太经济时报，2007 - 3 - 8.

（一）立白的党建带工建实践

1. 党工共建的实践

在立白集团，党委和工会之间充分协同合作，形成了党建带工建、党工共建和谐劳动关系的新格局。立白集团的党组织在公司的运营中确实发挥了重要作用。正因为党组织在立白集团充分发挥了其大平台的作用，越来越多的员工都争相申请入党，这进一步促成了党建带工建。

2. 职代会的作用

除了党建和工建的协同合作外，职代会在劳工民主方面也发挥了重要作用。在课题组的调研中，立白集团的党委副书记赵书记说："关联到我们员工切身利益的，我们进行职代会讨论，进行公开公示民主决策。我们在职代会上就员工切身利益进行激烈讨论，曾经有一次大家争吵得面红耳赤，就是真正落实为员工着想去讨论的制度。"当课题组让赵书记进一步举个例子时，赵书记说："企业运营中和员工有关系的，比如一些奖励啊，我们全部都拿到职代会讨论，充分听取工人和员工的想法和建议。在职代会讨论的时候，我们既有 HR，也有律师，法务部的人也在现场。通过充分的碰撞和协商，我们才把制度定下来。发挥了职工代表的作用，让他们自己参政议政的过程能激发他们的能力，企业也会听取他们的意见。这样的框架下面来平衡员工的想法。"关于这一点，课题组在立白集团分管行政的副总裁兼党委书记许书记那里也得到了印证："我们的职代会在讨论时，大家不是流于形式的，而是非常激烈的。在企业里面所有涉及员工切身利益的制度，必须通过职代会审议通过之后才能颁布实施。"由此可见，职代会对于立白集团的劳工民主功不可没。

（二）案例分析

根据社会交换理论，制约社会交换行为发生的三种因素为社会强制力、行动者个性和企业的文化氛围。本研究认为，立白集团能够顺利实现党建带工建，主要是在这个过程中所发生的社会交换行为，立白集团基于客观和主观原因使三种因素的制约作用有所降低。

1. 社会强制力

2000 年 9 月，中组部印发《关于在个体和私营等非公有制经济组织中加强党的建设工作的意见（试行）的通知》，着重指导、规范党组织在非公有制企业的开展工作。基于这种强有力的政策导向，各省市特别是私营经济相对发达的东部沿海地区的民营企业党建迅速扩展开来。2001 年，广州市越秀区主管统战工作的部门建议陈凯旋董事长在立白集团成立党组织，响应国家的政策号召。同年，立白集团建立党支部，并于 2002 年成立工会组织，主要任务是维护广大员工的合法权益，构建和谐的劳资关系。

然而，与民营企业劳动者相关的法律保护制度并不完善，工会化程度较低。根据中共中央办公厅 2012 年印发的《关于加强和改进非公有制企业党的建设工作的意见（试行）》对非公有制企业党组织职责的阐述，客观上党组织应该而且可以成为民营企业中维护劳动者权益、协调企业和工人关系的重要力量，与工会紧密联合行动。根据中国特色社会主义工会理论，党建带工建一方面有助于增强党的组织基础，将工人紧密团结在党组织周围，从而有利于构建和谐的劳资关系。在中国现有体制下，基层党组织的定位和发挥作用应该放到整个党的工作和党的组织体系中去思考，企业工会也是如此。因此，聚焦到企业的微观层面，发展党建带工建模式，有助于发挥党对工会的领导和主导作用，通过党员的先进模范作用，加强企业的凝聚力和向心力。另一方面使得企业工会作为党组织的活动载体，能够通过资源共享获得更多的支持，从而有利于企业和谐劳动关系的构建。

研究认为，政府部门选择立白集团作为党组织基础的发展对象，为立白集团提供了开展党建工作的机会与平台；而立白集团基于当时强有力的政策导向，与上级党委、政府建立起紧密联系，并利用党组织在全国上下的号召力与向心力，在集团内部也注入这种精神力量，通过党建带工建的模式团结职工，加强企业向心力。这个相互的过程发生在加强非公有制企业党建和坚持中国特色社会主义工会的社会背景下，顺应了时代发展要求，政策强制力反而对这个过程起到了促进作用。

2. 行动者个性

由于产权关系，立白集团是一个独立的主体，企业主具有自主经营决策、追求经济利益的特点。在访谈过程中，党委书记许晓东和党群工作部党委专职副书记赵广珍都提到，立白集团能顺利开展党建工作以及发展党建带工建模式，有一个关键点就是企业主的支持。“在一个非公企业里面要做党的工作，我们觉得有一个非常关键的因素，就是非公有制党建工作要争取企业主的支持。在现在这个业绩下，我们觉得我们是非常幸运的。我们遇到了一位非常开明的企业主。”

第一，企业主与当地政府的社会交换。中国正处于经济转型期的经济背景下，当地政府掌握着企业赖以生存的大量资源，对企业的生存和发展以及企业之间的竞争发挥着重要作用。特别是法律对私有财产的保护不力、过去长期的政治和意识形态歧视、政策准入的限制等原因，民营企业的生存和发展格外受到政治因素和与当地政府关系的影响，而当地政府的绩效也离不开企业的良好发展。自党的十六大首次明确非公有制企业党组织的职责任务起，当地政府开始把民营企业党建作为重点工作，以响应国家号召和完成政治任务。可见，民营企业与当地政府都希望获得对方的支持以促进自身的发展。

立白集团陈凯旋董事长深知这一点，当听闻可以建立党组织，考虑到立白集团得以发展离不开党的改革开放政策和政府给予的良好环境，若能帮助政府完成政治目标，企业将会获得政府的关注与支持，这对于刚起步不久的民营企业是很好的机会，他当即表示同意。基于互惠原则，立白集团在政府的支持和指导下开展党建工作，并可以及时向上级党组织反馈企业经济发展中的问题，争取党委、政府在政策上的指导以及在融资、税收方面的优惠政策。而当时广州市政府完成加强非公企业党建工作的政治任务和维护当地社会和谐稳定的前提之一则是要实现民营企业党建工作的顺利开展，他们之间的这种关系与合作型社会交换是一致的。

第二，企业主与公司员工的社会交换。陈凯旋董事长并不是共产党员，但却决心把党建当作一项事业。一方面，陈凯旋把党建带工建与企业经营管理相结合：从管理人员的设置角度，立白集团党组织领导班子与行政领导班子交叉任职，党委书记许晓东兼任工会的常务副主席，涉及公司内部的高层决策重大决策，党组织及工会的领导都会参与其中，保证了企业党员和工会成员的知情权、参与权、监督权等。从企业经营的角度，党建带工建与企业的文化建设密切结合，立白集团一系列文化活动都是由党组织和工会以及企业文化部门共同打造，许晓东提到："我们很多党委委员同时也是工会委员，在我们企业里面有个企业文化的建设委员会，企业的一系列文化活动都是有工会参与到其中的。"党委以企业文化中心为阵地，党建带工建的工作以企业文化活动为载体，营造了浓厚的"一家亲"文化。另一方面，陈凯旋决心将支持和文化落到实处，他和副董事长陈凯臣共捐赠200万元作为集团关爱基金，主要用于加薪、免费体检、红白事关爱计划、物价补贴、医疗援助小组、食堂改革等，关爱基金的对象涵盖了1万名员工，救助范围包括直系亲属近5万人。

企业主给予党建带工建一个很好的环境氛围和工作平台，基于交换心理，员工们对立白集团也更有归属感。赵广珍书记说道："既然我们的老板那么支持党组工作，那我们党委也是要不断创新，创造更加优异的成绩，然后就是回报企业的这种支持与感恩，回报社会。所以，这一块我们在良性的循环中，'有为才有位'，我们要把党建的工作做上去，那么老板才会更加支持。老板看到了我们党建的影响力，他才会更加放心支持和加强力度，我们认为这样才是良性健康的循环局面。"

一方面，有效开展党建、工建等能使企业得到上级党委、政府的重视，从而更容易得到资金、信息等多方支持以及政策指导，同时也是企业取得社会认同、员工认同的重要方式。虽然党建的周期性较长，短期内并不会出现投资性回报，但从长远来看，党建是一种潜移默化的影响，能够为企业产生社会效益和经济效益。另一方面，企业主通过党建带工建的模式表达出对员工的关心与关爱，例如集团关爱基金、3000 平方米的员工活动中心等“幸福立白”工程，企业职工在这种“一家亲”的文化氛围中感受到支持与肯定，更容易产生回报企业的愿望，与企业主一起把企业做大、做强。

3. 企业的文化氛围

立白集团除了设立党委外，还设有工会、团委、纪委、统战部、武装部等组织，形成了以集团党委为领导核心，党建领航，党建带工建、党建带团建、党管武装、党领统战、党抓纪检，各方参与、共建双赢的“大党建”工作新格局。在这种工作氛围中，企业上下对于党建带工建模式的认同度较高，并且在招聘应届大学生时同等条件下优先考虑中共党员，在每年的优秀员工评选中党员占比 30% 等措施对该模式均有强化作用。此外，这种模式得以真正实现，还有一个至关重要的运作平台——党群工作部。

党群工作部有 17 人左右，包括对外接待、商务活动、企业安全风险防范、党群工作等事务，其中，党群工作部有 3 名专职人员，专门统筹管理党建、工会、团建等工作，当工会有事情的时候便组织工会团队成立委员会进行协商解决。比如，上文提到的集团关爱基金，党群工作部将协助工会开展集团员工的关爱工作，通过关爱基金委员会对遭受重大疾病和意外伤害或家庭困难的员工和直系亲属进行专项援助。200 万元资金统一由工会财务负责人管理，当员工遭受重大家庭困难、意外伤害或者重大疾病时，员工可以通过“五险一金”的医疗保险报销，额度高达 60%，在个人承担的剩余的 40% 中，可以通过提供相关医院证明、发票等申报关爱基金作为第二道保障，党群工作部经过员工所在部门的第一负责人确认真实性后，会定期、定量组织工会主席及所有成员、基金委员会委员以及部门书记形成委员会一起讨论资金援助方案，讨论结果则交由工会的财务负责人执行。

党群工作部作为党建和工建的关键连接点，其重要作用还体现在公司的工会直选和职代会上。立白集团的现任工会主席由一名中层业务骨干兼任，这个直选的组织过程由党群工作部发起。赵广珍书记谈到："他并不是党员，但也无所谓，因为整个工作平台是我们党建的工作平台来开始这个工作。组织这个过程以及发起组织的过程是在党群工作部。"在立白集团，很多活动都以党为最高象征，党委扮演一个牵头、组织、策划的角色，并且这种组织目的都基于企业的经营发展需要、基于企业业务运营状况。在这种情况下，工会主席并不需要有个人行为，大多数决策均在党群工作部或者其成立的临时委员会层面制定，更为全面、理性。同时，在立白工会工作中，职代会发挥着举足轻重的作用。2014 年，立白集团成立职代会，并通过职代会的流程选出了职代会委员。同年 9 月，立白集团召开第一次职代会联席会议，联席会议代表有职工代表、律师、人力资源部代表、制度的业务管理部门等，就关系到员工切身利益的事项进行充分讨论，并规定所有涉及员工基本利益的制度都必须提交职代会讨论通过后才能够给予颁布、实施。

立白集团所构建的党建领航的工作格局，在企业上下形成了以党为首的氛围，为党建带工建的开展奠定了良好基础。基于党建带工建的工作模式，集团设立党群工作部作为关键的运行平台，并赋予其一定的权力与价值。党群工作部通过日常工作、临时委员会的形式对集团内部的工会工作进行指导、商讨与执行，并通过工会直选、职代会等平台所选出的代表或所形成的规章制度，反过来对集团成员产生一定的保护或约束作用，从而达到了构建和谐劳资关系的目的。

党建带工建是立白集团构建和谐劳资关系的一种探索和尝试，具有一定的创新性和现实意义。立白集团基于政策导向构建了党建领航的工作格局，并在企业主的大力支持下，将党建带工建与企业经营管理相结合，成立党群工作部为运作平台，降低了社会交换过程中社会强制力、行动者个性以及自然环境的制约作用，在企业上下形成良好氛围和顺畅工作模式，不仅给立白集团带来了经济效益与社会效益，对于构建企业乃至社会的和谐劳资关系都具有借鉴作用。

参考文献

1. 巴纳德．经理人员的职能［M］．北京：中国社会科学出版社，1997.

2. 布劳．社会生活中的交换与权力［M］．北京：华夏出版社，1998.

3. 蔡昉．人口转变、人口红利与经济增长可持续性——兼论充分就业如何促进经济增长［J］．人口研究，2004（2）：2－9.

4. 曾琳，鲁竞夫，张春阳，李敏．民营企业“党建带工建”的发展过程机理研究——以立白集团为例［J］．中国劳动关系学院学报，2016（1）：40－45.

5. 常凯．关于我国劳动关系中的劳动者的界定与特点［J］．中国劳动关系学院学报，1997（2）：32－34.

6. 常凯．劳动关系学［M］．北京：中国劳动社会保障出版社，2005.

7. 常凯．劳权保障与劳资双赢［M］．北京：中国劳动社会保障出版社，2009.

8. 常凯．论《劳动合同法》的立法依据和法律定位［J］．法学论坛，2008（2）：5－14.

9. 常凯．劳动关系的集体化转型与政府劳工政策的完善

[J]. 中国社会科学，2013 (6)：91 - 108 + 206.

10. 陈步雷. 以劳权看待发展——劳权的权利论与功能论的多维度解释框架 [J]. 中国劳动关系学院学报，2009，23 (4)：24 - 29.

11. 陈成，李文沛. 论三方协商机制的“广州模式”——以《广州市劳动关系三方协商规定》为例 [J]. 人民论坛，2013，236 - 237.

12. 郭立. “民工荒”开始“荒”向西部 [N]. 新华每日电讯，2005 - 4 - 29.

13. 陈斯毅. 2007 年广东就业走势分析及对策 [J]. 广东经济，2007 (3)：39 - 41.

14. 陈微波. 共享经济背景下劳动关系模式的发展演变——基于人力资本特征变化的视角 [J]. 现代经济探讨，2016 (9)：35 - 39.

15. 陈维政，任晗，朱玖华，等. 中国企业工会角色冲突对工会职能作用发挥的影响和对策研究 [J]. 管理学报，2016 (3)：315 - 324.

16. 陈伟光. 忧与思——三十年工会工作感悟 [M]. 北京：中国社会科学出版社，2012.

17. 陈晓萍，徐淑英，樊景立. 组织与管理研究的实证方法. 第 2 版 [M]. 北京：北京大学出版社，2012.

18. 程延园，王甫希. 变革中的劳动关系研究：中国劳动争议的特点与趋向 [J]. 经济理论与经济管理，2012 (8)：5 - 19.

19. 程延园. 对企业民主管理立法的几点思考 [J]. 北京市工会干部学院学报，2006 (3)：14 - 16.

20. 代明，姜寒，程磊．分享经济理论发展动态——纪念威茨曼《分享经济》出版 30 周年［J］．经济学动态，2014（7）：106－114.

21. 丹尼尔 A. 雷恩．管理思想的演变［M］．北京：中国社会科学出版社，2000.

22. 邓陕峡．劳动争议解决机制的实证调研报告——对 C 市 L 区劳动争议解决机制的考察［J］．理论月刊，2010（2）：117－120.

23. 邓向荣，曹红．产业升级路径选择：遵循抑或偏离比较优势——基于产品空间结构的实证分析［J］．中国工业经济，2016（2）：52－67.

24. 丁彬．本田停工事件推动企业主动关怀员工［N］．第一财经日报，2010－11－15.

25. 丁俊萍，甘久翔．改革开放以来我国非公有制经济组织党建工作的历史考察及其经验总结［J］．社会主义研究，2010（1）：67－71.

26. 丁晓东．平台革命、零工经济与劳动法的新思维［J］．环球法律评论，2018（4）：87－98.

27. 董保华．论劳动合同法的立法宗旨［J］．现代法学，2007（11）：69－75.

28. 樊耘，张旭，颜静．基于理论演进角度的组织承诺研究综述［J］．管理评论，2013，25（1）：101－113.

29. 方开淇．论社会转型期的基层党组织建设［J］．毛泽东邓小平理论研究，2001，（3）：112－118.

30. 方浩．劳动者保护与政府行为——基于劳动争议的面板数据分析［J］．经济与管理研究，2011（3）：92－97.

31. 冯同庆．劳动关系理论研究［M］．北京：中国工人出版社，2012.

32. 冯雪飞，董大海．案例研究法与中国情境下管理案例研究［J］．管理案例研究与评论，2011（3）：236－241.

33. 冯昭奎．“世界工厂”的变迁［J］．世界经济与政治，2002（7）：22－27.

34. 傅高义．先行一步：改革中的广东［M］．广东：广东人民出版社，1991.

35. 盖玉妍．酒店关怀型伦理气氛对员工组织承诺的影响机制研究［D］．南开大学，2013.

36. 高超群．科学管理改革与劳资关系——以申新三厂和民生公司为中心［J］．中国经济史研究，2008（3）：70－79.

37. 高静．卢作孚的管理思想与实践研究［D］．青岛大学，2008.

38. 辜应康，唐秀丽．情绪影响因素对员工工作倦怠影响机制研究［J］．华东经济管理，2013（10）：122－129.

39. 郭正林．选择未来——广东大学生择业观调查分析［J］．青年研究，1994（12）：4－8.

40. 哈里·C. 卡茨，托马斯·A. 科钱，亚历山大·J. S. 科尔文．集体谈判与产业关系概论［M］．辽宁：东北财经大学出版社，2010.

41. 何海情．新形势下发挥工会组织优势彰显企业党群工作新活力［J］．中国劳动关系学院学报，2015（2）：56－58.

42. 侯雨欣．社会转型时期劳动争议热点的转移趋势、导因及对策——以四川省 Y 县为例［J］．经济体制改革，2012（4）：164－168.

43. 黄凯南．主观博弈论与制度内生演化［J］. 经济研究，2010（4）：134－146.

44. 黄攸立，张洁．员工当责感对建言行为的影响——积极印象管理动机视角的本土化实证研究［J］. 中国人力资源开发，2016（5）：41－47.

45. 黄越钦．劳动法新论［M］. 北京：中国政法大学出版社，2003.

46. 杰里米·里夫金．第三次工业革命［M］. 北京：中信出版社，2012.

47. 金京，戴翔，张二震．全球要素分工背景下的中国产业转型升级［J］. 中国工业经济，2013（11）：57－69.

48. 金秀坤．韩国劳资关系［M］. 北京：经济科学出版社，2005.

49. 金铮，邓红．论卢作孚对民生公司的有效管理［J］. 近代史研究，1990（3）：199－217.

50. 克劳斯·施瓦布．第四次工业革命［M］. 北京：中信出版集团，2018.

51. 李春生．我国民营企业劳动关系和谐管理模式研究——基于和谐管理理论的视角［J］. 中国劳动关系学院学报，2014（3）：17－21.

52. 李敏，黄嘉文．广东经济社会转型期企业劳动关系冲突与协调：劳资政三方 37 年的博弈［M］. 北京：科学出版社，2016.

53. 李敏，黄怡．劳资双赢的企业家经营理念与管理实践——中外企业家的对比分析［J］. 中国人力资源开发，2013（19）：98－104.

54. 李敏，吴梦涛，张春阳．全球化背景中的劳动关系与政府规制［J］．中国人力资源开发，2015（21）：92－96.

55. 李敏，张彤．西方劳资关系冲突管理研究综述［J］．华南理工大学学报（社会科学版），2002（3）：45－49.

56. 李明，徐建炜．谁从中国工会会员身份中获益？［J］．经济研究，2014（5）：49－62.

57. 李燕萍，徐嘉．新生代员工：心理和行为特征对组织社会化的影响［J］．经济管理，2013（4）：61－70.

58. 凌耀伦，熊甫．卢作孚文集［J］．北京：北京大学出版社，1999.

59. 林燕玲．体面劳动：世界与中国［M］．北京：中国工人出版社，2012.

60. 刘昌黎．论中国世界工厂及其对策［J］．中国工业经济，2002（10）：43－50.

61. 刘婷，杨正喜，李敏．集体劳动争议是权利之争还是利益之争？［J］．中国人力资源开发，2014（17）：97－102.

62. 龙汉武．卢作孚行为科学管理思想及其实践［J］．四川师范大学学报（社会科学版），2000（6）：23－30.

63. 龙小宁，杨进．党组织、工人福利和企业绩效：来自中国民营企业的证据［J］．经济学报，2014（2）：150－169.

64. 张俊华，鲁道夫·特劳普－梅茨．劳动关系比较研究［M］．北京：中国社会科学出版社，2010.

65. 陆胤，李盛楠．分享经济模式对传统劳动关系的挑战——美国 Uber 案和解的一些借鉴［J］．中国劳动，2016（16）：45－51.

66. 罗必良．广东产业结构升级：进展、问题与选择［J］.

广东社会科学，2007（11）：42－47.

67. 罗伯特·殷．案例研究：设计与方法［M］．重庆：重庆大学出版社，2010.

68. 吕秋菊．工资集体协商与职工利益相关的几个方面［N］．工人日报，2011－11－22.

69. 毛蕴诗，李田，吴斯丹．从广东实践看我国产业的转型、升级［J］．经济与管理研究，2008（7）：16－20.

70. 欧阳琼．试论劳动争议的分类处理［J］．中国劳动，2004（7）：64－66.

71. 彭莉．台湾劳资争议仲裁制度评析［J］．台湾研究集刊，1996（4）：17－22.

72. 乔健．在国家、企业和劳工之间：工会在市场经济转型中的多重角色——对1811名企业工会主席的问卷调查［J］．当代世界与社会主义，2008（2）：144－154.

73. 秦晖．市场的昨天与今天［M］．北京：东方出版社，2012.

74. 任广浩，叶立周．论权利冲突——以利益冲突为线索的考察［J］．河北法学，2004（8）：71－74.

75. 邵建光．改革开放以来非公企业党建的发展历程和创新实践［J］．探索，2008（6）：36－40.

76. 沈琴琴，潘泰萍．中国工会在解决集体劳动争议中的地位与作用［C］劳动关系比较研究，北京：中国社会科学出版社，2010.

77. 时金芝．论企业劳动争议的类型划分及其内涵界定［J］．人力资源管理，2013（2）：119－121.

78. 宋钟蓓．企业经营者政治安排与构建和谐劳动关系相关问题研究［J］. 中国劳动关系学院学报，2014（8）：29－36.

79. 苏芳，黄江明. 质性研究设计与写作的若干策略——“中国企业管理案例与质性研究论坛（2012）”会议综述［J］. 管理世界，2013（2）：136－140.

80. 孙学工，杜飞轮. 美国金融危机对中国经济影响及对策研究［J］. 经济纵横，2008（11）：16－20.

81. 孙早，席建成. 中国式产业政策的实施效果：产业升级还是短期经济增长［J］. 中国工业经济，2015（7）：52－67.

82. 托马斯·寇肯，哈瑞·卡茨，罗伯特·麦克西. 美国产业关系的转型［M］. 北京：中国劳动社会保障出版社，2008.

83. 托斯滕·舒尔腾. 欧洲集体谈判体系概览［C］，劳动关系比较研究，北京：中国社会科学出版社，2010.

84. 万利，黄镐煐. 员工工作——生活平衡（WLB）与离职倾向的实证研究：组织承诺的中介效应检验［J］. 现代管理科学，2014（3）：100－102.

85. 汪丽. 员工当责感、工作满意度与组织公民行为［J］. 商业经济与管理，2010（12）：32－37.

86. 汪伟，刘玉飞，彭冬冬. 人口老龄化的产业结构升级效应研究［J］. 中国工业经济，2015（11）：47－61.

87. 王劲松，史晋川，李应春. 中国民营经济的产业结构演进——兼论民营经济与国有经济、外资经济的竞争关系［J］. 管理世界，2005（10）：82－93.

88. 王萍，姚冉. “机器换人”对制造业人力资源管理的影响［J］. 统计与管理，2017（4）：153－154.

89. 王全兴. 劳动法［M］，北京：法律出版社，2004.

90. 王天夫．社会研究中的因果分析［J］．社会学研究，2006（4）：132－244．

91. 王伟，李林森．江苏："党建带工建、工建促党建"获重大进展［N］．工人日报，2002－11－6．

92. 王文新，杜晨朵，孙健敏．雇主品牌：概念、结构、影响因素和实施效果［J］．中国人力资源开发，2017（2）：72－81．

93. 王文珍，李文静．平台经济发展对我国劳动关系的影响［J］．中国劳动，2017（1）：4－12．

94. 王霞．工资集体协商与利益共享机制［M］．北京：社会科学文献出版社，2015．

95. 王一江，孔繁敏．现代企业中的人力资源管理［M］．上海：上海人民出版社，1998．

96. 王永丽，郑婉玉．双重角色定位下的工会跨界职能履行及作用效果分析［J］．管理世界，2012（10）：130－145．

97. 王越乙．企业集体谈判制度的困境及其优化路径［J］．管理世界，2014（10）：182－183．

98. 吴丰华，刘瑞明．产业升级与自主创新能力构建——基于中国省际面板数据的实证研究［J］．中国工业经济，2013（5）：57－69．

99. 吴海林．新形势下煤炭企业党工共建的实践与思考［J］．中国劳动关系学院学报，2013（4）：33－38．

100. 吴敬琏，马国川．重启改革议程：中国经济改革二十讲［J］．学习月刊，2013（5）：58．

101. 吴伟萍．以互联网促进广东产业转型升级：机制与路径［J］．新经济，2015（13）：16－23．

102. 席猛，赵曙明．劳资冲突研究述评：定义、前因及研究新视角［J］. 管理学报，2014（3）：455－461.

103. 谢玉华，陈佳. 新生代员工参与需求对领导风格偏好的影响［J］. 管理学报，2014（9）：1326－1332.

104. 谢玉华，何包钢. 工业民主和员工参与：一个永恒的话题——中国工业民主和员工参与研究述评［J］. 社会主义研究，2008（3）：86－93.

105. 徐思彦. 20 世纪 20 年代劳资纠纷问题初探［J］. 历史研究，1992（5）：32－44.

106. 许苏明. 论社会交换行为的类型及其制约因素［J］. 南京大学学报（哲学·人文科学·社会科学），2000（3）：144－153.

107. 颜辉，王英. 日本的劳资关系（上）［J］. 中国职工教育，1999（6）：42－44.

108. 杨正喜. 国家、资本、工人与广东地区劳资关系研究［M］. 北京：中国工人出版社，2014.

109. 尹英模. 韩国的劳动争议与争议解决机制［C］. 劳动关系比较研究，北京：中国社会科学出版社，2010.

110. 游正林. 对中国劳动关系转型的另一种解读——与常凯教授商榷［J］. 中国社会科学，2014（3）：165－168.

111. 于立，姜春海. 中国乡镇企业吸纳劳动就业的实证分析［J］. 管理世界，2003（3）：76－82.

112. 余晓敏. 经济全球化背景下的劳工运动：现象、问题与理论［J］. 社会学研究，2006（3）：188－218.

113. 约翰·罗尔斯. 正义论［M］. 北京：中国社会科学出版社，1988.

114. 约翰·洛克. 政府论［M］. 北京：商务印书馆，1964.

115. 张爱武，李锡元．组织—员工雇佣关系与知识共享［J］．经济管理，2006（8）：61－68.

116. 张成刚．共享经济平台劳动者就业及劳动关系现状——基于北京市多平台的调查研究［J］．中国劳动关系学院学报，2018（3）：61－70.

117. 张建君，张志学．中国民营企业家的政治战略［J］．管理世界，2005（7）：94－105.

118. 张其仔，李颢．中国产业升级机会的甄别［J］．中国工业经济，2013（5）：44－56.

119. 张瑞娟，孙健敏．创新导向人力资源管理实践：结构和测量［J］．中国人力资源开发，2014（23）：55－66.

120. 张山虎．总体报酬、工作特征对员工创新绩效的作用机制研究［D］．山西财经大学，2018.

121. 张文隆．当责［M］．北京：清华大学出版社，2012.

122. 张育红，张彩虹．正确处理党建与工建的辩证关系［J］．中国劳动关系学院学报，2006（3）：62－64.

123. 张卓元．政治经济学大辞典［M］．北京：经济科学出版社，1998.

124. 郑志来．供给侧视角下共享经济与新型商业模式研究［J］．经济问题探索，2016（6）：15－20.

125. 钟鑫．雇主品牌对员工留任的影响机制研究［M］．四川：西南财经大学出版社，2016.

126. 周琳．劳资博弈中的雇主策略——一个多层面的研究述评［J］．中国人力资源开发，2016（17）：101－108.

127. 周文斌．机器人应用对人力资源管理的影响研究［J］．南京大学学报（哲学·人文科学·社会科学），2017

(6)：23 -34.

128. 周永林. 卢作孚追思录 [M]. 重庆：重庆出版社，2001.

129. 祝慈寿. 中国工业劳动史 [M]. 上海：上海财经大学出版社，1999.

130. 祝晏君. 劳动关系 [M]. 北京：中国劳动保障出版社，2001.

131. 姚之坦，彭纪宁. "民工荒"——珠三角产业升级信号 [N]. 中国工业报，2005 -4 -27.

132. 隋广军. 广东对外经济贸易发展研究报告 [M]. 广东：广东经济出版社，2010—2011.

133. 陈万灵. 广东对外经济贸易发展研究报告 [M]. 广东：广东经济出版社，2015—2016.

134. 人民教育出版社历史室. 世界近代现代史 [M]. 北京：人民教育出版社，2000.

135. 史蒂芬·哈迪. 英国劳动法与劳资关系 [M]. 北京：商务印书馆，2012.

136. 叶小钟. 节后入粤农民工逾 200 万无明确就业目标 [N]. 工人日报，2009 -2 -4.

137. 王一鸣. 经济新常态下应更多做供给"文章" [N]. 中国经济导报，2013 -7 -13.

138. 向丽. 新就业 [M]. 北京：社会科学文献出版社，2017.

139. 常凯. 劳权论：当代中国劳动关系的法律调整研究 [M]. 北京：中国劳动社会保障出版社，2004.

140. 张彦宁. 雇主组织在中国 [M]. 北京：企业管理出

版社，2002.

141. 高伟来．推出雇主组织 建立三方机制［J］．湖北社会科学，2001（11）：41－42.

142. 芮立新．劳动合同立法的宗旨、背景及主要制度［J］．中国劳动，2007（7）：16－20.

143. 雷佑新，雷红．论农民工劳动合同缺失的成因及解决思路［J］．经济体制改革，2005（8）：101－104.

144. 董保华．论事实劳动关系［J］．中国劳动，2004（7）：20－24.

145. 广东省高级人民法院．关于劳动报酬争议案件的情况分析［J］．人民司法，2007（13）：47－50.

146. 常凯，邱婕．中国劳动关系转型与劳动法治重点［J］．探索与争鸣，2011（10）：43－47.

147. 庄伟光．广东民营经济发展前景看好［N］．亚太经济时报，2007－3－8.

后　记

虽然全球价值链由发达国家跨国公司主导形成，但中国自1978年改革开放以来，制造业在全面融入全球价值链的过程中，有步骤地调整产业结构，形成了中国特色转型升级的特征，是全世界唯一拥有联合国产业分类中全部工业门类的国家。由于新兴产业与传统产业并存，在每一次产业结构调整所涉及的劳动者既有利益格局改变过程中，中国都能发挥国家制度宏观调控的优越性，为不同层次技能水平的劳动者提供广泛的工作岗位和再就业培训，进而协调劳动关系、规制劳动关系争议。反观某些西方国家，虽然占有品牌、研发、销售等高附加值的环节，但其生产环节被布局在低工资国家，产业结构发展成了一个二元结构，信息产业、服务产业表现非常好，而劳动密集型产业则不断空心化，导致部分的就业人口被锁定在贫困阶层，一旦发生经济波动，回旋余地有限。

在本书付梓之际，新型冠状病毒在武汉肆虐，继而在全国流行。面对挑战，全国同心协力对抗疫情。正当我国的疫情快要被战胜，疫情却在全世界流行起来，韩国出现“超级传播者”、意大利受感染人数激增、西方国家政要人物也被感染，美国宣布暂停从欧洲（申根国家）到美国的所有旅行活动。新冠肺炎疫情带来的一系列对经济、社会的影响，直接反映在股市，人们马上担心劳动者的健康威胁导致的产业链断裂、失业加剧，进而物资短缺而引发的社会不稳定。

面对新冠肺炎疫情带来的世界新形势，更加庆幸中国产业转型升级的及时，不但为中国抗击疫情提供了高新科技，而且保障了充足的物质生产和供应。在中国抗击疫情取得关键性胜利之时，马上开始布置复工复产，研究并出台中小企业社保减免和返还政策、大学生和农民工就业帮扶政策，全力解决就业问题，思考如何规避后续的劳动争议问题，同时，为全球抗击疫情提供物质供应。这是中国的体制优势，也是中国人民团结精神的体现！

最后，由于作者水平有限，本书中的错误、遗漏在所难免，我们诚恳地接受广大读者和同仁的批评和建议。

作者

2020 年 3 月 13 日于广州